TERAPIA SAGRADA

Estelle Frankel

TERAPIA SAGRADA

Enseñanzas espirituales judías
sobre la sanación emocional
y la completitud interior

EDICIONES OBELISCO

Si este libro le ha interesado y desea que le mantengamos informado
de nuestras publicaciones, escríbanos indicándonos qué temas son de su interés
(Astrología, Autoayuda, Ciencias Ocultas, Artes Marciales, Naturismo,
Espiritualidad, Tradición…) y gustosamente le complaceremos.

Puede consultar nuestro catálogo en www.edicionesobelisco.com

Colección Espiritualidad y Vida interior
TERAPIA SAGRADA
Estelle Frankel
1.ª edición: septiembre de 2020

Título original: *Sacred Therapy*

Traducción: Belén Cabal
Corrección: *TsEdi, Teleservicios Editoriales, S. L.*
Diseño de cubierta: *TsEdi, Teleservicios Editoriales, S. L.*

© 2003, Estelle Frankel
Publicado por acuerdo con Shambhala Publications Inc.
(Reservados todos los derechos)
© 2020, Ediciones Obelisco, S. L.
(Reservados los derechos para la presente edición)

Edita: Ediciones Obelisco, S. L.
Collita, 23-25. Pol. Ind. Molí de la Bastida
08191 Rubí - Barcelona - España
Tel. 93 309 85 25
E-mail: info@edicionesobelisco.com

ISBN: 978-84-9111-607-3
Depósito Legal: B-13.003-2020

Impreso en España en los talleres gráficos de Romanyà/Valls S. A.
Verdaguer, 1 - 08786 Capellades (Barcelona)

Printed in Spain

La santidad no es un paraíso, sino una paradoja.

—Rabino Joseph Soloveitchik

Agradecimientos

Quiero agradecer y reconocer a mi querido esposo, el Dr. Stephen Goldbart, quien ha creído en mí y me ha alentado a seguir escribiendo este libro incluso cuando me he sentido terriblemente atascada y llena de dudas. Gracias por enseñarme el significado de la perseverancia y por tu paciencia y apoyo durante este difícil proceso de parto. También quiero agradecer al rabino Michael Lerner por animarme a escribir y por ser un amigo y una inspiración personal. Además estoy profundamente en deuda con mis maestros sagrados, el rabino Zalman Schachter-Shalomi y el rabino Shlomo Carlebach (que su memoria sea una bendición), por iluminar para mí la profunda sabiduría curativa de la Torá. También estoy en deuda con los rabinos Gershon Winkler y David Friedman por ofrecerme generosamente las consultas de cábala cuando necesité ayuda con fuentes para material, y con mi mejor amiga, Ilana Schatz, por todas sus útiles sugerencias, apoyo emocional y paciencia en la lectura y relectura *ad nauseam* de los sucesivos borradores de mi manuscrito.

Estoy profundamente agradecida a mi editora, Eden Steinberg, por ayudarme hábilmente a completar este proyecto, así como a Joel Segel, Naomi Lucks Sigal y Lynn Fynerman, cuya edición y comentarios durante las primeras etapas de mi trabajo me ayudaron a moldear mi pensamiento.

También quiero reconocer y agradecer a todos mis estudiantes, que han sido una inspiración a lo largo de los años. Como escribieron los rabinos de Mishné en el tratado ético conocido como *Pirkay Avot* (La ética de nuestros padres), «de quien más he aprendido es de mis alumnos».

Prólogo

Las ideas en este libro son el producto de mi largo viaje, a menudo en zigzag, como estudiante y profesora de misticismo judío y como psicoterapeuta. Para que tengas una idea de dónde vengo, me gustaría compartir un poco de mi historia contigo. Quizás encuentres aspectos de tu propio viaje reflejados en el mío.

Mi viaje espiritual comenzó en 1969, cuando tuve la suerte de conocer al rabino Shlomo Carlebach y a un grupo de *hippies* que exploraban los límites del éxtasis religioso a través de la canción, la danza, la oración y la meditación en la Casa del Amor y la Oración en San Francisco. Siempre consideré esta reunión propicia, ya que influyó profundamente en el curso de mi vida en un momento bastante vulnerable de mi juventud.

Aunque mis padres crecieron en hogares jasídicos en la preguerra de Polonia, perdieron el contacto con sus raíces ortodoxas después de la guerra. No obstante, eligieron criarnos a mi hermano y a mí en una comunidad que se identificaba con el judaísmo conservador. Para cuando terminé mi bat mitzvah, llegaron los años sesenta y cada vez me sentía más alejada del judaísmo convencional. La religión organizada no conseguía atender los profundos anhelos espirituales que sentía, y la visión y la música del amor universal que llenaban las calles de San Francisco a finales de los años sesenta me resultaban mucho más convincentes que el etnocentrismo y el chovinismo que encontraba en casa y en la sinagoga. En ese momento de mi vida, sentía que pasear por los bosques de secuoyas de California y por las costas rocosas era mucho más nutritivo espiritualmente que cualquier tiempo que hubiera pasado en la sinagoga.

Acababa de graduarme de la escuela secundaria un semestre antes para poder viajar a Canadá con unos amigos, algunos de los cuales se dirigían hacia el norte para evitar el reclutamiento al servicio militar cuando, por casualidad, me invitaron a pasar un sábado en la Casa del Amor y la Oración en el distrito Haight Ashbury de San Francisco. Allí encontré una sala llena de gente cantando y bailando extáticamente, con luz y amor irradiando de sus caras. Los increíbles sentimientos de amor universal y conexión que fueron el sello distintivo de los años sesenta se fusionaron con el espíritu y la luz de *Shabbos*: el Sabbat judío.

El rabino Shlomo Carlebach, que su memoria sea una bendición, tenía un don increíble para hacer que la gente se enamorara de Dios y del judaísmo. También conseguía que cada uno de nosotros se sintiera precioso, especial y amado. Era un verdadero *tzaddik* (un ser realizado y justo) y sanador herido, el reb[1] Shlomo, como lo llaman cariñosamente sus discípulos, y tenía el don de ver a la gente a través de los ojos de Dios, reflejando en cada uno de nosotros nuestro más alto potencial. En muchos sentidos le debo mi vida al amor del reb Shlomo y su profunda comprensión del judaísmo, porque las experiencias espirituales más importantes que tuve en la Casa del Amor y la Oración abrieron la posibilidad de que mis anhelos espirituales pudieran encontrar expresión en forma judía. Después de unos meses en la Casa del Amor y la Oración, en lugar de ir al norte como había planificado, me llegó la inspiración de viajar al este, a Jerusalén, a explorar mis raíces.

Durante los siguientes ocho años viví inmersa en el mundo de simples judíos piadosos, místicos y eruditos jasídicos y cabalistas de ascendencia norteafricana o sefardí (española). Pasé días y noches estudiando, orando y meditando, absorbiendo las palabras de antiguos textos

---

1. Los títulos «reb» y «rebe» se utilizan a menudo en lugar del título más formal de «rabino» cuando se habla de un maestro espiritual. A los maestros jasídicos se les llama normalmente rebe en lugar de rabino.

sagrados, adentrándome en la ensoñación de mis ancestros. Además de los cuatro años que pasé estudiando en el Machon Gold Teachers' College y en el Michlalah College de Estudios Judíos en Jerusalén, tuve la bendición de sentarme a los pies de muchos grandes maestros, incluido el difunto reb Gedalia Koenig, que su recuerdo sea una bendición, el rabino Adin Steinzaltz, el rabino Gedalia Fleer y el rabino Meir Fund, quienes me introdujeron en diversos aspectos del pensamiento místico judío. También continué estudiando el pensamiento jasídico con el reb Shlomo Carlebach durante los siguientes veinticinco años cada vez que nuestras vidas se cruzaban geográficamente.

Al igual que con cualquier relación a largo plazo, mi relación con el judaísmo tampoco ha estado exenta de incertidumbres. Desde que me enamoré, he pasado por períodos de duda personal, de aburrimiento y de desilusión. Tal vez el período de desilusión más doloroso se produjo después de divorciarme de mi primer marido, cuando yo tenía veintipocos años. (*Véase* el capítulo 1 para un relato más detallado). Fue durante ese tiempo, cuando estaba perdiendo la fe en el judaísmo y también en mí misma, cuando me adentré en el psicoanálisis. Tuve la extrema fortuna de encontrar un analista en Jerusalén que resultó ser un hábil clínico y un gran conocedor del misticismo judío. Dado que él mismo sentía un gran aprecio por el judaísmo, fue capaz de guiarme hábilmente a través de ese momento difícil, señalando mis puntos ciegos emocionales sin devaluar mi espiritualidad.

En el análisis, me di cuenta de las formas en que yo y muchas otras personas a mi alrededor habíamos usado la espiritualidad a la defensiva para evitar tener que lidiar con las emociones y el dolor de la niñez. El mundo *ba'al teshuvah* de los recién convertidos a la religión judía parecía albergar un número desproporcionadamente alto de almas heridas que, como yo, buscaban la sanación a través del espíritu. Por desgracia, como descubrí, los problemas emocionales no desaparecen a menos que se aborden psicológica y espiritualmente. Como ha señalado el psicólogo John Welwood, no podemos «evitar» espiritualmente nuestro problema emocional inacabado sin que interfiera con nuestra visión clara del espíritu.

Inspirada por el proceso de curación que había atravesado en el análisis, decidí regresar a Estados Unidos para estudiar psicología. Estaba claro para mí que meterme en el misticismo sin una base psicológica y emocional adecuada había socavado mi desarrollo personal. Rendirme a la voluntad de Dios sin tener también mi propio poder personal me había metido en problemas y me había llevado a tomar malas decisiones.

Mientras estaba en la escuela de postgrado, trabajé con un terapeuta que fue muy útil para guiarme en recuperar mi poder personal y en resolver problemas de la infancia, pero que lamentablemente no entendía mi vida espiritual. Fiel a la corriente freudiana, vio mi religiosidad como una función puramente regresiva. Sintió que a través del judaísmo, la religión del gran Padre, inconscientemente estaba intentando resucitar a mi padre, que había muerto cuando yo era pequeña. En varias ocasiones interpretó mi historia de amor con el judaísmo como parte de mi «búsqueda del objeto de amor perdido» de mi infancia.

Aunque podía reconocer que el judaísmo me proporcionaba un sentido de estructura necesario que había perdido cuando murió mi padre, la comprensión puramente reduccionista de mi terapeuta sobre mi espiritualidad me pareció bastante desvalorizante e inútil. Me prometí a mí misma que cuando me convirtiera en terapeuta, nunca desecharía la vida espiritual de mis clientes. Estaba decidida a encontrar un enfoque para la curación que integrara el desarrollo saludable del ego con la autenticidad espiritual, honrando la perspectiva cenital de la conciencia superior ¡sin negar que los *gremlins* viven en el sótano! Crear esta integración de la psique y el espíritu ha sido el centro de mi trabajo durante los últimos veinticinco años.

Cuando comencé mi práctica de psicología en Berkeley a principios de los años ochenta, me involucré en el movimiento emergente conocido como Renovación Judía. Según el espíritu de los primeros maestros jasídicos, que reinterpretaron la vida religiosa judía con pasión y con un nuevo significado, la Renovación Judía promueve activamente la evolución de la tradición mística judía a través de la combinación creativa de enseñanzas antiguas con la sabiduría contemporánea asequible para nosotros por medio de la psicología profunda, la ciencia, el feminismo, la ecología y la medicina holística, así como de otras grandes tradiciones espirituales del mundo. El rabino Zalman Schachter-Shalomi, el abuelo de la Renovación Judía, me abrió muchas puertas nuevas, mostrándome cómo el judaísmo encaja en el espectro más amplio de las tradiciones espirituales y cómo la luz de la Torá se ilumina cuando se ve a través del prisma de todas las demás formas de conocimiento. La tutoría y la guía espiritual e intelectual del reb Zalman han sido un regalo de un valor incalculable en mi vida.

Bajo la influencia del reb Zalman, me he convertido en lo que él llama una judía-judía y también en algo más. Al leer este libro, encontrarás que mi pensamiento es un poco hinduista-judío, budista-judío y judío-sufí, todo al mismo tiempo, ya que no dudo en tomar prestadas historias y prácticas espirituales de otras tradiciones si iluminan las enseñanzas judías. En muchas ocasiones, mi exposición al misticismo hindú, al pensamiento y la meditación budistas, y al sufismo han hecho más profunda mi comprensión del judaísmo. Cada vez que exploraba una palabra o concepto hebreo en el lenguaje de otra tradición espiritual, mi comprensión se hacía más profunda. Si no hubiera aprendido acerca de la ecuanimidad y el vacío desde una perspectiva budista, no estoy segura de que hubiera podido apreciar plenamente lo que los antiguos místicos judíos entendían por *hishtavut ha'nefesh* (ecuanimidad) y *ayin* (vacío o nada). Del mismo modo, llegué a comprender la impresionante profundidad del *Shemá*, la afirmación del judaísmo de la unicidad de Dios, a través de las enseñanzas no dualistas de los místicos hindúes como Ramana Maharshi y Meher Baba. Al estudiar el taoísmo, comencé a apreciar la inclinación del misticismo judío por la paradoja, y al sumergirme en la psicología junguiana, me abrí a la dimensión mítica y arquetípica del folclore judío.

Este libro es la culminación de mi viaje de más de treinta años, como sanadora y buscadora herida. En él trato de compartir con vosotros algunas de las bendiciones que he extraído luchando una y otra vez con la sabiduría de mis antepasados.

Introducción

Cada vez más en mi propio trabajo como sanadora, me encuentro aventurándome fuera del camino trillado de la psicoterapia psicodinámica y hablando con mis clientes sobre sus viajes espirituales. Durante muchos años me resistí, en mi práctica clínica, a salir del armario como persona religiosa. Aunque a menudo escuchaba las palabras del antiguo texto s agrado que hacían eco entre las líneas de los relatos de mis clientes, empeñada en mantener la neutralidad terapéutica, guardé estas reflexiones personales para mí. Con el tiempo, a medida que ganaba confianza y tal vez un poco de descaro como terapeuta, comencé a compartir selectivamente las enseñanzas espirituales de la tradición mística judía con mis clientes. Casi invariablemente, estas ocasiones han conducido a una profundización del conocimiento y, en ocasiones, han llevado a un avance terapéutico. La perspectiva espiritual ofrecida por el misticismo judío parece abrir nuevas posibilidades para la curación.

También comencé a darme cuenta de que al compartir algunas de las enseñanzas que habían inspirado mi propio despertar espiritual y mi curación, estaba permitiendo a mis clientes explorar su propio desarrollo espiritual. Y a medida que se enfocaban más en su propia formación espiritual, comenzaban a resolver muchos de los problemas con los que habían luchado previamente.

Cada vez que mi trabajo como terapeuta cruza el reino espiritual y se enfoca en la búsqueda del significado y la verdadera identidad, me doy cuenta de que un cambio sutil ocurre en mis clientes. En lugar de centrarse únicamente en curar su yo individual, comienzan a dejar de lado su identificación con esos mismos «yo» para dar lugar a una relación con el espíritu. A medida que pasan de estar «centrados en sí mismos» a estar «centrados en Dios» o «centrados en el espíritu», las posibilidades de transformación parecen ampliarse.

Este libro trata sobre las formas en que las enseñanzas espirituales y las prácticas de sanación judías pueden mejorar nuestras vidas y abrir nuevos caminos hacia la completitud. Gran parte de lo que sucede en la curación espiritual es que nuestra noción de quienes pensamos que somos comienza a expandirse. En cierto sentido, tenemos nuevos ojos, la capacidad de vernos a nosotros mismos desde la perspectiva de Dios, por así decirlo; desde el punto de vista del infinito.

Aunque sólo podemos mantener esa visión expandida de nosotros mismos durante breves momentos cada vez, puede tener un efecto profundo en nuestra identidad incluso así. En lugar de identificarnos demasiado con nuestros problemas y patologías, también podemos comenzar a apreciar nuestra perfección y propósito. En lugar de sentirnos aislados y solos con nuestro dolor, podemos comenzar a sentirnos como parte de un todo más grande en el que nuestras historias y vidas individuales reflejan la historia más amplia de la que todas las personas son parte.

Una parte importante de la curación espiritual judía consiste en situarnos dentro del mito y la metáfora judíos. Los místicos judíos de antaño entendieron que las historias que contienen la Biblia y las antiguas leyendas no debían tomarse simplemente como relatos históricos de lo que les sucedió a nuestros antepasados, sino también como representaciones míticas de lo que cada uno de nosotros experimenta al embarcarnos en el viaje de curación del despertar. Para los maestros jasídicos, todo el elenco de personajes bíblicos vive dentro de cada uno de nosotros representando las dimensiones del alma. Un dicho popular de la literatura jasídica, «así, también, en cada persona», dotó al mito bíblico de significado, tanto personal como arquetípico.

Como psicoterapeuta que ha pasado los últimos treinta años inmersa en el estudio del mito y la metáfora judíos, he aprendido que cuando vamos más allá de nuestros problemas personales y nos ubicamos dentro de la historia más amplia, abrimos puertas a la dimensión sagrada y nuestras vidas cobran significado, encarnaciones vivas de la Torá. Podemos experimentar nuestras vidas como resonantes con una matriz de significado mucho mayor, en la que cualquier transición que experimentemos, ya sea una muerte, un divorcio, una enfermedad o una discapacidad, puede iniciarnos en los misterios más grandes de la vida.

Cuando encontramos reflexiones de nuestras vidas individuales en el mito sagrado, tendemos a sentirnos menos solos en nuestro sufrimiento. Ya no vemos nuestras luchas personales como simplemente propias; en cambio, las vemos como un reflejo de un proceso sagrado que ocurre en todos los niveles de la creación, en todo momento. Y al ubicarnos dentro del crisol del gran mito, las fuerzas arquetípicas integradas en el mito guían nuestro viaje de transformación. Carl Jung dijo una vez que la tendencia de la gente moderna a «patologizar» se deriva del hecho de que hemos olvidado cómo mitologizar. Los dioses viven en nosotros como síntomas, dice, más que como arquetipos vivientes. En la sanación espiritual judía volvemos a aprender el arte sagrado de la mitologización. Aprendemos a encarnar y vivir nuestras historias sagradas; como dijo una vez Elie Wiesel: «Las personas se convierten en las historias que escuchan y en las que cuentan».

Durante los últimos tres milenios y medio, el pueblo judío se ha comprometido en una relación íntima de amor con la Torá o las escrituras. Al igual que con un amante terrenal, nos hemos descubierto y trascendido a través de nuestra relación con el texto sagrado. La Torá ha sido el repositorio de las proyecciones más profundas de nuestra alma, y como una mancha de Rorschach, a su vez, nos ha revelado a nosotros mismos los secretos más profundos de nuestras almas. Así como, según se dice, Dios miró la Torá para aprender cómo crear el mundo, los judíos han usado la Torá para conocerse a sí mismos y para despertar y encontrar un camino de regreso a Dios.

Los antiguos sabios enseñaban que cada historia, palabra, letra o matiz de la Torá puede entenderse simultáneamente en muchos niveles diferentes. Se referían a esta multiplicidad de significados por el acrónimo hebreo PRDS, (pronunciado «pardes»), que implica un vergel: «P» (*peh*) representa el *pshat* o significado literal de un texto; «R» (*resh*) representa *remez*, el significado simbólico que se insinúa; «D» (*dálet*) representa el *drash*, o aquellos significados que pueden extraerse a través de un análisis más profundo del lenguaje y las asociaciones de palabras o mediante el proceso imaginativo del inconsciente; y «S» (*sámej*) representa *sod*, la comprensión mística y secreta del texto.

Al sumergirnos en los *pardes* de la Torá, accedemos a la luz primordial del *paraíso*, que, como dicen los rabinos, estaba oculta dentro de las palabras y las letras de la Torá. Cuando vemos nuestras vidas a través de la lente de la Torá, accedemos a un reino de una profundidad insondable. Y a través de la infinitud de significados que emergen a medida que nos involucramos en el estudio de la Torá, renovamos continuamente nuestras vidas. Los rabinos se referían a este proceso creativo de minar y excavar el significado subyacente de un texto sagrado como *midrash*, un término que se usa frecuentemente en este libro. El midrash también incluye las muchas leyendas antiguas e interpretaciones creativas de la Torá que se transmitieron oralmente de generación en generación hasta que finalmente se escribieron en forma de antología. Si bien la mayoría de *midrashim* (plural de *midrash*) son interpretaciones de nivel drash que intentan llenar los huecos en una narración o explicar expresiones lingüísticas inusuales, muchos apuntan a los misterios más sublimes, el sod, o el significado secreto, de un texto. Las primeras enseñanzas místicas judías llegaron en forma de midrash.

Este libro también se basa en las enseñanzas místicas del jasidismo. En el pensamiento jasídico, los mitos bíblicos y cabalísticos se entendían como historias sobre la curación, por lo que el estudio de la Torá se transformó en una especie de terapia narrativa sagrada. El jasidismo popularizó la noción de la cábala de que *toda* vida necesita curación y reparación, no sólo los enfermos. Afirmó la visión profundamente optimista de la cábala de que, por más que puedan parecer las cosas rotas y fragmentadas, toda vida está evolucionando en realidad hacia un estado de completitud y que los humanos tenemos un papel activo y una responsabilidad en la promoción de este proceso de curación evolutiva. Cada uno de nosotros, según los maestros jasídicos, tiene el poder de convertirnos en un curador y sanador sagrado.

El misticismo judío enseña que participamos en este trabajo sagrado de sanación de dos maneras: a través de nuestros actos de *tikkun olam*, sanando y arreglando el mundo, y a través de *tikkun ha'nfesh*, sanando y perfeccionando nuestras propias almas individuales. Estas dos expresiones del trabajo del tikkun en realidad están profundamente conectadas, ya que no es posible perfeccionar la propia alma sin estar también profundamente comprometido con el trabajo de curación del planeta, y como cada persona es un microcosmos del mundo, cada acto de tikkun ha'nefesh es de una importancia enorme, si no cósmica.

Este libro trata sobre los mitos, las metáforas y las prácticas espirituales que han inspirado a los místicos judíos en este trabajo de creación de almas, o tikkun ha'nefesh, y cómo podemos adaptar estas historias y prácticas a nuestros propios viajes de curación. Las ideas contenidas en este libro son la síntesis de mi trabajo como terapeuta durante los últimos veinte años y como educadora judía durante los últimos treinta años. Parte del material procede de las clases y talleres que imparto sobre misticismo judío, meditación y sanación; y otra parte, de mi aplicación de las enseñanzas judías a mi trabajo como terapeuta.

En mi trabajo como sanadora, el misticismo y la psicología judíos fluyen como dos corrientes en un solo torrente, creando un poder curativo sinérgico. Aunque en diferentes momentos y con diferentes personas me encuentro usando más extensamente una lente que otra, la una sin la otra siempre me ha parecido insuficiente para explicar los misterios que son nuestras vidas. Este libro es una exploración de esta sinergia, que muestra cómo nuestras vidas y nuestros viajes de sanación se iluminan mediante la inmersión en la historia sagrada y la práctica espiritual.

La parte 1 comienza con una exploración del mito de la cábala de los recipientes rotos como una metáfora curativa. Este mito, creado por el rabino Isaac Luria después del cataclismo de la expulsión de los judíos de España en el siglo XV, habla de la inevitabilidad de la ruptura y la destrucción en la vida. Nos enseña que la imperfección y la no permanencia están simplemente entretejidas en el tapiz de la creación. Este mito central de la cábala nos muestra cómo podemos restaurar un sentido de coherencia en nuestras vidas, incluso cuando las cosas parecen más rotas.

Utilizando el símbolo de los recipientes rotos como una metáfora de curación, esta sección también explora muchas de las típicas situaciones para las cuales las personas generalmente buscan terapia. Éstas incluyen curar un corazón roto, cambio, pérdida, depresión y enfermedad. Cada capítulo incluye ejemplos de rituales sagrados y prácticas espirituales que pueden usarse para tratar con eficacia este tipo de situaciones de la vida. Por último, la parte 1 examina el papel del amor y la pérdida en el despertar espiritual: cómo nos llevan al umbral de Dios cuando nuestros corazones se abren.

La parte 2 explora cómo la identidad se amplía y transforma a través de la conciencia espiritual y cómo sanamos y damos a luz al yo más grande. El Capítulo 4 comienza examinando la naturaleza paradójica del yo en el pensamiento judío en contraste con la psicología occidental, más estrechamente enfocada en la definición del yo. De acuerdo con el pensamiento judío, para estar completos debemos equilibrar las polaridades del yo (ego) y el no-yo (falta de ego). Este capítulo también analiza la importancia de la humildad para permitirnos equilibrar estas polaridades y sanar el yo dividido de manera narcisista.

En el capítulo 5, el mito bíblico del Éxodo se ve como una metáfora curativa del proceso de cambio y la autoliberación. Cada una de las etapas del viaje del Éxodo, desde la esclavitud hasta la liberación, nos enseña lecciones importantes sobre la naturaleza psicológica y espiritual. Los capítulos 6 a 8 analizan en profundidad el entendimiento del misticismo judío sobre la *teshuvah* o el arrepentimiento. Esta sección comienza con una exploración del papel del despertar espiritual en la curación (capítulo 6), seguida de una exposición de los paralelismos entre los pasos tradicionales de teshuvá y las etapas de la curación psicoterapéutica (capítulo 7). El capítulo 7 explora la teshuvá como un proceso alquímico que nos permite no sólo curar los errores del pasado, sino también transformar nuestras vulnerabilidades en fortalezas y nuestras carencias de carácter en virtudes. Este capítulo también destaca la importancia del perdón y la autoaceptación en la curación. En el capítulo 8, la dimensión redentora del arrepentimiento se explora a través de la imagen arquetípica del Mesías como sanador herido. A través del mito de la redención mesiánica, el judaísmo nos enseña cómo podemos descubrir nuestro propio camino único hacia la iluminación a través de cualquier adversidad personal o dificultad que enfrentemos en nuestras vidas. El capítulo 9 concluye la parte 2 con una exposición sobre el papel de la compasión en la curación, centrándose en la práctica de curación jasídica de otorgar bendiciones al concentrarse conscientemente en el bien de uno mismo y de los demás. Este capítulo también analiza en profundidad los Días Temibles como un paradigma de sanación, y muestra cómo el día de celebración inicia un cambio de actitud espiritual que nos mueve de una «posición» de juicio a una de amor divino y compasión.

La parte 3 explora los temas de la completitud e integración en la tradición mística judía. El capítulo 10 comienza con una exploración del papel de la paradoja en la curación, mostrando cómo el camino hacia la completitud en última instancia radica en abrazar e integrar los aspectos contradictorios y a menudo fragmentados de nuestro ser. El capítulo 11 continúa con una exploración del no dualismo en el pensamiento judío, y muestra cómo una comprensión no dualista de la vida puede ayudarnos a enfrentar los muchos desafíos difíciles de la vida, como la enfermedad y la depresión. Este capítulo también explora cómo el no dualismo apoya el desarrollo de mecanismos de afrontamiento de alto nivel, como la capacidad psicológica para la integración, que nos permite mantener simultáneamente los sentimientos buenos y malos sobre nosotros mismos y los demás y aceptar la mezcla del bien y el mal en todas las cosas.

Utilizando el modelo de la cábala de los cuatro mundos, el capítulo 12 explora cómo nos completamos integrando las dimensiones físicas, emocionales, cognitivas y espirituales de nuestro ser. Este capítulo también incluye algunos ejercicios prácticos para mejorar la autointegración.

Mientras que un corazón roto puede lanzarnos al camino de la curación, el objetivo de la curación es la capacidad de vivir en plenitud y conscientemente desde la profundidad de nuestro verdadero ser. Y así, en el capítulo final (capítulo 13) exploro el tema del entusiasmo, cómo al darnos vida plenamente sin lastres, podemos transformar nuestras vidas en relatos sagrados, encarnaciones vivas de la Torá.

Con el fin de hacer terrenales y más accesibles las enseñanzas, he incluido meditaciones y prácticas al final de cada capítulo que se pueden usar para desarrollar una práctica de sanación espiritual personal. Junto con las historias jasídicas, la poesía y las enseñanzas de otras tradiciones místicas, como el sufismo y el budismo, también he incorporado en la narración historias de mi propia vida y de las vidas de mis clientes y estudiantes. Al hacerlo, estoy tratando de demostrar la reciprocidad íntima que existe entre el mito sagrado y cada una de nuestras vidas y los viajes de sanación. Aunque todo el material está basado en personas reales, he cambiado las características que pudieran identificarlas para preservar su anonimato.

Las fuentes judías que utilizo incluyen la Biblia, el Talmud, el Midrash y la cábala. Mis fuentes favoritas sobre la curación provienen del jasidismo, el movimiento de renacimiento espiritual judío que se extendió por la Europa oriental en el siglo XVIII. El jasidismo tomó los conceptos místicos y esotéricos de la cábala, y al aplicarlos a la vida cotidiana, los hizo emocional y psicológicamente accesibles. Por ejemplo, el jasidismo tomó el mito de la creación de la cábala y lo tradujo en un mapa del alma humana, utilizando el modelo de la cábala del desdoblamiento divino como guía para el desarrollo humano. De manera similar, en el pensamiento jasídico, se considera que existen dentro de cada uno de nosotros las historias de la Torá y todo su elenco de personajes, de modo que cuando estudiamos el mito bíblico, llegamos a conocernos a nosotros mismos.

Muchos de los maestros jasídicos eran conocidos por ser grandes sanadores psíquicos y espirituales. Baal Shem Tov (1698-1760), fundador del movimiento jasídico, era experto en medicina herbal y en técnicas de curación chamánica. Abundan las historias de sus poderes clarividentes y curativos, incluida su capacidad para curar almas a través de la narración, la oración y el poder místico del amor. Baal Shem Tov, o Besht, como a menudo se le conoce de manera abreviada, provocó una revolución espiritual entre las masas de los judíos de Europa del Este. Destacando la importancia del amor, la alegría, la fe simple y la devoción mística al servir a Dios, sus enseñanzas y las de sus muchos discípulos ofrecieron una alternativa atractiva al camino estricto y disciplinado del mundo tradicional de la yeshiva, donde el talmúdico *pilpul* (debate legalista) y la adhesión a la ley religiosa fueron el foco de la vida religiosa.

Otra innovación del jasidismo fue su énfasis en la relación única entre el rebe (maestro espiritual) y sus jasidim, o discípulos. El rebe era visto como poseedor de una *neshama klalit*, un alma colectiva, muy parecido al avatar en el misticismo hindú. El rebe actuaba como un *axis mundi*, un puente entre el cielo y la tierra, para sus seguidores; a través de la conexión de su alma con el rebe, el jasídico obtuvo acceso a la raíz de su propia alma dentro de lo divino.

Además de ser el punto focal unificador de la comunidad, muchos de los maestros jasídicos realizaron sesiones individuales de asesoramiento con sus seguidores. Si bien estas sesiones fueron principalmente oportunidades para que los seguidores recibieran una dirección espiritual, emocional y moral del rebe, en muchas ocasiones provocaron la remisión espontánea de la enfermedad o la resolución del problema terrenal por el cual el discípulo buscaba el consejo y la bendición del rebe. Entre una cierta secta de jasidismo conocida como Chabad o Lubavitch, estas reuniones íntimas con el rebe, llamadas *yechidus*, se volvieron un tanto institucionalizadas. En cierto sentido, llegaron a desempeñar un papel paralelo al de la terapia que existía en la sociedad secular.

Curiosamente, la palabra *yechidus* proviene de la misma raíz hebrea que *yichud*, o unidad, lo que sugiere que, a través de su unión con el rebe, un jasídico podría aprovechar la unidad divina que es, en última instancia, la fuente verdadera de toda curación. *La Intimidad espiritual: un estudio sobre el asesoramiento en el jasidismo,* del rabino Zalman Schachter-Shalomi, describe con una profundidad y detalle excepcionales el poder curativo del encuentro *yechidus*. Este trabajo académico merece la atención de todos aquellos interesados en las prácticas de sanación espiritual judía.

Terapia sagrada no se ha escrito sólo para sanadores y pacientes con enfermedades diagnosticables. Más bien está destinado a ser una guía, basada en las enseñanzas místicas judías, para cualquier persona que se dedique a la búsqueda psicoespiritual de la completitud y la curación. Cuando hablo sobre la curación a lo largo de este libro, no me refiero al tipo de curación de la que suelen hablar nuestros médicos cuando estamos enfermos, concretamente, a la recuperación de los síntomas. Sin embargo, mi atención se centra más en cómo podríamos ser realmente curados *por*, o a pesar de, cualquier enfermedad y dificultad que enfrentemos en nuestras vidas. Aunque la recuperación es una parte bienvenida de cualquier curación, es posible curarse a pesar de la persistencia e incluso del empeoramiento de los síntomas físicos, ya que incluso cuando no es posible curar el cuerpo, siempre se puede encontrar una curación del alma.

Si mi uso sin remordimientos de la palabra *Dios* en este libro te molesta, intenta reemplazarlo por otro nombre con el que te sientas más cómodo, como «poder superior», «espíritu», «El Infinito», o «Todo Ser», el que mejor te resulte. El judaísmo tiene muchos nombres para lo divino y cada uno refleja un aspecto particular de la divinidad. Mientras lees este libro, ten en cuenta que el Dios bajo el que te criaron, o no, no es el Dios al que me refiero. El entendimiento de lo divino de la cábala, que es el que yo propongo, es esencialmente no dualista. Es similar a la tradición advaitica del misticismo hindú. Según la cábala, Dios es todo lo que es: nada existe fuera de lo divino. Los cabalistas a menudo se referían a Dios como el Ein Sof (infinito, sin límites, sin fin) o Or Ein Sof (luz de lo infinito, sin límites, sin fin). Mientras lees este libro, trata de mantenerte abierto a tu propia experiencia vivida de lo divino y crea tus propios nombres e imágenes para describirlo. Pero ten en cuenta que, si bien el judaísmo usa muchos nombres y palabras diferentes para describir a Dios, incluido ayin, el cual implica la nada o el vacío divino, en última instancia, Dios está más allá de cualquier cosa que podamos imaginar o describir con una sola palabra o imagen.

Aunque la mezcla de las enseñanzas espirituales judías en mi trabajo como terapeuta comenzó como mi propio intento idiosincrásico de integrar partes dispares de mi ser, se ha convertido en un método consciente de curación. Sé que no estoy sola en este tipo de trabajo. Muchos otros terapeutas con antecedentes en el budismo, el sufismo y el cristianismo han comenzado a buscar formas de combinar la sabiduría de sus tradiciones espirituales en su trabajo. Creo que esta tendencia es parte de un acercamiento más amplio que está ocurriendo entre la psicología y la espiritualidad. Señala un retorno a lo que originalmente fue la curación en los tiempos antiguos, como la palabra griega *therapeia* (de la que deriva la palabra *terapia*) connota hacer el trabajo de los dioses. Espero que al restaurar la dimensión sagrada de nuestro trabajo como sanadores, podamos ofrecer a nuestros clientes un enfoque más holístico e integral de la curación.

Juego de palabras en hebreo

El lenguaje sagrado de la curación

Muchas de las ideas de este libro se basan en la antigua práctica judía del juego de palabras, una herramienta lingüística utilizada por eruditos y místicos judíos para comunicar ideas esotéricas. El hebreo era considerado un lenguaje mágico; de hecho, era conocido como *lashon ha'kodesh*, el lenguaje de lo sagrado. Existe una antigua creencia de que el cielo y la tierra y todas las cosas que existen se crearon a través de las letras del alfabeto hebreo. Los *alef-bet*, como se les conoce, fueron vistos como el poder creador primordial con el que Dios creó el mundo a través de la palabra/canto, como se sugiere en Salmos 33:6 («Por la palabra de Dios los cielos fueron creados/por el aliento de su boca, todas sus huestes»). El conjuro mágico abracadabra, que bien puede ser una variación de la expresión hebreo-aramea *ibra k'dibra*, o «Yo creo a través de mi discurso», sugiere el poder creativo y mágico de las palabras en el pensamiento judío.

Cada palabra hebrea tiene una raíz de dos ó tres letras, y las palabras que comparten la misma raíz están relacionadas temáticamente. A veces, su conexión es evidente de inmediato, y a veces uno debe buscar debajo de la superficie para encontrar los niveles más profundos de conexión. Al profundizar en los múltiples significados de las palabras hebreas, a menudo se descubren verdades profundas y esotéricas. Por ejemplo, la palabra hebrea para salud o curación –*le'havri*– comparte la misma raíz (*bet-resh-alef*) que la palabra hebrea para la creación: *beriah*. Cuando reflexionamos sobre la posible conexión entre la creación y la curación, surge una simple verdad mística: concretamente, que toda curación implica un proceso de renovación, de ser creado de nuevo. Cuando vivimos nuestras vidas con la posibilidad de renovación y re-creación, nos abrimos a la curación en muchos niveles.

Quizás la profunda conexión entre la creación y la curación se deba a que los ritos de curación entre muchas personas tribales incluyen una recitación del mito cosmogónico de la tribu, su relato sagrado de los orígenes de la vida. Esta práctica se basa en la creencia de que al llevar a la persona enferma al principio de los tiempos, un momento en que todas las cosas estaban completas, podríamos facilitar la curación. Y por eso comenzamos nuestra exploración de los caminos y las prácticas de sanación espiritual judía con una exploración del mito de la creación de la cábala, el mito de los recipientes rotos. Este mito de la curación-creación contiene muchos símbolos y metáforas potentes para el viaje de sanación y para los tiempos de transición personal. Al igual que muchas paradojas místicas, el mito de la creación de la cábala enseña que el camino hacia la completitud y la curación a menudo comienza con la rotura.

La bendición para el estudio de la Torá

Antes de participar en el estudio de la Torá, los judíos tradicionalmente recitan varias bendiciones. Estas bendiciones están destinadas a enfocar la intención personal, o *kavannah*, para que el estudio de la Torá se convierta en una mitzvá, un rito sagrado en el que alineamos nuestras mentes con la mente divina. Las bendiciones tradicionales, que se han incorporado al servicio de oración diario, expresan el anhelo de que las palabras de la Torá que estudiamos sean «dulces» en nuestra boca y que conozcamos el nombre o la esencia de Dios mediante la inmersión en el texto sagrado. Una de las bendiciones, que se formula en tiempo presente, afirma la naturaleza continua de la revelación divina de que la Torá se nos revela continuamente a medida que nos sumergimos en el estudio sagrado. Mi kavannah, o intención, al escribir este libro, es transmitir la dulzura que he descubierto en las palabras de la Torá. Lo que viene a continuación es una versión libre de las bendiciones tradicionales, por si deseas recitarlas antes de seguir leyendo.

Bendito seas Tú, Infinito, nuestro Dios, cuya presencia llena la creación y que nos hace santos (y nos conecta) por medio de las *mitzvot* (buenas obras/prácticas espirituales). Nos has ordenado que participemos en las palabras de la Torá. Por favor, Infinito, nuestro Dios y el Dios de nuestros antepasados, haz que las palabras de Tu Torá sean dulces en nuestras bocas y en las bocas de Tu pueblo, la casa de Israel, para que nosotros, nuestros descendientes y los descendientes de Tu pueblo, la casa de Israel, sepan Tu nombre (esencia) y se dediquen al estudio de la Torá por su bien más puro. Bendito seas Tú que impartes la sabiduría de la Torá a tu pueblo, Israel. Bendito seas, Infinito, nuestro Dios, cuya presencia llena la creación y que nos ha elegido para recibir la Torá, una revelación de la verdad. Bendito seas Tú que continuamente entregas la Torá.

PARTE 1

CONVERTIRSE EN UN RECIPIENTE DE LUZ

Cosmología cabalística y curación

El espíritu que se hace forma se separa de sí mismo, se rompe,
se parte en pedazos, está roto. Dondequiera que veamos al espíritu,
hay algo roto.
Aquí se rompe el corazón, aquí entra el espíritu. Las oraciones
de un corazón roto que invocan al espíritu sanan inevitablemente,
por lo tanto, son completas.
Cuando los grandes corazones se rompen, tomamos las piezas
en nosotros mismos. Entonces todo canta.

—DEENA METZGER, «EN LA ORACIÓN»

1

CORAZONES PARTIDOS
Y RECIPIENTES ROTOS

No hay nada más completo que un corazón roto.

—Rabino Menachem Mendel de Kotzk

En el curso de nuestras vidas, cada uno de nosotros inevitablemente tendrá el corazón roto más de una vez. Todos experimentaremos momentos en que nuestras vidas, como las hemos conocido, se ven repentinamente destrozadas por la intrusión del destino o la decepción. Estas «roturas» pueden tener muchas caras: un divorcio o una separación, la inesperada muerte de un ser querido, una pérdida repentina de trabajo o quiebra financiera, una traición personal, una enfermedad aguda o la aparición de una dolencia crónica incapacitante. Podemos convertirnos en víctimas de una catástrofe natural o de revueltas sociales que alteran para siempre nuestras vidas. En los últimos tiempos, muchos de nosotros hemos tenido que hacer frente a la nueva realidad impactante que plantea la amenaza del terrorismo, concretamente, la pérdida de nuestro sentido de seguridad personal y la pérdida de la inocencia que una vez tuvimos. Todos estamos un poco desconsolados en estos días.

Sin embargo, en esos momentos en los que parece que nuestro mundo entero se está estrellando contra nosotros, podemos ser los beneficiarios de una de esas epifanías personales que cambian el curso del resto de nuestras vidas. Si bien nuestros corazones pueden romperse y nuestras vidas estar inundadas por el caos, podemos sentir una nueva fuerza interior y la capacidad de recuperación que han surgido de nuestras dificultades. Muchos sobrevivientes de traumas cuentan las maneras en que se sienten cambiados para siempre y para mejor por sus experiencias. Al haber rozado el peligro mortal, describen sentir un mayor aprecio por la vida misma y una profunda gratitud por el amor y el apoyo que recibieron de los demás.

Quizás esto fue lo que quiso decir el maestro jasídico del siglo XIX, el rabino Menachem Mendel de Kotzk, cuando dijo que no hay nada más completo que un corazón roto. Al igual que muchos místicos judíos que hablaron sobre la vida y la curación en términos paradójicos, el rebe Kotzker, como se conocía al rabino Menachem Mendel, entendió que las cosas no siempre son lo que parecen ser. De hecho, muchas cosas se manifiestan primero como su opuesto. Lo que parece ser malo, en última instancia, puede resultar bueno; la enfermedad puede, a veces, ser el camino hacia nuestra curación más profunda, y la rotura es a veces la única manera de volver a la completitud. Justo cuando las cosas parecen desmoronarse o terminarse, a menudo se genera nueva vida, y cuando pensamos que lo tenemos todo junto, las cosas a menudo se desmoronan. Desde la perspectiva mística, la realidad siempre está rota y perfecta a la vez.

Cuando medito en lo que Kotzker pudo haber querido decir con la completitud de un corazón roto, vuelvo a los momentos de mi vida cuando el dolor de la pérdida me golpeó tan profundo que mi corazón simplemente se abrió. En los momentos más difíciles, en lugar de sentirme sola en mi dolor, que a menudo es mi patrón, me sentí profundamente conectada empáticamente con todos y con todo lo que me rodeaba. Era como si los muros que por lo general me separaban de los demás hubieran sido derribados por la rotura de mi corazón. Y cuando esos muros cayeron, un amor universal, un amor hacia todos los seres conscientes, se detuvo en el lugar que una vez sólo conoció un amor limitado. «El corazón debe romperse para volverse *grande*», escribe Andrew Harvey, porque «cuando el corazón se abre, Dios puede poner todo el universo en él».[2]

Uno de esos momentos para mí fue hace veinticinco años, cuando vivía en Jerusalén. Me había sumergido en el mundo de los judíos pia-

---

2. Andrew Harvey, Hidden Journey: A Spiritual Awakening (Nueva York: Penguin Books, 1991), pág. 54.

dosos y místicos, y estaba enseñando judaísmo a estudiantes universitarios estadounidenses que estudiaban en el extranjero. Tras ocho años en mi búsqueda espiritual, pasé por una crisis personal que destruyó mis sueños juveniles y cambió drásticamente la dirección de mi vida.

Me había casado joven, como es costumbre en el mundo religioso, sólo para descubrir que había cometido un terrible error. Mi esposo, que se presentó a sí mismo como un erudito y místico, y que provenía de una familia inmersa en el estudio de la cábala, resultó ser inestable y fanático, y después del nacimiento de nuestra hija, se me hizo dolorosamente claro que tendría que dejar el matrimonio. Me sentí devastada y me avergonzaba haber cometido un error tan grande, y para empeorar las cosas, mi exesposo se negó a concederme un *get*, o divorcio religioso, amenazando con dejarme colgada como una *agunah*, una mujer a la que, según la ley ortodoxa, no se le permite volver a casarse.

Durante los meses posteriores a nuestra separación, pasé por una noche oscura del alma mientras luchaba con una pérdida de fe. Me sentí deprimida y sola, abrumada por la responsabilidad de ser madre novata y espiritualmente sin anclaje. Sabía que cierta etapa de mi vida estaba llegando a su fin, ya que las viejas formas que había abrazado para expresar mis anhelos espirituales ya no parecían acomodarse, pero aún no podía articular una nueva visión.

El doloroso final de mi matrimonio, un matrimonio que había sido bendecido por uno de los cabalistas más estimados que vivían en Jerusalén en ese momento como «una unión hecha en el cielo», destrozó mi ingenuidad religiosa. Me sentí espiritualmente confundida y desilusionada, y parecía como si una gruesa pared se interpusiera entre mí y el Dios con quien alguna vez me había sentido tan íntima.

Una tarde de Sabbat, cuando me sentía particularmente mal por mí misma, salí a caminar al atardecer por el bosque de Jerusalén. Me senté debajo de un árbol, cerré los ojos y empecé a llorar. Cuando me encontré pidiendo ayuda y guía a Dios a través de este tiempo oscuro en mi vida, mi corazón finalmente se abrió en oración. En este estado de comunión, mi amargura comenzó a desvanecerse y fue reemplazada por una sensación de dulzura. Una presencia reconfortante me envolvió cuando sentí, una vez más, mi conexión con la fuente de todo ser.

Antes de que me diera cuenta, la noche había caído, y estaba allí en medio del bosque. Apenas podía ver a medio metro por delante de mí. Era una noche sin luna, y las luces más cercanas estaban bastante lejos. Me di cuenta de que iba a ser un viaje paso a paso hacia la carretera. Cuando di el primer paso, noté que mi campo de visión de repente se extendía medio metro más allá. Otro paso, otro medio metro…

Mientras avanzaba lentamente por el sendero, tuve una minirrevelación. A través de cada paso de mi viaje a casa en la oscuridad, fue como si Dios me estuviera susurrando: «Simplemente tómalo con calma…, paso a paso…, sólo necesitas ver un paso delante de ti para dar el siguiente paso… Encontrarás tu camino de regreso a la completitud… Tu corazón está roto ahora mismo…, el camino no está claro, pero no te escondas por vergüenza, deja que tu rotura sea el camino que recorres…». Cuando llegué a la cima del sendero, me di cuenta de que mi oración ya había sido contestada.

Después de ese viaje nocturno, mi depresión comenzó a desaparecer y mis ojos ya no ardían con lágrimas de ira y vergüenza. En lugar de encerrarse en el dolor, mi corazón roto se había abierto finalmente, permitiéndome una vez más sentir una conexión con Dios y con todos los que me rodeaban.

Cuando recuerdo esa noche, siento que me encontré con el rostro de lo divino al que el rey David se refiere como «el sanador de corazones rotos» (Salmos 147:3). El viaje por delante era largo, con muchas vueltas en el camino, pero después de esa noche supe que iba camino a casa. Se estaba abriendo un nuevo capítulo en mi vida en el que descubriría mi camino como sanadora. Esa caminata paso a paso en la oscuridad se convirtió en una lección importante sobre cómo navegar mi camino a través de los tiempos oscuros y confusos de la vida. En muchas ocasiones, he sacado valor de ello.

La luz que emerge de la oscuridad

La tradición mística judía está repleta de metáforas sobre cómo comienza el despertar espiritual con el aprendizaje para navegar nuestro camino a través de los tiempos oscuros. La «noche» es un símbolo recurrente en el mito judío, que significa el poder fértil y transformador de lo desconocido, la cara oculta de lo divino en este mundo.

Para los judíos, el tiempo siempre comienza por la noche. Esto es cierto tanto literal como figurativamente. En el calendario judío, cada nuevo día comienza con la caída de la noche en lugar del amanecer, y el relato bíblico de la creación enfatiza repetidamente que «hubo una noche y hubo una mañana». Antes de que pudiera haber luz, había que crear la oscuridad, y así toda la creación surge de un estado de oscuridad y vacío primordiales:

«Y la oscuridad estaba en la faz de lo profundo. Y un viento de Dios se movió sobre las aguas. Y dijo Dios: "Hágase la luz"». (Génesis 1:2)

La cábala entiende que tiene un profundo significado espiritual el hecho de que la oscuridad sea la matriz de la cual emerge toda la vida. Implica comprender que la creación, en todas sus formas, emerge de su opuesto, el estado de vacío. Toda la vida se mueve en ciclos de la oscuridad a la luz, de la contracción a la expansión, de la rotura a la completitud. En el simbolismo de la cábala, la oscuridad de la noche está asociada con el estado fragmentado conocido como exilio, el estado de estar desconectado y dislocado del verdadero lugar. La historia del pueblo judío, como la creación misma, comienza en lo que el texto cabalista del siglo XIII conocido como el Zohar se refiere como la noche oscura del exilio en Egipto. Fue en este primer encuentro con el exilio donde surgió la nación israelita y donde la luz de la Torá, la revelación del Espíritu, emergió de la oscuridad. «No hay mayor luz», dice el Zohar, «que esa luz que emerge de la mayor oscuridad».[3]

Al igual que la creación emerge de un estado de oscuridad y vacío primordiales, en nuestras propias vidas, encontramos que lo más frecuente es que la noche oscura del alma, la crisis existencial del significado y la fe, una enfermedad o pérdida traumática, nos despierta, y, en última instancia, nos obliga a crecer y dar nacimiento a nuevas dimensiones de nosotros mismos. Todos tenemos historias de tiempos difíciles que nos impulsaron a crecer y manifestar nuevas dimensiones de nuestra alma. Para muchos de nosotros, es precisamente en esos momentos en que las cosas se derrumban cuando nos sentimos obligados

---

3. Zohar 2:184, traducción de la propia autora.

a embarcarnos en un viaje de sanación. Aunque a menudo nos embarcamos en el viaje pataleando y luchando con nuestros destinos, es posible que más tarde lleguemos a reconocer que los tiempos oscuros fueron los que fertilizaron el suelo de nuestras almas para preparar el camino para un nuevo crecimiento.

El rabino Najman de Breslav (1772-1810), bisnieto del famoso Baal Shem Tov (1698-1760), fue un maestro guía espiritual para el encuentro nocturno con lo divino. De hecho, solía aconsejar a sus seguidores que salieran por la noche para estar en comunión con Dios. Esta práctica meditativa, conocida como *hitbodedut*, o santa soledad, implica simplemente hablar con Dios en el lenguaje de uno mismo, como se podría hablar con un buen amigo. La idea es llevar los sentimientos descorazonados de uno al oído divino. Aunque el hitbodedut se puede practicar en cualquier lugar y en cualquier momento, el rebe Najman recomendaba específicamente que las personas salieran de sus ambientes habituales y hablaran con Dios en un bosque o pradera por la noche, lejos del bullicio de la actividad humana. De mi práctica de la meditación hitbodedut en los últimos treinta años, he aprendido que no importa lo que esté sucediendo en mi vida exterior. En esos momentos en que experimento la verdadera comunión con lo divino, como lo hice en esa noche oscura en el bosque, tengo una sensación de dulzura y profunda paz interior. Paradójicamente, en la santa soledad, ya no nos sentimos tan solos.

El rebe Najman, que luchó contra episodios de depresión y melancolía durante toda su vida, supo de primera mano que existe una gran diferencia entre la depresión y el desamor. Enseñaba que la depresión era una expresión de enojo y desconexión de Dios. El desamor, en contraste, decía el rabino Najman, está libre de enojo y culpa.[4] Está enraizado en la conciencia humilde de que todos los seres experimentan dolor y pena. Un corazón roto es simplemente un signo de nuestra profunda humanidad. Y cuando llevamos nuestro dolor a la puerta de Dios, unimos lo roto y lo entero; nuestro corazón roto se convierte en el punto de conexión con el Todo y con todos los demás que hieren.

---

4.   Rabino Nathan de Nemerov, Likutey Moharán II 282. Recopilación de las enseñanzas del maestro del rabino Nathan, Rabí Najman de Breslav.

En un midrash atribuido al talmudista palestino rabino Alexandri del siglo III, se describe a Dios como el buscador de corazones rotos: «Cuando un hombre usa un recipiente roto, se avergüenza de ello, pero no así Dios». Todos los instrumentos de Su servicio son recipientes rotos, como se dice: «El Señor está cerca de los de corazón roto» (Salmos 34:19); o «El que sana los corazones rotos» (Salmos 147:3).[5]

Una imagen similar de lo divino aparece en el siguiente midrash, citado en la antología del siglo XIII *Midrash Ha'Gadol*: «Un hombre de carne y hueso, si tiene un recipiente, siempre que el recipiente esté entero, estará contento con él; roto no lo desea. Pero no así el Santo, bendito sea Él. Mientras el recipiente esté entero, él no desea verlo; roto sí lo desea. ¿Y cuál es el recipiente favorito del Santo, bendito sea Él? El corazón del hombre. Si el Santo, bendito sea Él, ve un corazón orgulloso, no lo desea; como se dice: "Todo aquel que se enorgullece de corazón es una abominación para el Señor" (Proverbios 16:5). Roto, dice: Esto es mío; como se dice: "El Señor está cerca de los que tienen el corazón roto" (Salmos 34:19)».[6]

El corazón roto que es entero/santo a los ojos de Dios, según el midrash, existe en aquellos que son humildes. ¿Qué tiene que ver la humildad con eso? Una dosis saludable de humildad nos permite experimentar la rotura o la tristeza de una manera no centrada en uno mismo. Cuando carecemos de humildad, tendemos a experimentar nuestro dolor como *nuestro* dolor, y tendemos a usarlo como una señal de privilegio con la cual nos separamos de los demás. Incluso podemos sentir la necesidad de competir con otros cuyo sufrimiento palidece en comparación con el nuestro. Pero cuando hacemos esto, terminamos sintiéndonos muy solos.

De manera similar, si estamos avergonzados y temerosos de nuestro dolor, podemos sentir la necesidad de escondernos y aislarnos de los demás cuando estamos sufriendo. En última instancia, el modo en que mantenemos nuestros sentimientos de rotura determina nuestra experiencia vivida. Si podemos encontrar una manera de sostener y

---

5. Midrash Tehillim Rabá 25:158b, traducción de la propia autora.
6. Nahum N. Glatzer, Hammer on the Rock: A Midrash Reader (Nueva York: Schocken Books, 1948), págs. 62-63. Basado en la Midrash Ha'Gadol, Génesis 38:1.

abrazar nuestro dolor con suavidad, reconociendo que la rotura es simplemente parte de la condición humana –en cierto sentido, nada especial–, entonces podemos comenzar a sentirnos empáticamente conectados con todos los demás seres. Éste es el corazón roto que nos hace completos.

Mientras ayudaba a organizar una recaudación de fondos para las víctimas del terrorismo en Tierra Santa, hablé con una pareja que había perdido a su hija en un ataque terrorista. En lugar de sentirse amargados y enojados como resultado de su terrible pérdida, habían fundado una organización para ayudar a otras víctimas del terrorismo y a sus familiares a lidiar con el trauma de la pérdida y la herida. Su propia experiencia de sufrimiento los impulsó a contactar con otros (judíos y árabes por igual) que estaban lidiando con el dolor inimaginable de perder por el terrorismo a un hijo o a un ser querido. Ambos describían cómo, debido a la pérdida, su capacidad de amar y empatizar con los demás se había hecho mucho más profunda de lo que previamente podrían haber imaginado. Al localizar y conectarse con otros que también sufrían, sintieron que estaban haciendo lo único que podían hacer para redimir y aliviar su propio dolor.

Después del ataque al World Trade Center, vimos que este mismo fenómeno operaba a gran escala, ya que los ciudadanos de Nueva York, desconsolados, se reunieron con voluntarios de todo el país para ayudar en el esfuerzo del rescate y la posterior crisis. En un ensayo titulado «Voces desde la Zona Cero», Courtney V. Cowart describe el profundo altruismo y la compasión que se desataron en la Zona Cero. «Ya sea un policía o un herrero», escribe Cowart, «un comerciante de productos básicos o un obrero de la construcción, un misionero o un trabajador de la basura, un bombero o un *rockero*, en el agujero de una enorme necesidad en la Zona Cero, todos parecen estar descubriendo que somos más generosos, menos temerosos, más aceptadores, menos juiciosos, más compasivos, más vulnerables y, sin embargo, más fuertes de lo que jamás hayamos pensado que podríamos ser».[7]

La curación espiritual judía consiste esencialmente en salir de la estrecha prisión de nuestro propio desamor para entrar en el palacio ce-

---

7. Courtney V. Cowart, «Voices from Ground Zero», Spirituality and Health (otoño 2002): 39.

lestial de la compasión y la conexión. Se trata de cómo el corazón humano puede abrirse *rompiéndose*, para que puedan ser retirados los velos que nos mantienen separados a unos de otros y de nuestra conexión con lo divino.

La verdad es que todo tiene que ver con la conexión. Ya sea que desnudemos nuestras almas ante lo divino o nuestro dolor personal se convierta en un punto de conexión con los demás, cuando nos sentimos parte de un todo mayor, experimentamos una sensación de alegría y bienestar. Cuando nos sentimos desconectados de nosotros mismos y de los demás y nos separamos del Todo –a lo que, en términos religiosos, llamamos «Dios»–, sufrimos. La palabra hebrea para unicidad –*echad*– proviene de la misma raíz que la palabra para alegría: *chedva*. Experimentamos alegría cuando sentimos unidad y conexión. Éste es el objetivo central de toda sanación espiritual judía: restaurar un sentido de unicidad, alegría y conexión en un mundo en el que la rotura parece inevitable.

Crisis y transformación

Cuando estamos en crisis, a menudo sentimos que la vida nos obliga a crecer y cambiar, a veces en contra de nuestra voluntad. Recuerdo sentirme como si me estuvieran empujando fuera del cómodo vientre del mundo judío ortodoxo cuando se terminó mi primer matrimonio. No fue hasta varios años más tarde, después de que me mudara a Estados Unidos y comenzara a estudiar psicología, cuando comprendí cómo la destrucción de mis sueños en ese momento de mi vida me había proporcionado el empujón cósmico que necesitaba para ir más allá de los confines del mundo ortodoxo. A medida que mi mundo se desmoronaba, comenzaron a emerger nuevas dimensiones de mi ser, y me lanzaron a la siguiente etapa de mi desarrollo espiritual.

Si bien una crisis personal puede catapultarnos a nuevos niveles de conciencia, a veces la aparición de nuevos aspectos de nuestro ser o nuestro logro de niveles más altos de conciencia pueden llevar a una ruptura de las viejas estructuras de vida. A medida que nos convertimos más plenamente en quienes debemos ser, es posible que tengamos que dejar de lado las relaciones que nos frenan o podríamos encontrar que nuestro trabajo ya no es congruente con lo que nos estamos convirtiendo. Para ser fieles a nosotros mismos, es posible que tengamos que dejar de lado una identidad aparentemente exitosa o una carrera lucrativa. Estos tiempos de transición pueden suponer un gran desafío para nuestro sentido de seguridad, ya que el terreno sobre el que nos hemos apoyado es reemplazado por un vasto desconocido.

Los místicos judíos de la antigüedad eran sumamente conscientes de que en esos momentos en que las cosas se sienten más rotas y desesperadas, la sanación, o *tikkun*, se hace posible. Este tema se teje dentro y fuera de muchos de los mitos y prácticas espirituales centrales del judaísmo. Este optimismo esencial está en el centro mismo de la tradición mística judía, que ve a cada persona como un participante en la curación y la reparación de este mundo roto.

En la historia judía siempre ha habido una profunda correlación entre crisis y transformación. La experiencia repetida del exilio, en particular, se ha convertido en un importante catalizador en la evolución de la conciencia judía. Cada vez que los judíos hacían sus maletas y salían a la carretera, abrían un nuevo capítulo en el legado espiritual conocido como Torá. Nunca se forjó este vínculo con más fuerza que en la época del rabino Isaac Luria (1534-1572), cuando, a raíz de la mayor catástrofe que los judíos habían conocido durante mil años, Luria articuló una nueva forma de entender el mundo que redefiniría nuestra relación con lo divino durante los siguientes siglos.

Para la mayoría de los americanos, el año 1492 evoca instantáneamente el viaje de Colón al Nuevo Mundo. Pero para los judíos, 1492 también marca el final de la legendaria Edad de Oro de los judíos españoles. Ese año, después de siglos de sentirse relativamente seguros en su patria española, los judíos de España recibieron un edicto del rey Fernando y la reina Isabel que exigía que se convirtieran al catolicismo o afrontaran la muerte o la expulsión. Aunque miles se convirtieron bajo coacción, aproximadamente cien mil judíos empaquetaron sus pertenencias, las cargaron sobre sus espaldas y se fueron al exilio.

Los judíos de España se vieron sorprendidos y devastados por el severo decreto de Fernando e Isabel. Los judíos habían estado viviendo en España desde la época del Imperio romano (año 300 de la era común), cuando los exiliados de Tierra Santa se dirigieron allí en busca de un nuevo hogar. La vida no siempre fue fácil para los judíos de España, especialmente cuando España estaba bajo el dominio católico. Pero a partir del siglo IX, cuando España fue conquistada por los gobernantes musulmanes, los judíos experimentaron varios cientos de años de relativa libertad y aceptación, durante los cuales fueron libres de participar en el diálogo interreligioso espiritual y cultural, así como en la vida empresarial y profesional.

Durante este tiempo, los judíos españoles se convirtieron en filósofos, cortesanos, médicos, poetas y financieros. Algunos estaban profundamente involucrados en la política y la intriga de la corte. Fue un momento en que la cábala floreció, y los místicos judíos tuvieron la libertad de intercambiar ideas con sus homólogos musulmanes y cristianos.

Todo esto comenzó a cambiar en el siglo XIV, cuando la Iglesia católica reanudó su implacable persecución y opresión a los no cristianos. Sin embargo, a pesar de las frecuentes masacres y las conversiones forzadas, hasta que se emitió el decreto final de expulsión, los judíos españoles nunca consideraron la posibilidad de que se quedarían sin hogar y serían apátridas una vez más.

Mientras los judíos españoles vagaban por el este y el oeste en busca de un refugio seguro, algunos se establecieron en Tierra Santa. Al igual que los exploradores españoles y portugueses se propusieron establecer el mapa del Nuevo Mundo en los siglos XV y XVI, estos exiliados judíos españoles se dispusieron a explorar el paisaje divino y el vasto terreno del alma humana. Bajo el liderazgo del rabino Isaac Luria, también conocido como Ari Ha'Kadosh, el Santo León, un círculo cerrado de místicos que vivían en la ciudad galileana de Safed inspiró un renacimiento espiritual que influiría profundamente en la teología judía durante los próximos siglos.

En un intento por recontextualizar y encontrar un significado espiritual en la arquetípica experiencia judía de no tener hogar y vagar, el rabino Isaac Luria dirigió su atención hacia el arte curativo de crear mitos. Las enseñanzas de Luria, que se centraron en el tema del desdoble divino, vieron la experiencia judía de la dislocación como una imagen de espejo del exilio divino.

Al igual que los judíos en el exilio se dispersaron por las naciones, también lo hizo la luz del infinito, el Or Ein Sof, que se fragmentó y dispersó en este mundo de multiplicidad. Por lo tanto, si el pueblo judío se siente sin hogar en el mundo, no es de gran sorpresa, porque ¿cómo podría uno sentirse de otra manera en un mundo en el que Dios también vive en un estado de exilio, en toda la multitud de formas finitas? Además, su deambular en el exilio tenía un propósito divino: concretamente, reunir las chispas divinas que se habían dispersado por toda la creación.

En su cosmología mítica, Luria proporcionó a su generación una nueva matriz de significados, una que transformó su experiencia inmediata de dislocación en una experiencia significativa y divinamente ordenada. Incrustadas dentro de su simbolismo había muchas metáforas curativas importantes. A medida que exploramos el mito con mayor profundidad, su mensaje de sanación, que es tan revelador hoy como lo fue en el siglo XVI, se vuelve más claro.

Chispas divinas y recipientes rotos

JUNTAR LAS CHISPAS

Mucho antes de que el Sol proyectara una sombra
antes de que la Palabra fuera dicha
que creó los cielos
y la tierra
surgió una llama
de un único
e invisible
punto
y desde el centro de esta llama
brotaron chispas de luz
ocultas en armazones
que zarparon por todas partes
por encima
y por debajo

como una flota de barcos
cada uno llevando su carga
de luz.

De algún modo
nadie sabe por qué
los frágiles recipientes se rompieron
partidos en dos
y todas las chispas fueron dispersadas
como la arena
como las semillas
como las estrellas.

Por eso fuimos creados:
para buscar las chispas
no importa dónde hayan estado
ocultas
y como cada una se revela
para ser consumida
en nuestro propio fuego
y renacer
fuera de nuestras propias
cenizas.

Algún día
cuando las chispas se hayan juntado
los recipientes serán
restaurados
y la flota zarpará
a través de otro océano
del espacio
y la Palabra
se será dicha de nuevo.

—HOWARD SCHWARTZ

La creación, según el mito luriano, comenzó con una catástrofe cósmica: una rotura que resultó de un desequilibrio entre la emanación divina de la luz y los recipientes finitos creados para recibir y albergar esa luz. En cierto sentido, Dios cometió un gran error en el Big Bang. Y como resultado de ese cataclismo, nada en este mundo está en el lugar que le corresponde.

Según Luria, la creación involucró tres etapas distintas: *tzimtzum* (retirada), *shevirá* (rotura) y *tikkun* (restauración/curación). Cuando leas mi descripción de estas etapas, ten en cuenta que no estaban pensadas para ser tomadas como un relato literal y científico de la creación, sino como una metáfora de los procesos arquetípicos que ocurren a lo largo de la creación, tanto en el mundo natural como en el desarrollo emocional y espiritual humano.

La luz y los recipientes son metáforas cabalísticas para la esencia divina y las formas encarnadas. Los recipientes de la creación, o *keilim*, como se les llama en hebreo, se crearon para proporcionar un recipiente para la luz del infinito, el Or Ein Sof.

Todo en este mundo fue creado para albergar lo divino, pero como lo divino es infinito, ningún recipiente finito puede contener completamente su luz. Esto es debido al diseño, según parece; los recipientes de la creación están defectuosos y son inadecuados. Sin embargo, para revelarse en un universo encarnado, el infinito tenía que encontrar una manera de habitar lo finito. Ésta es una de las paradojas inherentes a la creación que Luria intentó abordar en su mito del desdoble divino.

Tzimtzum

La creación, según Luria, comenzó con la formación de un vacío primordial, un espacio dentro del cual podría nacer el reino finito. A través de un proceso conocido como tzimtzum, se dice que el Ein Sof se retiró a sí mismo, creando un espacio vacío parecido a un útero en el mismísimo centro del corazón del ser infinito de Dios. Al describir este proceso, el rabino Hayim Vital, el discípulo más ilustre de Luria, escribe: «Cuando surgió en la voluntad divina simple de emanar una creación… Dios se retiró a los lados, en el centro de Su luz, dejando un espacio vacío. En este espacio existen todos los mundos».[8]

Sin este tzimtzum, no habría espacio para que existiera algo finito o separado, pues todo habría sido destruido por la inmensa luz del infinito. Otra forma de ver esto es que el infinito sólo podría revelarse a través de algún grado de ocultamiento. (La palabra hebrea para «mundo» –olam– proviene de la raíz hebrea ne'elam, que connota ocultismo). Paradójicamente, la existencia del mundo como una entidad aparentemente separada e independiente depende en cierto grado del ocultamiento divino.

Una metáfora útil para el papel del tzimtzum en la creación proviene de la relación padre-hijo. El tzimtzum comienza durante el embarazo, cuando la madre hace espacio dentro de sí misma para que su bebé se convierta en un ser independiente y autónomo. Después de que nazca el niño y mientras continúa madurando, los padres deben proporcionar un tipo diferente de espacio –un «espacio psíquico»– en el que el niño se desarrollará de manera autónoma. Por ejemplo, cuando un niño está aprendiendo a dar sus primeros pasos, un padre debe dar un paso atrás y dejar espacio para que el niño tropiece y caiga solo. Si el padre es muy protector, el niño nunca aprenderá a caminar solo. Un buen padre sabe cómo equilibrar el amor con alguna medida de tzimtzum, o limitación en la expresión de ese amor que tiene en cuenta las necesidades de espacio, autonomía y límites del niño. Este tipo de restricción por parte de un padre es además, en última instancia, una expresión de amor, aunque puede que no sea evidente inmediatamente.

Así también, cuando Dios retiró la luz del infinito, esta retirada también fue un acto de amor, porque creó el espacio para la existencia del mundo. Sin embargo, paradójicamente, la misma retirada que permite la existencia y crea la posibilidad de la autonomía humana y el libre albedrío también crea la posibilidad de que exista el mal. Porque en el aparente eclipse de lo divino, hay espacio para que la autonomía humana llegue a ser tan extrema que olvidemos nuestra conexión con

---

8. Hayim Vital, Otzrot Hayim, Sha'ar Hagilgulim I. Citado en E. Shore, «Solomon's Request», Parabola (otoño 2002): 59.

la fuente de toda vida. Un sentido exagerado de separación/autonomía es, según la cábala, la raíz de todo mal y sufrimiento.

Shevirá

En el vacío primordial, del infinito, o Ein Sof, emanó entonces un único rayo de luz que debía ser contenido por un conjunto de recipientes creados simultáneamente para recibir la luz divina. Sin embargo, esta luz primordial era tan poderosa que rompió algunos de estos recipientes originales. Teniendo en cuenta que el universo está ubicado en el centro del corazón del ser infinito de Dios, se podría decir que el mismísimo corazón de Dios se rompió cuando el mundo comenzó a existir.

Luria sugiere que los recipientes originales, o *sephirot*, eran vulnerables a la rotura porque estaban desconectados el uno del otro. Mientras que cada uno recibió la refulgencia de la luz divina, no tenían medios para comunicarse y compartir su luz entre sí. Debido a su aislamiento, no pudieron formar un todo lo suficientemente fuerte como para soportar la poderosa revelación. Fue este estado de desconexión intersefirótica lo que llevó a la fragmentación o catástrofe cósmica conocida como *shevirat ha'keilim*: la rotura de los recipientes.

Algunos ven la rotura de los recipientes como una metáfora del proceso de nacimiento, siendo la rotura el símbolo del momento en que la madre rompe aguas. Para que surja una nueva vida, la unidad con la madre debe ser rota. Así como la creación comienza con una rotura, el alma comienza su viaje de despertar al nacer con unas roturas de las unidades primarias, tanto con la madre biológica como con Dios. Así mismo ocurre con cada nuevo umbral que cruzamos en la vida: algo siempre se pierde. La vida está pulsando continuamente entre una fuerza que crea forma y una fuerza que la destruye, entre el caos y el orden. Nada se crea sin romper también algún orden preexistente, así como la unicidad indivisa de Dios que existía antes de la creación tuvo que sacrificarse para que el mundo de la multiplicidad se hiciera realidad. Los cabalistas a menudo utilizaban la imagen de una semilla que debe descomponerse bajo tierra antes de que pueda dar lugar a una nueva vida como una metáfora de la destrucción de los recipientes. Esta imagen aparece en los escritos del cabalista italiano del siglo XVI rabino Menahem Azariah de Fano: «El vacío supremo es como un campo en el que se siembran diez puntos de luz. Así como cada grano de semilla crece de acuerdo con su poder fértil, también lo hace cada uno de estos puntos. Y al igual que una semilla no puede crecer a la perfección mientras mantiene su forma original (el crecimiento sólo se produce a través de la descomposición), estos puntos no pueden convertirse en configuraciones perfectas mientras mantengan su forma original, sólo al romperse».[9]

Tikkun

Tras la rotura, se dice que la mayor parte de la luz del infinito ha regresado a su fuente; sin embargo, algunas chispas cayeron junto con los fragmentos de recipientes rotos y quedaron atrapadas en el mundo material, donde esperan la redención. Hasta que todas estas chispas caídas de la divinidad sean restauradas a su origen, se dice que el mundo está en un estado roto, que necesita tikkun o reparación. Cada uno de nosotros, según Luria, tiene un papel en la tarea de curar y reparar el mundo, o tikkun olam. Nuestro trabajo es redimir y elevar las chispas caídas, exiliadas de la divinidad, encontrando y extrayendo el bien que existe en todas las cosas, incluso en el mal. Hacemos esto a través de la ejecución consciente de las mitzvot, o mandamientos divinos, y viviendo nuestras vidas en santidad, y actuando de manera justa y cabal. Este trabajo de tikkun, o sanación/restauración, de acuerdo con la cábala, es el propósito mismo de toda existencia.

Estas tres etapas de la creación –tzimtzum, shevirá y tikkun– no son un acontecimiento único, sino que forman parte del proceso continuo de la creación. Dado que Dios continuamente produce la creación, *yesh mi'ayin*, algo de la nada, entonces el ciclo de tzimtzum-shevirá-tikkun se desarrolla a lo largo de la creación en todo momento y en todos los niveles de la existencia. Es parte de la estructura molecular del cosmos.

---

9. Citado en Daniel Matt, The Essential Kabbalah: The Heart of Jewish Mysticism (San Francisco: HarperCollins, 1995), pág. 96. (La cábala esencial: una introducción extraordinaria al corazón del misticismo judío, Robin Book, 1997).

Así es precisamente como los maestros jasídicos vieron la rotura de los recipientes. Entendieron el mito como una historia arquetípica sobre toda la vida. Todas las cosas y todos los seres que nacen a la vida pasan por estas tres puertas. En cada punto de transición en el ciclo vital, cuando una etapa de la vida termina y comienza otra, inevitablemente pasamos por este ciclo de muerte-renacimiento de creación, disolución y re-creación.

La rotura de los recipientes es, en cierto sentido, el lenguaje único de la cábala para hablar de lo que los budistas llaman la no permanencia esencial de la vida. Tan pronto como se crea algo, su disolución ya está próxima.

Los recipientes de la creación, las formas finitas creadas para albergar lo infinito, son siempre imperfectos e impermanentes. Deben romperse inevitablemente para dar lugar a la próxima manifestación del desdoble divino. Ninguna forma finita puede simplemente contener y limitar la luz de lo infinito, y así, al romperse, los recipientes de la creación permiten continuamente que se revele más luz. Y justo cuando las cosas parecen más rotas y destrozadas, es cuando comienza la curación o el tikkun.

Todo en este mundo, incluidos nosotros mismos, nuestras relaciones íntimas con amigos y familiares, toda la vida en la tierra, según Luria, es esencialmente un recipiente roto, fragmentado en muchos pedazos. El trabajo de tikkun olam, o reparación universal, es volver a unir las piezas rotas para que las chispas únicas de luz y verdad puedan continuar brillando desde cada pedazo.

Entonces, ya sea que nos enfoquemos en integrar las partes dispares de nuestro ser individual, lo que el psicoanálisis pretende lograr mediante la conciencia del inconsciente, o si trabajamos para trascender nuestro sentido de separación, estamos participando en este trabajo de tikkun. Cuando cada detalle o fragmento de la creación puede revelar sus atributos únicos dentro del marco de un todo unificado, se cumple el propósito esencial de la creación. La luz del Infinito encuentra una morada en los reinos inferiores en la variación infinita de la creación. Todas las personas, en su propia singularidad, son recipientes sagrados para la luz del infinito; y la creación, en toda su multiplicidad, revela las muchas caras del Divino.

El trabajo de curación de tikkun en última instancia consiste en afinar el delicado equilibrio entre la luz y el recipiente. Si la luz del Ein Sof es la energía que une a toda la vida y el recipiente es lo que nos hace únicos, entonces el equilibrio de luz y recipiente consiste en vivir en armonía con las polaridades de unicidad y separación, infinita y finita, espíritu y materia, caos y orden. Nuestro trabajo es transformarnos a nosotros mismos y a toda la creación en un recipiente que sea lo suficientemente espacioso y transparente como para contener la luz y el amor del infinito.

Los recipientes rotos

Un mito para nuestros tiempos

El mito de los recipientes rotos parece particularmente relevante en nuestros tiempos, cuando muchas personas en el planeta están experimentando un profundo sentimiento de distanciamiento. Hoy no sólo los judíos se sienten desarraigados y descolocados. Innumerables comunidades y grupos étnicos de todo el mundo se han visto obligados a huir de sus países de origen como resultado de la guerra, el hambre, las dificultades económicas y la persecución. Las familias viven frecuentemente alejadas unas de otras, separadas por continentes y culturas. Si caminas por las calles de prácticamente cualquier gran ciudad del mundo, te sorprenderán las coloridas mezclas de grupos étnicos y de vecindarios.

En los Estados Unidos de hoy, parece que nos estamos convirtiendo rápidamente en una nación de exiliados, como ha ocurrido con Israel durante los últimos cincuenta años, que se ha transformado en el hogar de una gran cantidad de exiliados de casi todos los rincones del mundo. Sólo cabría esperar que esta gran mezcla de culturas conduzca a un momento en el que el Único sea reconocido en los muchos. Y en la medida en que cada grupo aporte sus costumbres especiales, su idioma, su música, sus especias y lo que los cabalistas llaman las «chispas santas» de sus países de origen, los fragmentos destrozados de los recipientes divinos originales se recompondrán.

Pero más allá del ámbito del exilio geográfico, muchos de nosotros hoy experimentamos sensación de exilio psicológico. Nuestras vidas se fragmentan a un ritmo frenético y sin contacto con nuestras verdades y valores más profundos, y nos sentimos desconectados de nuestro centro espiritual y emocional. En cierto sentido, las chispas sagradas de nuestras propias almas están en el exilio.

¿Cómo podemos comenzar a reunir y reintegrar nuestras propias partes fragmentadas? ¿Y cómo podemos crear un mayor sentido de completitud, significado y coherencia en nuestra vida personal y comunitaria, incluso cuando nos sentimos quebrantados y fragmentados? Éstas son algunas de las preguntas que se abordarán en los próximos dos capítulos a medida que continuemos examinando el mito de la creación-sanación de Luria y otras enseñanzas de sabiduría de la cábala.

Práctica espiritual diaria

El tallit, *o manto de oración*

Tener una práctica espiritual diaria puede ayudarnos a estar más alineados con el Espíritu. Una que encuentro particularmente útil es comenzar cada día con la oración personal y la meditación, envuelta en un tallit o manto de oración. El tallit es un símbolo de protección y de luz divina. Cuando nos envolvemos en un tallit, nos recordamos que también somos seres de luz, parte del Or Ein Sof, la luz del infinito que llena toda la creación. El tallit puede ayudarnos a concentrarnos, bloquear las distracciones externas y enfocar la conciencia hacia nuestro interior.

El tallit es una ayuda para recordar la conciencia de Dios. Muchos y diversos significados místicos se han asociado con las franjas rituales, o *tzitzit*, que cuelgan de las cuatro esquinas del tallit. Una enseñanza sugiere que los ocho flecos que cuelgan de cada esquina del tallit simbolizan la presencia del infinito en este mundo finito, el número ocho (dibujado de lado) es el símbolo del infinito (∞). Al igual que las franjas que se extienden más allá de la prenda, los tzitzit nos dirigen fuera de los límites finitos de la prenda, hacia lo que está más allá. La palabra hebrea tzitzit en sí misma sugiere visión: *leha'tzitz* significa «echar un vistazo u ojeada». Envueltos en el tallit, buscamos vislumbrar lo que está más allá de nuestra visión finita ordinaria.

Antes de usar el tallit, tradicionalmente recitamos una bendición, junto con los pasajes de los Salmos 104 y 36, que hablan de Dios envuelto en un hábito de luz y como fuente de protección. Cuando oramos o meditamos envueltos en el tallit, se nos recuerda que somos esencialmente seres de luz, y nos sentimos rodeados y protegidos por la luz y el amor de El Infinito.

Aquí está la bendición tradicional, junto con algunos pasajes de estos salmos:

> Bendice Señor mi alma. Señor mi Dios, Tú eres muy grande; estás vestido de gloria y majestad. Vas envuelto en una prenda de luz; extiendes los cielos como una cortina…
>
> Eres una Fuente de Bendición, eres El Infinito, cuya presencia llena la creación. Nos has hecho santos con las mitzvot alentándonos a envolvernos en la prenda con flecos.
>
> ¡Cuán preciosa es tu bondad, oh Dios!
>
> La humanidad puede refugiarse bajo tus alas protectoras…
>
> En Tu Luz vemos la luz.

Meditación

Convertirse en un recipiente de luz

Tómate unos minutos para relajarte y centrarte, prestando atención a tu respiración. Observa cualquier tensión o contracción de tu cuerpo. En la medida en que te sumerjas en un estado de relajación, permítete respirar sin esfuerzo. Con cada inhalación imagina que estás respirando la divina exhalación, y con cada exhalación imagina que estás devolviendo tu aliento a su fuente en la divinidad.

Ahora imagina que un río de luz blanca fluye desde los cielos hasta la coronilla de tu cabeza, donde entra en tu cuerpo y comienza a colmarte de luz, llenando cada órgano y, de hecho, cada célula de tu cuerpo con resplandor y calor, trayendo una energía sanadora a todo tu ser. A medida que esta luz te llene, mírate a ti mismo como un ser de luz radiante y luminoso. Ahora, imagina que también estás rodeado de luz en todas las direcciones, de modo que estés no sólo lleno de ella, sino también rodeado por esa luz.

Déjate llevar y disfruta de la luz del infinito, el Or Ein Sof, y siente que tu cuerpo se vuelve más y más ligero mientras descansas en el resplandor de la presencia amorosa de Dios.

(Opcional para la curación). Ahora, permítete convertirte también en un canal para la curación, dejándote recibir y enviar energía de sanación al universo. Quizás desees pensar en una persona o personas a las que desees enviar energía curativa. Mientras los mantienes en tu mente y corazón, comparte tu luz con ellos. Envíales energía curativa a través de la luz que emana de tus manos y dedos. Déjate recibir y enviar bendiciones para una curación completa («*refuat ha'nefesh urefuat ha'guf*», una curación del cuerpo y el alma).

Al concluir esta meditación, toma conciencia una vez más de tu respiración y de los límites de tu cuerpo, de tu pecho subiendo y bajando suavemente, de tu presencia en la habitación donde estés sentado. Luego abre suavemente los ojos...

LO INQUEBRANTABLE

Hay una ruptura
de la cual emerge lo intacto,
una fragmentación de la que florece lo inquebrantable.
Hay un dolor,
más allá de todo sufrimiento, que lleva a la alegría,
y una fragilidad
de cuyas profundidades emerge la fuerza.
Hay un espacio hueco,
demasiado vasto para las palabras,
que atravesamos con cada pérdida,
desde cuya oscuridad somos convertidos en seres.

Hay un grito más profundo que cualquier sonido,
cuyos bordes aserrados cortan el corazón,
mientras nos abrimos paso
hacia ese lugar adentro
que es irrompible
y entero,
mientras aprendemos a cantar.

—RASHANI

2

LAS TABLAS ROTAS DEL SINAÍ

Abrazar la imperfección

Debemos encontrar la existencia perfecta a través de la existencia imperfecta.

—Suzuki Roshi

Todo lo que somos en un sentido positivo es gracias a alguna limitación. Y ese estar limitado, estar incapacitado, es lo que se llama destino, vida. Aquello que falta en la vida, aquello que nos oprime, forma el tejido de la vida y nos mantiene dentro de ella.

—Emily Dickinson

El rebe Najman de Breslav era un maestro contador de historias. Aunque muchas de sus narraciones parecen maravillosos cuentos de hadas, son, en realidad, parábolas místicas que aluden a los secretos de la cábala. En el siguiente relato conocido como «La menorá de los defectos», el rebe Najman ofrece una interesante interpretación del mito de los recipientes rotos.

Un joven se echó al mundo y regresó después de muchos años a la casa de su padre, tras haberse convertido en un maestro artesano, especializado en la elaboración de candelabros para rituales o menorás. Afirmando ser el más hábil fabricante en toda la tierra, le pidió a su padre que invitara a todos los demás artesanos de la ciudad a venir a ver su preciada menorá. Esto hizo el padre y, para su sorpresa, los artesanos de la ciudad no se mostraron del todo satisfechos con lo que vieron. De hecho, cada uno de ellos encontró fallos y defectos en ella. Pero cuando se les preguntó lo que les parecía desagradable de la menorá, cada uno encontró algo diferente que les molestaba. Sencillamente, no lograron ponerse de acuerdo sobre cuál era su defecto. De hecho, lo que a una persona le parecía un defecto, a otra le resultaba ser su característica más hermosa.

El padre se volvió hacia su hijo y le pidió una explicación, y en ese momento el hijo respondió: «Con esto he demostrado mi gran habilidad. Porque le he revelado a cada uno su propio defecto, ya que cada uno de esos defectos estaba en realidad en aquel que lo percibió. Fueron esos defectos los que incorporé en mi creación, porque hice esta menorá sólo a partir de defectos. Ahora comenzaré a trabajar en su restauración».[10]

En esta historia, la menorá es un símbolo de la creación: sus siete ramas corresponden a los siete días y las siete emanaciones divinas, los recipientes originales a través de los cuales se manifestó la creación. Al retratar a la menorá como hecha de defectos, el rebe Najman sugiere que la rotura de los recipientes no fue tanto un «accidente» como una parte del proceso creativo de Dios. Los fragmentos rotos eran las materias primas necesarias a partir de las cuales se formó este mundo de multiplicidad. La shevirá fue el resultado inevitable de crear un universo personificado, ya que el error es una parte inevitable de la vida. El relato también sugiere que Dios creó un universo lleno de imperfecciones para que cada criatura desempeñe un papel en su restauración. Este mundo, al igual que la menorá de los defectos, se creó con un defecto básico, de modo que la perfección podría alcanzarse a través de la imperfección, o como sugiere el Zohar, que la luz pueda revelarse a través de la oscuridad. Cada uno de nosotros fue creado con algún defecto o fallo de carácter que debemos arreglar nosotros mismos en nuestra propia cámara interior de oscuridad. A través del trabajo de tikkun ha'ne-fesh (curación del alma / refinamiento del carácter), iluminamos los lugares «oscuros» e inhabitables dentro de nuestras almas para que nuestros defec-

---

10. La historia del rabino Najman, en la que se basa mi narración, es de Sipurei Ma'asiot Hadashim y se cita en Howard Schwartz, Gabriel's Palace: Jewish Mystical Tales (Oxford: Oxford University Press, 1993), pág. 352.

tos se conviertan en las grietas o aberturas a través de las cuales nuestra luz interior puede brillar en este mundo. Y al buscar las chispas santas, o la bondad, que existen en todas las cosas, en todos los tiempos, en todos los lugares y en todas las personas, participamos en el trabajo colectivo del tikkun, o restauración, que permite que los recipientes imperfectos y rotos de la creación revelen la luz de lo infinito.

La parábola del rebe Najman sobre el fabricante de menorás agrega otra dimensión al mito luriano de la creación, concretamente que fuimos creados para ser una lámpara para lo divino. La menorá de siete brazos, el símbolo de la cábala del árbol de la vida, representa el regalo de la existencia que Dios nos hace. Todos somos parte de la menorá de Dios. Toda la creación existe para recibir la luz de lo infinito y devolverla a su origen.

Pero primero debemos entender el hecho de que el mundo, incluidos nosotros mismos, está construido con defectos, de que esa imperfección es parte del tejido mismo de la creación. Y si Dios puede cometer un gran error que, en última instancia, da lugar a la posibilidad del tikkun, o sanación y redención, entonces quizás nosotros también podamos encontrar formas de ser santos «correctores» en esta vida imperfecta nuestra. Como el rebe Najman de Breslav solía decirles a sus jasidim: «Sabed que todo lo que rompáis, lo podéis arreglar».

Las tablas rotas

Las tablas rotas también fueron llevadas en un arca.
En la medida en que representaban todo lo destrozado,
todo lo perdido, eran la ley de las cosas rotas,
la hoja arrancada del tallo en una tormenta, una mejilla tocada
con cariño una vez, pero ahora el nombre olvidado.
Cómo debieron de retumbar, de repiquetear en el camino,
incluso llevadas con tanto cuidado a través de la tierra baldía,
cómo debieron de haber resonado hasta que las piezas
se rompieron en pedazos, los bordes se ablandaron,
desmoronándose, polvo recogido en el fondo del arca,
fantasmas de viejas cartas, viejas leyes. Hasta el punto en que

una ley rota aún se recuerda,
estas leyes fueron obedecidas. Y en la medida en que la memoria
conserva el patrón de las cosas rotas,
estos trozos de piedra fueron preservados
a través de muchos viajes y días arruinados
incluso, dicen, hasta la tierra prometida.

—RODGER KAMENETZ

Curar y enmendar las piezas rotas y destrozadas de la realidad es un tema que se repite una y otra vez en la tradición judía, como se repite sucesivamente un estribillo musical en una orquesta, con cada uno de los instrumentos que presta su interpretación única a la melodía. Las variaciones sobre el tema aparecen en mitos bíblicos, midráshicos y cabalísticos, así como en rituales y costumbres judías.

El mito de Luria de los recipientes rotos es en realidad el eco de un mito bíblico anterior: el mito de las tablas rotas del Sinaí, las tablas originales de la ley que Moisés hizo añicos en la escena del becerro de oro. En este mito sobre los comienzos fallidos y las segundas oportunidades, aprendemos sobre el poder del perdón y la sabiduría que se puede obtener al aprender de nuestros fracasos iniciales.

Cincuenta días después de abandonar Egipto, mientras estaban acampados al pie del monte Sinaí, toda la nación israelita, una nación de esclavos recién liberados, fue bendecida con un despertar espiritual colectivo. Según la leyenda, al amanecer del quincuagésimo día después del Éxodo, una profunda quietud y silencio descendió sobre el monte Sinaí. Este silencio era diferente a cualquier otro que se hubiera sentido jamás. A su paso, toda la nación israelita percibió colectivamente la unicidad esencial y la interconexión de todo ser. Acampados al pie de la montaña, dicen los rabinos, «como una persona con un solo corazón»,[11] al mismo tiempo oyeron y vieron la voz de lo divino mientras se vestía con las palabras del Decálogo. En este momento, según el

---

11. Esta frase es del comentario de Rashi sobre Éxodo 19:2 («e Israel acampó frente a la montaña»). En este pasaje, la Torá utiliza de forma poco característica la forma singular del verbo 'acampar': vayichan. A partir de esto, Rashi deduce que las personas se unieron «como una persona con un solo corazón» justo antes de la revelación.

midrash, «ningún ave cantó ni batió sus alas, ningún buey mugió, los ángeles no volaron, los serafines no pronunciaron el Kedusha [oración de santificación], el mar no rugió, las criaturas no hablaron; el universo estaba silencioso y mudo. Y se escuchó la voz: "Yo soy el infinito (yhvh), tu Dios"».[12]

La revelación en el monte Sinaí marcó el clímax del Éxodo y, según la leyenda, ése fue su propósito, ya que Israel fue redimido de Egipto para recibir la Torá y dar testimonio de la unicidad y presencia de Dios dentro de la creación. Todo lo que ocurrió hasta ese momento, incluyendo el exilio y la esclavitud, así como la redención milagrosa, fue simplemente una preparación para la revelación de la palabra divina, o *dibbur*, en el Sinaí.

Pero, así como la luz primordial revelada en la creación destruyó los recipientes creados para contenerla, la revelación en el monte Sinaí resultó ser un momento de iluminación divina demasiado intenso para sus receptores terrenales. Según la leyenda, los israelitas sólo escucharon la letra hebrea muda *alef* de la declaración divina inicial –*Anochi* (Yo soy)– antes de que sus almas abandonaran sus cuerpos. En esencia, murieron o, podría decirse, sus recipientes físicos se rompieron cuando escucharon / vieron la palabra de Dios. Esta muerte, nos dice la leyenda, fue temporal, ya que una gran cantidad de ángeles descendieron inmediatamente de los cielos para resucitar a los israelitas, dejando caer sobre ellos un rocío de redención. En las palabras de un antiguo midrash:

> Cuando la palabra de Dios salió de la boca del Santo de la Bendición… chispas y relámpagos cayeron… y cuando el pueblo de Israel escuchó la palabra pronunciada por la boca del Santo de la Bendición, corrió y se retiró a una distancia de doce millas y sus almas los abandonaron, como dice [en el Cantar de los Cantares] «mi alma se fue con su palabra…». ¿Qué hizo el Santo de la Bendición? Dejó caer el rocío de la redención con el cual los muertos serán resucitados en el futuro mesiánico.[13]

---

12. Midrash Shmot Raba 29:7.
13. Midrash Aseret Ha'dibrot. Este antiguo midrash se publicó en Eliezer Horkonos, *Pirkay d'Rebbe Eliezer* (Jerusalén: Eshkol Books, 1973). Una variación de este midrash también aparece en el Talmud, Shabbat 88b.

En su estilo puramente metafórico, este midrash nos enseña la naturaleza de los despertares espirituales, que a menudo se experimentan por primera vez como una muerte o un golpe mortal al ego, como lo describe el místico moderno Andrew Harvey en el relato autobiográfico de su propio despertar espiritual. «Hay una belleza violenta en la revelación», escribe Harvey, «que el alma ama, pero que el ego teme como a la muerte».[14] Sin embargo, es una muerte que también trae vida, porque mientras que, por un lado, muere el sentido de uno mismo, también se entra en alineación correcta con la totalidad que es Dios. En términos místicos, es en estos momentos cuando, paradójicamente, ocurre la verdadera sanación.[15] En los momentos de despertar espiritual, nos damos cuenta de que no sólo somos lo que pensábamos que éramos, una conciencia individual o un yo separado que vive dentro de los límites que llamamos «yo», sino también parte de una unidad inefable. Para los israelitas, la revelación en el monte Sinaí fue ese momento de transformación.

Pero siendo novatos espirituales, los israelitas no estaban preparados para la intensidad de la visión con la que fueron bendecidos y, como resultado, no supieron recibirla ni aceptar su importancia. Eran como una persona que ve más allá de la ilusión de la separación bajo la influencia de una droga psicodélica, pero es incapaz de incorporar esa visión a la vida ordinaria después de que los efectos de la droga hayan desaparecido. De hecho, los israelitas se sintieron confundidos y aterrorizados por lo que percibieron. Entonces, cuando Moisés se detuvo en la cima de la montaña, entraron en pánico y buscaron tranquilidad en uno de los ídolos familiares, concretos y hechos por el hombre en el pasado, el becerro de oro. El Dios sin nombre, sin forma, infinito, del ser y del devenir, que les hablaba desde el vacío o la no-cosa del desierto, era simplemente demasiado aterrador para captarlo. Cuando Moisés regresó al cabo de cuarenta días, encontró a la gente adorando al becerro de oro e instintivamente (quizás también de manera impulsiva) arrojó las tablas de la ley que había recibido, rompiéndolas en pedazos.

---

14. Harvey, Hidden Journey, pág. 38.
15. Según la leyenda, todos los israelitas que estaban presentes en el Sinaí fueron sanados. A los sordos se les devolvió la audición, a los ciegos su vista, etc. Véase Rashi en Éxodo 20:15.

Pero algo asombroso sucedió después de que Moisés rompiera las tablas. Según la leyenda, los israelitas procedieron a recoger los pedazos rotos. Al darse cuenta de su error y de lo que habían perdido, recogieron los restos fragmentados de su visión mística y comenzaron a llorar su pérdida y a arrepentirse de su locura. De hecho, pasaron los siguientes ochenta días en un proceso de arrepentimiento y finalmente se les concedió el perdón divino. En lo que se convertiría en el primer Yom Kipur, o Día de la Expiación, a los israelitas se les dio una segunda serie de tablas y una segunda oportunidad, como se describe en la narración bíblica que sigue la historia del becerro de oro: «yhvh dijo a Moisés: "Talla dos tablas de piedra como las primeras, y yo inscribiré en las tablas las palabras que había en las que rompiste"» (Éxodo 34:1). Según la leyenda, los israelitas llevaron consigo los dos juegos de tablas –el roto y el entero– en el arca durante el resto de su viaje por el desierto. Ambos juegos de tablas fueron llevados a la Tierra Prometida, dicen los rabinos, donde se mantuvieron uno al lado del otro hasta que finalmente fueron colocados en el templo santo de Jerusalén.

Entonces, ¿qué significa que la Torá no fue dada una, sino dos veces? ¿Qué fue diferente en estas dos revelaciones? ¿Y qué lecciones espirituales podemos aprender del hecho de que los israelitas unieron y llevaron consigo las tablas rotas en su viaje?

El mito de las dos tablas sugiere que los errores e incluso los fracasos son una parte natural e inevitable del desarrollo. De hecho, el fracaso es a menudo una puerta de entrada a través de la cual debemos pasar para recibir nuestros mejores regalos. Fue sólo después del mayor acto de locura de Israel –concretamente, adorar al becerro de oro– cuando pudieron recibir y aferrarse verdaderamente al don de la Torá o iluminación espiritual. A veces aprendemos a apreciar los regalos de la vida sólo después de haberlos perdido. Sin embargo, si tenemos la suerte de tener una segunda oportunidad, con la sabiduría que hemos adquirido a través de nuestra experiencia en el fracaso, aprendemos a valorar y a conservar lo que se nos da.

Las primeras tablas del Sinaí no perduraron, dicen algunos comentaristas bíblicos, porque los israelitas no habían desarrollado recipientes internos lo suficientemente fuertes para conservar su poderosa luz. La primera revelación en el Sinaí, dada como un regalo de la gracia divina, simplemente no fue sostenible. En última instancia, los israelitas tuvieron que hacer el trabajo interno de arrepentimiento para fortalecer sus propios recipientes inmaduros. Este trabajo interno, referido en la cábala como *itoruta dile'tata*, el despertar desde abajo, les permitió ganar a través de sus propios esfuerzos lo que inicialmente se otorgó como regalo de la gracia divina, lo que los rabinos llaman *itoruta dile'eila*, el despertar desde arriba.

Se puede establecer un paralelismo contemporáneo con el hecho de que las personas no pueden hacer un uso constructivo de las ideas y los primeros recuerdos recuperados en la terapia a menos que tengan una estructura psíquica interna adecuada. Sin las capacidades psicológicas adecuadas, las percepciones momentáneas a menudo se olvidan o se malinterpretan. De hecho, cuando el ego no es lo suficientemente fuerte como para soportar ciertos contenidos psíquicos, su disponibilidad en la memoria puede ser más perjudicial que útil.

Las dos revelaciones en el Sinaí también pueden considerarse como símbolos de las etapas inevitables que atravesamos en nuestro desarrollo espiritual. Las primeras tablas, como las perspectivas iniciales que tenemos para nuestras vidas, se rompen con frecuencia, especialmente cuando se basan en suposiciones ingenuamente idealistas. Nuestros primeros matrimonios o nuestras primeras carreras pueden no cumplir con su promesa inicial. Podemos unirnos a comunidades o seguir a maestros y caminos espirituales que nos decepcionan o incluso nos traicionan.

Nuestras propias concepciones de Dios y nuestras suposiciones sobre el significado de la fe pueden romperse a medida que nos encontramos con los aspectos moralmente complejos y, a menudo, contradictorios del mundo real. Sin embargo, si aprendemos de nuestros errores y encontramos la manera de recoger los pedazos de los sueños rotos, podemos continuar recreando nuestras vidas a partir de los escombros de nuestros fracasos iniciales. Y, en última instancia, nos volvemos más sabios y complejos a medida que nuestros ideales juveniles son reemplazados por otros más realistas y sostenibles.

A medida que avancemos en el ciclo de la vida, continuamente encarnaremos y desencarnaremos las estructuras de la vida. Mudaremos la piel y crecerá otra nueva. Los primeros «recipientes» o «estructuras de vida» que encarnamos, por necesidad, deben romperse y así dejar espacio para el crecimiento continuo del yo.

Si los dos juegos de tablas representan las etapas de desarrollo que atravesamos en nuestro desarrollo espiritual y emocional, las primeras tablas se corresponden con nuestros sueños e ideales juveniles. Al no haber sido modificados por la «realidad», a menudo no son sostenibles precisamente debido a su pureza e idealismo. Las segundas tablas representan nuestras visiones y sueños más maduros, que quizás no sean tan idealistas como nuestras visiones y sueños juveniles, pero son más viables.

El mito de las tablas rotas nos enseña que es importante aferrarnos a la belleza y la esencia de los sueños que alguna vez anhelamos, ya que nuestras visiones iniciales contienen la semilla de nuestra esencia más pura. Recoger las piezas rotas sugiere que debemos rescatar los elementos esenciales de nuestros sueños e ideales juveniles y llevarlos adelante en nuestros viajes para que podamos encontrar una forma de realizarlos de una manera más fundamentada, porque, esencialmente, lo roto y lo entero viven uno al lado del otro en todos nosotros, de la misma forma en que nuestros sueños rotos y nuestras visiones destrozadas coexisten con nuestras vidas reales.

Además de representar las etapas que atravesamos en el desarrollo espiritual, el mito de las tablas también sirve como paradigma para las etapas que atravesamos en nuestras relaciones amorosas. Como el primer «big bang» del Sinaí, los primeros despertares del amor, humano o divino, suelen ser tan poderosos que nos hacen perder el equilibrio. En la mágica embriaguez de un nuevo amor, nuestros límites y defensas habituales se eliminan temporalmente y experimentamos un sentido ampliado del yo. Pero a medida que pasa el tiempo, comenzamos a dar por sentado el «milagro» del amor. Esto ocurre normalmente cuando nuestras necesidades de autonomía se reafirman, sumado a nuestros mecanismos de defensa más antiguos. Las «idealizaciones románticas» iniciales que hacemos de nuestra pareja son desplazadas por la realidad e idealmente reemplazadas por imágenes más completas y realistas de él o ella. Como ya no se ven tan perfectos, las parejas deben trabajar para crear una relación duradera que tenga en cuenta las fortalezas y debilidades de cada uno.

En la práctica espiritual y en el amor romántico, nuestra motivación es a menudo más fuerte durante la fase inicial de luna de miel. Pero con el tiempo, la emoción y el «subidón» generado por nuestro despertar espiritual tienden a atenuarse, y el aburrimiento y la rutina pasan a establecerse. La magia inicial que experimentamos al principio tiende a disiparse. Es aquí donde comienza el verdadero desafío y el momento en que tenemos que trabajar para mantener nuestro compromiso con una práctica espiritual.

A medida en que la primera etapa del amor romántico da paso a una relación más completa y fundamentada, nuestro desarrollo espiritual comienza a profundizarse cuando nos comprometemos con la difícil tarea de lo cotidiano: escuchar la voz oculta de lo divino en todos los aspectos mundanos de la vida cotidiana. Lo que primero recibimos como un regalo de la gracia divina debe obtenerse luego a través del duro trabajo diario y la dedicación a la práctica.

El primer «big bang» del Sinaí, con toda su grandeza, no pudo permanecer eternamente. Aunque mucho menos dramática que la primera revelación, la segunda revelación fue la que perduró. Al igual que la visión de Elijah en la misma montaña siglos más tarde (I Reyes 19:17), las segundas tablas fueron reveladas a través de la más modesta «voz tranquila» de lo divino en lugar de las ráfagas ensordecedoras y cegadoras del trueno y el relámpago: el *kolay kolot* (la madre de todas las voces) que caracterizó la primera revelación. «Nada es más hermoso que la modestia»,[16] dice el midrash sobre la segunda revelación, ya que, en esencia, fue la segunda revelación la que se inscribió no sólo en las tablas, sino también en los corazones de los israelitas.

Abrazar la imperfección

Los mitos de los recipientes hechos añicos y las tablas rotas recuerdan claramente uno al otro. Ambas historias nos enseñan sobre el papel del fracaso y el perdón en nuestras vidas. Como terapeuta, me fascinaron especialmente estos dos mitos cuando llegué a la mediana edad. Tanto

---

16. Midrash Shmot Raba, Ki Tisa, traducción de la propia autora.

en mi vida personal como en mi trabajo clínico, descubrí que arrojaban luz sobre un problema clave con el que mis clientes, mis estudiantes y yo estábamos lidiando. Concretamente, llegar a aceptar la imperfección.

En mi vida personal, luchaba por hacer las paces con las consecuencias a largo plazo de mi propia locura juvenil. El error que había cometido en mi primer matrimonio a los veintiún años regresó para atormentarme en la mediana edad, cuando mi hija mayor, Miriam, con quien tengo una relación muy cercana, regresó a Jerusalén, su lugar de nacimiento, para establecerse allí. Aunque no debía haberme sorprendido tanto su decisión de vivir en Israel, debido a todo lo que la alenté a lo largo de los años para que abrazara los valores judíos y pasara tiempo en la Tierra Santa, no me sentía preparada para la angustia que estaba experimentando. Simplemente no podía aceptar que nuestras vidas continuaran en la distancia y que no pudiésemos compartir íntimamente las alegrías y las tristezas.

Sin embargo, hubo un elemento de ironía cósmica extrañamente reconfortante en el regreso de mi hija a Jerusalén. De la misma manera en que había dejado a mi madre con el corazón roto cuando me fui a Israel a los diecisiete años, mi hija, que no era mucho mayor que yo cuando me fui de casa, me dejaba para encontrar su propio y único camino espiritual. Si alguna vez tuve la certeza de que Dios tiene sentido del humor, fue cuando me pagó con la misma moneda. Además de la ironía de la situación, Miriam también cayó bajo el hechizo del mundo religioso en Jerusalén, como había hecho yo unos veinte años antes.

Dejando a un lado la ironía cósmica, cuando Miriam se fue, sentí que mi vida nunca volvería a estar completa. A pesar de que fui bendecida en muchos aspectos de mi vida, ahora me sentía como un recipiente roto, y me di cuenta de que para encontrar la paz mental tenía que hacer las paces con la imperfección.

Lo que más me ayudó a aceptar mi propio problema fue saber que no estaba sola en mi experiencia. Mientras meditaba con mis alumnos y me sentaba con mi «pedazo roto», llegué a comprender que cada uno tiene algo, en nosotros o en nuestras vidas, que está incompleto o roto. No conozco a nadie para quien esto no sea una realidad hasta cierto punto. Un amigo mío tiene un matrimonio maravilloso y un trabajo satisfactorio, pero no tiene hijos. Otro amigo tiene tres hijos maravillosos, pero sufre múltiples problemas de salud. Una colega mía recientemente alcanzó la fama profesional más allá de sus sueños más inimaginables, sin embargo, está soltera y se siente sola, mientras que otra colega tiene una relación maravillosa, pero continuamente tiene que lidiar con los efectos debilitantes de un accidente automovilístico que tuvo en su adolescencia. La lista continúa.

Este tipo de problemas son ineludibles. Y con el tiempo, sencillamente aumentan los pedazos rotos y los sueños destrozados que cargamos a nuestras espaldas. Y sólo tenemos que dejar de lado nuestra necesidad de que las cosas sean perfectas; de lo contrario, sufriremos un dolor adicional además de las dificultades que ya experimentamos. El perfeccionismo agrava nuestros problemas porque, en lugar de lidiar con los efectos dolorosos de lo que nos falta o se rompe en nuestras vidas, también nos hace sufrir debido a nuestra propia incapacidad para aceptar la imperfección de las cosas.

En mi trabajo como terapeuta, me ha sorprendido la cantidad de personas plagadas de perfeccionismo. Con demasiada frecuencia parezco un disco rayado diciéndoles a mis clientes que serían mucho más felices si pudieran dejar de lado su necesidad de que las cosas sean perfectas. Este concepto parece muy simple, sin embargo escapa a muchos de nosotros. La mayoría de los perfeccionistas ni siquiera se dan cuenta de que sufren de esta condición, ya que puede enmascararse detrás de una serie de síntomas, entre los que se encuentran la depresión, la ansiedad, la indecisión y una excesiva actitud defensiva, así como el bajo y/o excesivo rendimiento. Mientras que algunos perfeccionistas se obsesionan con destacar y nunca quedan satisfechos consigo mismos sin importar cuánto logren, otros se convierten en personas de bajo rendimiento, paralizadas por expectativas poco realistas de sí mismas. En lugar de comprometerse con sus ideales, prefieren pasar sus vidas escondidas en un capullo de autoprotección, sin poner nunca a prueba sus capacidades. Y luego están los indecisos, que de alguna manera llegan a un acuerdo con la perfección. Debido a que su concepto de que «lo mejor» es inalcanzable, la dilación les sirve para limitar la grandeza de sus propias expectativas. Siempre esperando hasta el último momento para hacer las cosas, evitan la responsabilidad de hacer su «mejor esfuerzo», ya que el tiempo de forma inevitable siempre se les agota. Desafortunadamente, los indecisos nunca se dan la oportunidad de alcanzar su máximo potencial porque la indecisión socava sus mejores esfuerzos.

La tendencia hacia el perfeccionismo parece provenir de diversas fuentes. Para empezar, los padres pueden inculcar involuntariamente el perfeccionismo en sus hijos al colocar de forma continuada sobre ellos el peso de unas expectativas poco realistas, o al ser excesivamente críticos y no elogiarlos lo suficiente. Ante la ausencia de suficiente amor y elogios, los niños a menudo crecen pensando que tienen que ser «excelentes» o «especiales» para recibir amor y aprobación. Y cuando los mejores esfuerzos de estos niños aún no son recibidos con amor o alabanza, a menudo llegan a la conclusión de que simplemente no han alcanzado el nivel necesario de perfección. A medida que su codiciado «yo ideal» continúa alejándose de ellos como un horizonte inalcanzable, el perfeccionismo se instala.

El perfeccionismo también se ve reforzado por la cultura popular. Los medios de comunicación y la industria cinematográfica, por ejemplo, nos bombardean constantemente con imágenes poco realistas de cómo debemos vernos a nosotros mismos o de cómo debería ser la vida ideal. También nos alimentan imágenes poco realistas del amor romántico a través de la representación superficial que hace Hollywood de las relaciones al estilo de cuentos de hadas que casi nunca van más allá de la primera etapa del amor. En raras ocasiones se nos muestran los altibajos y las complejidades de las relaciones a largo plazo, por lo que no tenemos un mapa que nos guíe a través de las dificultades de la vida real que inevitablemente enfrentamos en el amor. La vida real casi nunca es tan perfecta como en las películas o como nos cuentan los medios de comunicación. Y cuanto antes aprendamos a hacer las paces con la imperfección, más felices seremos.

El viaje de sanación en la mediana edad

Además de no estar a la altura de las poco realistas imágenes que tenemos de nosotros mismos, cada uno, a lo largo de la vida, tendrá que lamentar inevitablemente la pérdida de las posibilidades y promesas que sencillamente optamos por no hacer realidad. Cada decisión que tomamos en nuestras vidas significa que debemos dejar a un lado otras opciones y potencialidades a las que podríamos habernos aferrado durante nuestra juventud.

Estos sentimientos de pérdida a menudo se vuelven especialmente notorios en la mediana edad, cuando comprendemos de forma inexorable los límites de nuestro tiempo en la tierra. Por lo tanto, para transitar con éxito nuestro paso por la mediana edad, debemos aceptar las pérdidas que fueron el resultado de cada decisión importante que tomamos anteriormente en la vida. La mediana edad es un momento en el que debemos revisar nuestros viejos ideales y avanzar para recrearnos a nosotros mismos. Debemos recuperar las partes que hemos perdido y lamentar al mismo tiempo lo que ha terminado. Es un momento para aceptar que no podemos, en una vida, hacer o ser todo.

Por ejemplo, aquellos que decidieron tener hijos cuando eran jóvenes pudieron haber limitado sus opciones en otras áreas de la vida, mientras que aquellos que decidieron no tener hijos pudieron haber tenido una libertad tremenda para desarrollarse como individuos y, sin embargo, en la mediana edad lamentar la ausencia de niños en sus vidas. La mediana edad es un momento en el que debemos aceptar las consecuencias a largo plazo de las decisiones que tomamos antes. Es posible que tengamos que aceptar los efectos duraderos de un divorcio o hacer las paces con la imperfección de ser un padre soltero o de formar parte de una familia reconstruida. Es posible que tengamos que aceptar no tener hijos o decidir finalmente adoptar un niño por nuestra cuenta.

Muchas de las personas con las que trabajo en terapia tienen dificultades para aceptar el hecho de que sus vidas hoy son muy diferentes a lo que siempre imaginaron para sí mismas. Sus vidas reales no coinciden con las imágenes idealizadas que aún llevan en su interior desde la infancia y la edad adulta temprana. Por desgracia, aquellos que se aferran a las imágenes idealizadas del pasado y se niegan a aceptar su pérdida a menudo permanecen congelados emocional y espiritualmente, con sus ideales intactos, pero con sus vidas muy lejos de serlo. Siguen más comprometidos con sus fantasías sobre la vida que con sus vidas reales. En cambio, aquellas personas que son capaces de llorar la pérdida de sus sueños no realizados están más preparadas para recoger los pedazos y renovarse en la mediana edad. Luego pueden continuar prosperando en la segunda mitad de la vida.

John, por ejemplo, había soñado, durante su adolescencia y los primeros años de la universidad, con ser cantante y compositor, pero cuando decidió ir a la escuela de medicina, abandonó sus sueños artísticos. A lo largo de los años, John intentó mantenerse al día con su guitarra, pero la música claramente quedó en un segundo plano en su vida. Su carrera médica simplemente le exigía demasiado tiempo y atención para mantenerse enfocado en su música.

Cuando John vino a verme, estaba en cierto modo atravesando por una crisis de la mediana edad. Aunque no estaba clínicamente deprimido, sentía tristeza acerca de muchas de las decisiones que había tomado antes. Lamentó en especial que la música ya no fuera una parte importante de su vida. Sentía como si un aspecto importante de su ser estuviera muriendo. No era que quisiera renunciar a la medicina; simplemente no estaba contento con haber sacrificado una parte tan importante de sí mismo para convertirse en médico.

En nuestro trabajo conjunto, hablé con John sobre el mito de las tablas rotas y sobre cómo inevitablemente tenemos que sacrificar aspectos de nuestros ideales y visiones juveniles a medida que tomamos decisiones importantes en la vida. Ver su situación a través de la lente de este mito abrió una nueva forma de pensar acerca de las tareas de desarrollo que enfrentaba en la mediana edad. Cuando le sugerí que reuniese más piezas rotas de sus sueños juveniles, John se sintió más animado para crear más tiempo y espacio en su vida para la música. Aunque quizás nunca se convierta en el músico profesional que alguna vez había soñado, se dio cuenta de que podía disfrutar de su talento musical más de lo que lo había hecho. Este arreglo, aunque imperfecto, le permitió a John hacer las paces con las decisiones importantes que había tomado en su vida al tiempo que conservaba los aspectos de sus sueños juveniles.

A diferencia de John, muchas personas que conozco prefieren no hacer nada respecto a un problema en vez de aceptar una solución o un compromiso imperfectos. Si algo no puede hacerse bien, simplemente no intentan hacerlo. Conozco a muchos perfeccionistas, por ejemplo, que eligen vivir en un caos total en lugar de poner sus hogares en parcial o imperfecto orden. Sus duras críticas internas simplemente no les permiten hacer un trabajo que no sea absolutamente perfecto. Irónicamente, algunas de las personas más desordenadas que conozco son perfeccionistas que no han salido del armario.

Al igual que John, Sandy también vino a verme con problemas de la mediana edad. Sin embargo, ella estaba mucho más deprimida que John por los compromisos que la vida le exigía. Aparentemente, Sandy tenía todo lo que la mayoría de las personas sueñan. Estaba casada, tenía dos hijos y una exitosa carrera como maestra de escuela, pero estaba descontenta con casi todos los aspectos de su vida. Su problema se reducía a una lucha por aceptar las formas en que su vida actual no coincidía con las fantasías y las imágenes idealizadas que tenía de sí misma al crecer.

Sandy era hija de padres adinerados y muy exitosos. Había sido preparada a lo largo de su privilegiada infancia, adolescencia y edad adulta para trabajar duro, tener éxito y alcanzar una posición financieramente cómoda. De hecho, había tenido un gran éxito a lo largo de sus años como estudiante, se graduó como una de las mejores de su clase y terminó un máster en educación. Si se dedicaba completamente a su trabajo y estudios, Sandy se sentía feliz y exitosa.

Las cosas empezaron a cambiar, sin embargo, cuando Sandy se casó y tuvo hijos. Al tratar de conciliar su carrera y su familia, descubrió que no podía progresar en su profesión tan rápido como había esperado. Uno de sus hijos tenía necesidades especiales y exigía una gran cantidad de tiempo y atención por parte de Sandy. En lugar de perdonarse y aceptarse a sí misma por la necesidad de ralentizar sus objetivos profesionales, Sandy se sintió enfadada, frustrada e incapaz de hacer las paces con los compromisos que tenía. Cuando se dio cuenta de que ya no podía estar en la cima de su campo y al mismo tiempo ser la buena madre que aspiraba ser, Sandy comenzó a deprimirse gradualmente. Su esposo, a quien ella amaba mucho, tampoco estaba a la altura de sus grandes expectativas. A pesar de que trabajaba muy duro como maestro, no podía proporcionar el tipo de seguridad financiera a la que ella se había acostumbrado en su juventud. Tener que vivir con un presupuesto ajustado no era algo para lo que Sandy estaba preparada. A medida en que pasaban los años, nada era lo suficientemente bueno para ella. Aunque desde la perspectiva de los que la rodeaban, Sandy lo tenía todo, estaba descontenta consigo misma, con su hogar, su marido y su vida. Su necesidad de perfección la estaba destruyendo.

Durante la terapia, hablé en repetidas ocasiones con Sandy sobre cómo se estaba echando a perder su vida, siempre comparándola con un «ideal» imaginado. Finalmente, usando la metáfora de la cábala de los recipientes rotos, traté de ayudarla a aceptar la idea de que la imperfección está incorporada en el tejido mismo de la creación. Cuando describí el mito de los recipientes rotos, algo comenzó a tomar sentido para ella. El mito pareció tocarla profundamente, abriendo la posibilidad de vivir con más dignidad la imperfección de la vida. A medida que se acercaba el cuarenta cumpleaños de Sandy, comenzamos a planear juntas un ritual de cumpleaños que se basaría en las imágenes de los recipientes rotos. La kavannah o intención del ritual sería abandonar la perfección.

El ritual, que Sandy planeaba llevar a cabo la semana anterior a su cuarenta cumpleaños, incluía escribir en un pergamino todas las esperanzas y sueños de su infancia sobre cómo imaginaba que iba a ser su vida. Luego colocaría el pergamino en un hermoso jarrón de cerámica que había tenido durante muchos años y que era de gran valor, llevaría estos objetos a la terapia, leería lo que había escrito y luego rompería el jarrón y quemaría el pergamino.

Sandy pasó algunas semanas trabajando en la preparación del pergamino para el ritual. Cuando finalmente lo trajo, pasamos un tiempo hablando por primera vez de los sueños y esperanzas de su infancia. Luego, cuando Sandy rompió el jarrón de cerámica y quemó el pergamino, se sintió abrumada por una tremenda ola de dolor. A través del ritual finalmente pudo enfrentar el dolor por la manera en que su vida había resultado ser. La ruptura del jarrón, al cual había estado profundamente apegada durante mucho tiempo, se convirtió en un poderoso símbolo que le permitió dejar ir el pasado y aceptar que la vida trajera cambios. Al llorar por sus sueños y esperanzas perdidas, Sandy comenzó a sentirse más preparada para aceptar su vida real, aunque imperfecta. Incluso decidió llevarse a casa los pedazos rotos del jarrón para convertirlos en un mosaico que podría usar como recordatorio, siempre que lo necesitara, de la sabiduría de los recipientes rotos.

Sandy probablemente continuará luchando con el perfeccionismo durante toda su vida. Los rituales terapéuticos no son una panacea, y ciertamente no sustituyen el trabajo que uno mismo debe hacer a largo plazo. Sin embargo, tienen el poder de despertarnos a nuevas percepciones, y mucho después de su representación continuarán dejando una huella en nuestra psiquis, recordándonos momentos de profundo entendimiento.

Ritual de sanación 1

Los recipientes rotos

Como terapeuta y educadora judía, he experimentado con diferentes formas de usar el mito de los recipientes rotos como base de los rituales terapéuticos y otros procesos creativos, tanto en sesiones individuales como con grupos. El ritual puede ser un medio poderoso para ponerse en contacto con el significado más profundo de los mitos y los símbolos, de ir más allá de las palabras y las ideas a la experiencia misma del mito. Sin embargo, no es fácil hacer esto con el mito cabalístico sin correr el riesgo de trivializar algo que es sumamente esotérico y misterioso. El ritual que se describe a continuación no tiene la intención de disminuir el profundo significado del mito de los recipientes rotos. Simplemente es un ejemplo de cómo podemos personalizar el mito de una manera que es profundamente curativa.

El ritual que estoy a punto de describir se llevó a cabo como parte de un taller que impartí sobre meditación y sanación judías. Utilicé el mito de los recipientes rotos para ayudar a los miembros de la clase a aceptar y curar lo que estaba «destrozado» o roto en sus vidas. A medida que leas este apartado, podrás pensar en diferentes maneras de diseñar tu propio ritual, ya sea en solitario o en compañía de amigos y familiares.

Mientras planificaba este ritual de grupo, me sentí como una sanadora herida. Sabía que todos en el grupo tenían alguna herida importante que sanar, y sentí que mi propia experiencia de pérdida me permitía crear un ritual que era mucho más grande que cualquier cosa que nuestras historias pudieran contarnos de manera personal.

El ritual comenzó con una meditación en grupo acerca del momento antes de la creación, el tiempo anterior al tiempo, cuando todas las cosas eran una y enteras. Después de un período de meditación silenciosa, entramos en un círculo de oración permanente y durante varios minutos recitamos juntos la palabra hebrea *echad*, que significa *uno*. Acto seguido, como grupo, rompimos un gran recipiente de barro que estaba envuelto en un paño. Luego abrimos la tela y cada uno de nosotros recogió un trozo roto, se sentó y meditó una vez más, esta vez acerca de esa parte de nuestras vidas que sentíamos rota o fragmentada. Les indiqué a todos que usaran su fragmento del recipiente de barro para enfocarse en su sensación de quebrantamiento o herida. Les dije que lo sostuvieran con compasión y perdón, sabiendo que el quebrantamiento es sólo una parte de la vida, algo que todos compartimos, parte del tejido mismo de la existencia. Después de este tiempo en silencio, a los participantes se les dio la oportunidad de compartir unos con otros lo que habían experimentado durante la segunda meditación. Un gran número de participantes descubrió que la promulgación del mito les permitió acceder a su poder curativo. Varios describieron la sensación de que «de alguna manera, sentirse herido parecía ser un problema menor, parte de la naturaleza de las cosas». Una mujer describió la sensación diciendo que «era más fácil abrazar mi dolor con perdón y compasión, sabiendo que todos estamos juntos en ello. Somos sólo piezas rotas del todo».

Se alentó a los participantes a colocar su pieza de cerámica rota en un lugar especial en su hogar, como un altar personal, o usarla en una obra de arte, como un mosaico. Llevo mi pieza rota conmigo, en el estuche de mi guitarra, para que me sirva como un recordatorio frecuente de ser compasiva conmigo misma con respecto a mis propias imperfecciones.

Ritual de sanación 2

Volver a juntar las piezas rotas

Mientras me preparaba para dirigir un retiro de espiritualidad y meditación judía para los preparativos del Yom Kipur, ideé el siguiente ritual como una forma de conectar con el poder arquetípico de curación de la expiación. Utilizando las imágenes míticas de las tablas rotas y enteras, el ritual brindó una experiencia práctica de cómo nos curamos al volver a poner en relación las «piezas rotas» con el todo.

Durante la preparación para el ritual, pasé semanas recolectando cientos de piezas de mosaicos, espejos en miniatura, piedras, vidrio pulido y joyas. Debo admitir que me obsesioné un poco preparándome para este ritual: donde quiera que iba, me encontraba buscando fragmentos y pedazos rotos. El sábado por la noche, después del *havdallah*, el ritual de clausura del Sabbat, nos reunimos en grupo alrededor de una gran placa de arcilla con la forma de las tablas del Sinaí. Con unos percusionistas tocando ritmos suaves en el fondo, los participantes, en grupos de cuatro, se turnaron para insertar las piezas rotas de espejo, vidrio pulido y mosaico en la arcilla. La kavannah, o intención espiritual del ritual, consistía en volver a reunir las piezas rotas de nuestras vidas y comenzar a reintegrar las partes exiliadas y rechazadas de nosotros mismos en la totalidad de nuestro ser.

Además del poderoso sentido de cohesión grupal que experimentamos en el proceso de ejecución de este ritual, creamos una pieza de arte sorprendente. Trabajar juntos y desarrollar la creatividad mutua se sumó al profundo sentido de autointegración que cada uno de nosotros experimentaba. Al final, las tablas reunieron todas nuestras imperfecciones y corazones rotos en una hermosa pieza. Todos nos fuimos ese fin de semana sintiéndonos menos solos, sabiendo que nuestro dolor privado es un reflejo de nuestra humanidad común y de lo que compartimos con la divinidad misma.

3

LA SABIDURÍA DE AYIN (LA NADA)

Transiciones y despertar espiritual

Antes de que una cosa se transforme en otra, debe llegar al nivel de la Nada.

—Maguid de Mezeritch

Sólo un corazón que se ha quemado hasta el vacío es capaz de amar.

—Irina Tweedie

Desde el momento de nuestra concepción hasta el momento de nuestra muerte, la corriente constante de la vida nos conduce a través de una serie interminable de cambios.[17] Se podría decir que la esencia misma de la vida es el cambio o la transición. Pero el cambio, incluso cuando es para mejor, no siempre es bienvenido o fácil de manejar. Podemos anhelar un cambio en nuestras vidas, pero cuando llega, a menudo nos asustamos y deseamos que las cosas vuelvan a ser lo que eran.

Parte del desafío del cambio es que con cada transición importante de la vida, inevitablemente pasamos por un momento de oscuridad y de desconocimiento, un espacio fronterizo o intermedio en el que ya no

---

17. Para una exposición más completa sobre el uso terapéutico del ritual para las transiciones más importantes de la vida, véase Estelle Frankel, "Creative Ritual: Adapting Rites of Passage to Psychotherapy for Times of Major Life Transition" (tesis del máster, California State University de Hayward, 1982).

somos lo que solíamos ser, pero aún no somos del todo aquello en lo que nos transformaremos. Al mismo tiempo que debemos enfrentar nuestro miedo a lo desconocido, también debemos lamentar lo que se ha perdido. Estos tiempos intermedios, cuando nos desplazamos entre la antigua vida que estamos dejando atrás y la nueva que aún no ha nacido, pueden ser aterradores y estresantes, especialmente para las personas que carecen de un punto de referencia espiritual para lidiar con la incertidumbre. Como lo sabe cualquiera que haya experimentado una importante transición en su vida, son tiempos de extrema vulnerabilidad, en los que nos vemos reducidos a nuestra esencia más pura. Las transiciones pueden ser tan aterradoras que las personas a menudo prefieren quedarse estancadas en situaciones agobiantes e insalubres en lugar de hacer los cambios necesarios en sus vidas y, por lo tanto, verse obligadas a enfrentar el terror de lo desconocido.

La mayoría de las culturas antiguas honraban esta fase intermedia como algo sagrado. Marcaban las transiciones como un momento de retiro del mundo del «hacer» para regresar a la matriz de la «transformación». Al proporcionar un tiempo de retiro sagrado para los pasajes de la vida, las sociedades antiguas brindaban apoyo a los miembros que atravesaban por estas situaciones estresantes y por momentos de vulnerabilidad. Desgraciadamente, la sociedad moderna apenas reconoce, y mucho menos satisface, nuestras necesidades cuando estamos en transición. A menudo se espera que regresemos a la escuela y funcionemos en el mundo externo del trabajo a pesar de la transición interna o externa que estamos experimentando. Y si queremos marcar un cambio importante en nuestras vidas, normalmente tenemos que improvisar y crear nuestros propios rituales personales sin el apoyo de la comunidad.

A lo largo de los años, me he percatado de que, con una regularidad casi extraña, las personas que no se toman su tiempo para las transiciones importantes se enferman o se lesionan accidentalmente y, por lo tanto, se ven obligadas a retirarse de sus vidas ordinarias. La enfermedad o lesión termina brindándoles una especie de «rito de iniciación» alternativo. Un cliente mío, por ejemplo, se pasó postrado en la cama los dos meses previos a su cincuenta cumpleaños después de lastimarse en un partido de tenis. Lastimarse en la víspera de su cumpleaños lo obligó a contemplar con muy pocas distracciones el significado de este importante indicador de envejecimiento. Otra persona, una amiga, se torció seriamente el tobillo el día después de firmar los papeles de su divorcio. Sin caminatas, ciclismo o yoga en su agenda durante algunos meses, redujo lo suficiente su ritmo frenético habitual para procesar el carácter definitivo de este importante acontecimiento en su vida.

La tradición mística judía contiene muchos rituales, símbolos y prácticas espirituales que pueden ayudar a aquellos que están pasando por una transición de vida. El mito de los recipientes rotos es en sí mismo una suerte de guía o un mapa para la transición. Las tres etapas de la creación de Luria –tzimtzum, shevirá y tikkun– reflejan las tres fases que inevitablemente atravesamos a medida que evolucionamos de una etapa de la vida a la siguiente. Usar el mito de la cosmología de Luria como una guía para las etapas de transición posiciona nuestra experiencia individual de «transformarse» en un contexto mítico más amplio. Así, nuestras luchas personales ya no parecen meramente personales; en cambio, las vemos como un reflejo de los procesos sagrados que ocurren en todo momento y en todos los niveles de la creación. A través de nuestra experiencia personal de transición, entonces, podemos llegar a comprender los propios misterios de la creación.

Así como la creación comenzó con un acto de retirada divina, o tzimtzum, todos los ritos clásicos de paso comienzan con una retirada de la vida ordinaria. Los iniciados que experimentan un pasaje de la vida normalmente se retiran a una choza de iniciación sagrada, en algún lugar alejado de la vida tribal común. En esa retirada, uno comienza a dejar de identificarse con su antigua vida y a permitir que el viejo «yo» muera. Durante este tiempo de tzimtzum, creamos el vacío, o matriz, dentro del cual pueden emerger las nuevas dimensiones del yo.

En los ritos de paso clásicos, los iniciados, después de retirarse de la vida ordinaria, representan simbólicamente la muerte del viejo yo. Esto podría incluir ser enterrado por un período de tiempo, o ser pintado, mutilado o tatuado ritualmente. Estos rituales de muerte y desmembramiento permiten que la psique digiera el hecho de que se está produciendo un cambio, que el viejo yo se está muriendo y que deja espacio para que emerja el nuevo yo. Esta fase de la transición corresponde a la etapa de «rotura de los recipientes» o shevirá.

Esa etapa es en la que la mayoría de nosotros nos atascamos. No nos permitimos abandonar nuestras antiguas identidades antes de tener una idea de lo que viene después. Tenemos miedo de enfrentar el abismo desconocido que es una parte inevitable del tiempo intermedio de las transiciones. Sin embargo, cuando evitamos el «vacío», podemos terminar sintiéndonos vacíos y deprimidos o desarrollar una serie de síntomas preocupantes que resultan de estar atrapados. Básicamente, estos síntomas tienen un propósito curativo, ya que nos dan el impulso que necesitamos para superar nuestra resistencia interna al cambio.

La última etapa de un rito de iniciación supone la reincorporación; el iniciado vuelve a entrar en la tribu como una nueva persona, con una nueva identidad. Se corresponde con el tikkun, y esta fase incluye normalmente rituales de renacimiento. Por ejemplo, el iniciado se sumerge en una masa de agua y luego emerge de ella para simbolizar su salida del vientre materno de la conversión; o se le da un nuevo nombre para indicar que se ha convertido en una persona totalmente nueva. Después de la fase de transición desintegrativa, en la que uno mismo muere, esta etapa de una transición supone la reintegración y los nuevos comienzos. Es un momento para probar la nueva identidad, con sus nuevos roles y comportamientos.

Usar el mito de la creación de Luria como guía para las transiciones puede ser útil de otra manera: nos permite «nombrar» nuestra experiencia cuando enfrentamos el estrés y la incertidumbre de la transición. Esto puede ser tremendamente tranquilizador. Saber que estamos en un viaje que tiene etapas distintas y saber dónde estamos en el viaje puede ayudarnos a encontrar nuestro equilibrio cuando el terreno en el que nos hemos apoyado está cambiando. Por ejemplo, saber que estamos en la etapa de transición de shevirá puede hacer que sea más fácil aceptar los sentimientos de desorientación y dolor que frecuentemente acompañan a esta etapa de «finalizaciones». Si sentimos una sensación de vértigo y temor a medida que nuestras viejas estructuras de vida se disuelven, podemos estar tranquilos porque a esta etapa de shevirá o desintegración le seguirá una etapa de tikkun, un tiempo de curación y reintegración.

El poder transformador de ayin

La meditación puede ser muy útil para lidiar con el estrés y la incertidumbre de las transiciones. Al llevarnos más allá de nuestra conciencia habitual y limitada, la meditación nos enseña a sentirnos cómodos con la incertidumbre. En la meditación profunda encontramos un estado de «desconocimiento» que es muy parecido al estado intermedio que atravesamos durante los tiempos de transición. En la meditación cabalística, este estado intermedio suele denominarse ayin, o nada. Ayin es la nada divina a partir de la cual el mundo se recrea continuamente. Es el telón de fondo y la fuente de toda creación, el fundamento de todo ser. Al igual que la noción budista de *bardo*, el ayin no es ni «esto» ni «aquello», sino que existe en el espacio intermedio que hay entre las cosas. Se puede acceder al ayin en esos momentos intermedios en la meditación, entre un pensamiento y el siguiente o en la pausa entre las respiraciones, cuando nos permitimos disolvernos en la luminosidad infinita de lo divino.

La meditación ayin puede ser especialmente útil durante los tiempos de transición, porque ayin en sí mismo es la experiencia de la liminalidad extrema; de hecho, la cábala a menudo lo identifica como el momento intermedio entre ser una cosa y convertirse en otra. Toda curación y transformación más profunda, según la cábala, requiere una rendición al ayin. Como señaló el maestro jasídico del siglo XVIII, el rabino Dov Baer, también conocido como el Maguid (predicador) de Mezeritch, «nada puede transformarse de una cosa a otra a menos que primero pierda su identidad original. Así, por ejemplo, antes de que un huevo pueda convertirse en una gallina, debe dejar de ser un huevo por completo. Cada cosa debe ser anulada antes de que pueda convertirse en otra cosa. Debe ser llevada al nivel de ayin (la nada divina). Sólo entonces puede convertirse en otra cosa. Y así es como se producen todos los milagros que implican un cambio en las leyes de la naturaleza. Cada cosa debe primero ser elevada a la emanación conocida como ayin, la nada. La influencia entonces viene de esa emanación para producir el milagro».[18]

---

18. Maggid Devarav Le Ya'acov 54 (Jerusalem: Kollel Mevakesh Emunah, 1963), traducción de la propia autora. Este libro es una colección de enseñanzas del Maguid de Mezaritch, compiladas por su discípulo, el rabí Shlomo Lutzker, en 1781.

Los maestros jasídicos entendieron que para crecer y evolucionar espiritualmente y poder encarnar lo infinito, uno debe *volverse* ayin, ya que sólo permitiendo que el sentido separado de uno mismo se disuelva temporalmente, se puede convertir en un recipiente para la nada divina. Por lo tanto, el Maguid de Mezeritch aconsejó a sus discípulos: «Piensa en ti mismo como ayin y olvídate por completo de ti mismo. Entonces puedes trascender el tiempo, elevándote al mundo del pensamiento, donde todo es igual: vida y muerte, océano y tierra seca. Éste no ocurre cuando estás apegado a la naturaleza material del mundo. Si te consideras a ti mismo como *yesh*, como algo, Dios no puede vestirse en ti, porque Dios es infinito, y ningún recipiente puede contener a Dios, a menos que te consideres a ti mismo como ayin».[19]

Las prácticas de sanación chamánica judías implican acceder al poder transformador de ayin. Al meditar en el ayin, uno puede volver al tiempo anterior al tiempo, la unicidad indiferenciada de la cual emerge continuamente la multiplicidad de la creación. En este estado, uno puede extraer nueva vida y energía curativa, como el maestro jasídico de los siglos XVIII y XIX, el rabino Levi Yitzhak de Berditchev, escribe:

«Cuando el hombre anula completamente su ego y une sus pensamientos a los de ayin, entonces un nuevo sustento puede fluir a todos los mundos… Una persona debe estar tan asombrada de Dios que su ego quede totalmente anulado. Sólo entonces podrá apegarse al ayin. El sustento [divino], lleno de toda bondad, fluye entonces a todos los mundos».[20]

Levi Yitzhak llega incluso a sugerir que la materia en sí misma puede transformarse de manera alquímica a medida que pasa por el crisol divino de ayin: «Cuando una persona mira un objeto, lo eleva a su pensamiento. Si su pensamiento entonces está unido al [reino del] Pensamiento divino, puede elevarlo [el objeto] al [reino del] Pensamiento divino. Desde allí puede ser elevado al nivel de la nada [ayin], donde el objeto se convierte en la nada absoluta. Esta persona puede luego ba-

19. Citado en Matt, The Essential Kabbalah, pág. 71. (La cábala esencial)
20. Levi Yitzhak de Berditchev, Kedushat Ha'Levi, Bereishit (Génesis), (Jerusalén, 1958), pág. 5.

jarla una vez más al nivel del Pensamiento, que es algo [*yesh*]. Al final de todos los niveles, puede transformarlo en oro».[21]

Sólo a través de la disolución del yo, o lo que se conoce en hebreo como *bittul ha'yesh*,[22] uno puede curarse en un sentido expandido del yo. Paradójicamente, la vida nueva se genera a través del auto-tzimtzum o autonegación del estado ayin.

Al rendirnos al ayin a través de prácticas espirituales como la oración y la meditación, recreamos el útero original del cual podemos nacer de nuevo. Como dijo el Maguid de Mezeritch: «Ayin es la fuente de todas las cosas, y cuando uno trae algo a la fuente, uno puede transformarlo».[23]

Las transiciones tienen el potencial de renovarnos y sanarnos precisamente porque nos ponen en contacto con el poder transformador del estado ayin. El encuentro simbólico con la muerte o el no ser a través de la inmersión en el ayin nos da acceso a nuestro ser pleno y, por lo tanto, nos permite ser nosotros mismos más plenamente. Cada vez que nos deshacemos de una vieja piel, nos renovamos, y con cada muerte de un viejo yo, podemos activar nuevas capacidades en nosotros.

Las transiciones también tienen el poder de despertarnos a la dimensión luminosa de la existencia: el reino espiritual. El rabino Yaacov Leiner de Izbitz, también conocido por su comentario de la Torá como el Beis Yaacov, habló sobre cómo los tiempos de transición son especialmente propicios para el despertar espiritual, expandiendo nuestra conciencia de lo divino. El Beis Yaacov agrega entonces: «En el mismo momento en que Él produce un cambio en el tiempo [temporada], Dios revela más de sí mismo… Y así ocurre con cada momento que surge y pasa, se produce una gran revelación [de la Divinidad]».[24] Por esta razón, muchos días santos judíos caen durante esos momentos en el ciclo anual cuando el cambio está en el aire. Dos de las principales festividades de peregrinación –el Pésaj y la Sucot–, por ejemplo, caen

---

21. Levi Yitzhak de Berditchev, Imray Tzaddikim, Or Ha'Emet, traducido por Aryeh Kaplan en Meditation and Kabbalah (York Beach, Maine: Red Wheel/Weiser, 1982), pág. 302.
22. Bittul ha'yesh significa literalmente anular el ego o la «algunidad» de uno.
23. Maggid Devarav Le Ya'acov 54, traducción de la propia autora.
24. Citado en Mordecai Yosef of Izbitz, Beis Ya'acov, Parashat Emor, vol. 3. (Jerusalén: Va'ad Hasidei Radzin, 1975), págs. 239-240, traducción de la propia autora.

en los equinoccios de primavera y otoño respectivamente. En el Pésaj se siente el despertar de la naturaleza. A medida que la primavera emerge de los lazos del invierno y la nueva vida se desata a nuestro alrededor, los judíos recrean el viaje ancestral de la esclavitud a la libertad. En la Sucot, los últimos días cálidos del veranillo dan paso a los vientos fríos y los colores cambiantes del otoño. Sentado en la sukkah al aire libre, expuesto a los elementos, uno puede sentir fácilmente la poderosa llamada al despertar que traen los vientos del cambio.

De manera similar, los momentos diarios de oración se fijan en la salida y la puesta del sol, los cambios de oscuridad a luz y viceversa. Podemos ser criaturas de hábito, pero cuando percibimos un cambio en el mundo que nos rodea, recordamos la mano divina que mueve toda la realidad. El cambio y la transición tienen el poder de despertarnos de nuestro duermevela habitual. Ésta es la razón por la que las antiguas fiestas de peregrinación (Pésaj, Shavuot y Sucot) fueron momentos de *aliyah la'regel*, que ascendieron a pie al templo de Jerusalén. Este ascenso (*aliyah*) fue tanto literal como espiritual, ya que la palabra hebrea para pie (*regel*) también implica hábito (*hergel*). Así que un aliyah la'regel sugiere elevar lo que es «habitual» a un nivel de acción consciente.

La historia de Michael

Michael, un estudiante mío que se enfrentaba a una importante transición en su vida, encontró especialmente útiles las enseñanzas místicas judías sobre el ayin y la transformación. En una sesión de orientación espiritual, Michael me reveló que estaba pasando por una crisis de identidad con respecto a su vida laboral. Había sido trabajador social y había fundado una pequeña agencia sin fines de lucro en la que había trabajado durante más de veinticinco años. Aunque se sentía orgulloso de lo que había logrado a lo largo de los años, ya no se sentía apasionado por su trabajo; de hecho, estaba realmente aburrido. Michael sintió que era hora de dejar de lado su identidad profesional, pero tenía miedo de hacerlo sin tener idea de lo que podría hacer a continuación en su vida.

Michael sentía una presión adicional por tomar una decisión porque la agencia que había fundado se encontraba en un punto de inflexión, y necesitaba un liderazgo fuerte para llevarla al siguiente nivel. Aunque no estaba preparado para enfrentar este desafío, Michael se vio obligado a tomar una decisión. Tenía que volver a comprometerse con su trabajo o entregar la agencia a alguien que estuviera preparado para hacer lo que fuera necesario. Michael tuvo que tomar una decisión rápidamente porque si se quedaba paralizado por la inacción, existía la posibilidad de que la agencia se desmoronara.

Mientras explorábamos su dilema juntos, le pregunté a Michael si se le ocurría una imagen que capturara su sensación actual de estar atrapado. Su respuesta inmediata fue: «¡Siento como si estuviera llevando un cuerpo muerto! Aferrarme a mi antiguo yo es como cargar con un peso muerto que me arrastra hacia abajo. No es de extrañar que me sienta tan deprimido».

Le sugerí que tal vez era hora de enterrar a su antiguo yo y permitirse tomar un descanso total del trabajo. En lugar de aferrarse a un sentido de «autoimportancia» al aferrarse a una identidad profesional que ya no deseaba, Michael pudo poner en práctica su conocimiento del misticismo judío al ser «nadie» en particular durante un tiempo. En otras palabras, encarnarse en el ayin. Michael entendió a qué me refería cuando hice esta sugerencia y, como respuesta, se le ocurrió la idea de tomarse un año sabático como una forma de renovarse antes de descubrir qué ocurriría después.

Cuando Michael comenzó a fantasear con esta posibilidad, se emocionó. Durante años, había deseado poder viajar y tener más tiempo para la meditación, la lectura y su pasión secreta, la fotografía. La idea de tener tiempo para estos intereses, así como simplemente ralentizar la acción, fue extremadamente atractiva. Michael incluso comenzó a preguntarse si podría encontrar la inspiración para dar el siguiente paso en su vida al convertir una o más de estas pasiones personales en una nueva profesión. En nuestra siguiente sesión de seguimiento, Michael me anunció con entusiasmo que había tomado medidas para traspasar su puesto como director de la agencia a su asistente y que estaba haciendo planes para ir a peregrinar personalmente a lugares sagrados de Israel e India. Tenía la intención de viajar en temporada baja para no tener que planificar todo con antelación. Esto en sí mismo fue un concepto radical para Michael, que se enorgullecía de ser una persona extremadamente responsable y llena de planes. Le parecía importante entrar en esta fase desconocida de su vida sin saber exactamente qué podría suceder a continuación. Permitir que la vida se desarrolle día a día sería un acto simbólico de fe y confianza para Michael. Tener fe en la vida y confiar en el futuro son cualidades espirituales que no fueron fáciles para Michael. Sin embargo, reconoció que iban a ser indispensables mientras continuaba su viaje.

A pesar de su intranquilidad por abandonar su vida laboral, Michael se sentía realmente emocionado por las posibilidades que se avecinaban. Abandonar el terreno conocido en el que se había mantenido durante los últimos veinticinco años no fue un asunto menor. Pero usar el mito de la cosmología de Luria como guía para el viaje le permitió a Michael sentirse más seguro. Al enmarcar su situación en términos sagrados y míticos, Michael fue más capaz de aceptar los sentimientos encontrados que estaban surgiendo. Michael comprendió intuitivamente que al dejar su trabajo y tomarse un año sabático, estaba entrando en una fase de tzimtzum en su vida. Vio su peregrinación como un medio para retirarse del mundo exterior del trabajo para atender a su yo interior. También se dio cuenta de que, al deshacerse de su identidad externa, estaba haciendo espacio para que emergieran nuevas dimensiones de su ser interior. Y cuando dio sus primeros pasos hacia lo desconocido con fe y confianza, Michael se sintió seguro de que descubriría muchas nuevas capacidades espirituales a medida que continuara su viaje.

Como Michael aprendió de su experiencia, las transiciones nos dan la oportunidad de vivir en conexión íntima con la fuente de la creación, la nada divina de la que emerge continuamente toda la creación. Simplemente tenemos que estar dispuestos a dejarnos ir, una y otra vez, a descansar en el «no saber» para poder renacer y volver a crear a lo largo de nuestras vidas.

Amor, pérdida y despertar espiritual

Si bien todas las transiciones proporcionan un punto de acceso al reino sagrado, la experiencia de perder a un ser querido puede ser un desencadenante particularmente potente para el despertar espiritual. Cuando alguien a quien amamos desaparece, inmediatamente desarrollamos una relación con el reino invisible. Y a medida que nos sentimos conectados con alguien que no está en el mundo finito, nuestra conexión con el infinito, el reino de Dios, se activa potencialmente.

De una manera extraña, nuestra herida primaria de separación a menudo comienza a sanar cuando las pérdidas o los destrozos posteriores despiertan en nosotros el deseo de estar completos una vez más. La pérdida, por ejemplo, tiene una forma de alentarnos a prestar atención al «mal de amores» del alma, su deseo de volver a conectarse con lo divino. Paradójicamente, el dolor de la pérdida y la separación, dado que estimula el anhelo de una conexión definitiva con Dios, puede provocar una curación más profunda de nuestro sentido de soledad y separación. Por esta razón, la pérdida era con frecuencia la puerta de entrada al despertar espiritual de los místicos antiguos.

Según la leyenda, el famoso sufí Rumi del siglo XIII logró su profundo despertar espiritual después de la desaparición y muerte de su amado e inspirador maestro-amigo Shams. Mientras Shams estaba vivo y presente, el amor de Rumi se centró de manera intensa y exclusiva en él, para disgusto de los celosos estudiantes de Rumi. Después de la desaparición de Shams, o como dicen algunos, de su muerte a manos de los celosos discípulos de Rumi, Rumi pasó por un período de profunda angustia y luto. En su dolor, sin embargo, su corazón no sólo se rompió. Se abrió, y después su amor no tuvo límites. Comenzó a encontrar la presencia del Amado en todas partes y en todo. A través de la pérdida de su amado mortal, todo el ser de Rumi se abrió, y su angustia se transformó en música y poesía de amor místico y anhelo.

La pérdida parece haber jugado un papel importante también en la vida de muchos grandes maestros jasídicos. Muchos eran huérfanos o habían perdido a uno de los padres a una edad temprana, incluido el famoso Baal Shem Tov, cuya madre murió en el parto y cuyo padre falleció cuando él tenía cinco años. Como todos los niños que sufren pérdidas tempranas, el joven Israel debió haber luchado para superar los sentimientos de abandono y soledad, tal vez incluso la depresión. De niño, solía salir solo al bosque para comulgar con lo divino. Allí, en su soledad, formó un vínculo profundo de apego con Dios llamado *devekut,* o unión con lo divino. A través del devekut, Baal Shem Tov pudo trascender su propia herida de abandono y sentirse conectado con *todos* los seres y con *toda* la creación. Al sanar su propio corazón roto aferrándose al amor siempre presente y a la unidad de lo divino, abrió un camino espiritual para que otros lo siguieran.

Cuando miro hacia atrás en mi vida, está claro que mi propia búsqueda espiritual se inició por una herida, aunque en el momento en que empecé mi viaje, todavía no era consciente de esto. Como hijos de sobrevivientes del Holocausto, mi hermano y yo crecimos en un hogar en el que el dolor y la pérdida indescriptibles que mis padres habían soportado en la guerra fueron una fuerza siempre presente, aunque invisible, en nuestras vidas. Sentimos intensamente la presencia de los ausentes. Nos pusieron los nombres de parientes fallecidos de nuestros padres. Mi hermano y yo éramos la clásica segunda generación de sobrevivientes, criados con las expectativas poco realistas, tácitas e inconscientes de nuestros padres de que podríamos reemplazar a aquellos que habían perecido y llenar el vacío que nuestros padres sentían. Además de este legado de pérdida, mi padre murió inesperadamente en Yom Kipur cuando yo tenía once años, dejándome en un estado de conmoción emocional y dolor que duró años. Pero a pesar de las formas en que la muerte de mi padre me hirió, esto me obligó a lidiar con preguntas cruciales desde una edad temprana.

Perder a mi padre tan repentinamente en la infancia también me enseñó mucho sobre cómo el corazón humano puede cerrarse como respuesta al dolor de la pérdida o abrirse por completo. Cuando perdemos a alguien que amamos, tendemos a cerrar nuestros corazones como autoprotección. Incluso podemos jurar inconscientemente que nunca más volveremos a ser vulnerables o volveremos a amar. Pero al hacerlo, inevitablemente nos lastimamos a nosotros mismos porque también excluimos al amor. La verdad es que el amor y la pérdida están inextricablemente unidos. No podemos amar sin arriesgarnos al desamor. Y, básicamente, debemos estar dispuestos a ser destrozados muchas veces en aras del amor.

En mi propio viaje de curación, hasta muchos años después, cuando mi primer matrimonio terminó y mi corazón quedó destrozado una vez más, no pude acceder al dolor de mi infancia y finalmente curar esas viejas heridas. Las paredes protectoras que inconscientemente había erigido alrededor de mí en el momento de la muerte de mi padre finalmente se derrumbaron cuando mis esperanzas y sueños se rompieron una vez más. Como suele ser el caso, los acontecimientos traumáticos tienen una forma de abrir todas nuestras viejas heridas, pero al hacerlo, nos ofrecen una oportunidad para sanarlas de manera definitiva.

En su autobiografía espiritual, el filósofo místico Andrew Harvey describe cómo su propio despertar espiritual al amor divino se debió a una herida de abandono que experimentó cuando era niño, cuando su madre lo envió a un internado, lejos de su hogar: «Su abandono cuando yo tenía seis años y medio... abrió una herida que ningún otro amor ni ningún éxito de la felicidad mundana podían curar, hasta que descubrí el amor que describe este libro. Este abandono fue, ahora lo veo, una bendición. Me bautizó en la desesperación; los bautizados de este modo no tienen más remedio que buscar una verdad inapelable y su curación definitiva, o morir de hambre interna».[25]

La búsqueda espiritual de Harvey lo llevó de la Universidad de Oxford, donde era profesor, de regreso a la India, su hogar de la infancia. Allí entró en contacto íntimo con un poderoso ser espiritual llamado Madre Meera, quien, según Harvey y sus muchos discípulos, era la encarnación de la Divina Madre. Harvey describe la conexión entre las heridas de su primera infancia y sus experiencias espirituales con la Divina Madre dos décadas después:

> India me dio una madre, luego se la llevó. Años más tarde, encontré en la India a otra Madre en otra dimensión, y el amor que creía perdido regresó. Sin esa primera herida, no habría necesitado tanto amor ni hubiera estado dispuesto a arriesgar todo en su búsqueda... Desde la herida más profunda de mi vida creció su posibilidad milagrosa.[26]

La experiencia de la pérdida, por supuesto, no se limita sólo a la pérdida de un ser querido. A medida que avanzamos en nuestras vidas, con-

---

25. Harvey, *Hidden Journey*, pág. 10.
26. Ibíd.

tinuamente lidiamos con la pérdida, ya que nada es permanente. Todas las cosas y todas las personas a las que tratamos de aferrarnos finalmente se nos escapan de las manos. Tenemos control sobre muy poco. Lo único que *podemos* hacer es permanecer con el corazón abierto y no cerrarnos en la autoprotección cuando nuestros corazones están rotos.

El rabino Isaac de Acco, un cabalista de los siglos XIII y XIV que vivía en Palestina, contó una vez una parábola acerca de un hombre bastante grosero que, a través de la experiencia del amor y el anhelo no correspondidos, se convirtió en un sabio sensato y sanador. Según el relato, el hombre quedó embelesado por la belleza de una princesa con la que un día se cruzó por la calle. En su ordinariez, él le dijo algo parecido a «ojalá pudiera montármelo contigo». La princesa respondió: «Eso sólo sucederá en el cementerio», insinuando que su vil fantasía nunca en su vida se haría realidad. Pero el hombre no entendió que la princesa se lo estaba quitando de encima, y en lugar de eso fue al cementerio y la esperó, pensando que iría esa noche. Cuando ella no apareció, él simplemente se volvió más firme en su anhelo y deseo, y continuó esperando su posible visita al cementerio. Después de muchos días y noches en este estado de anhelo mental, junto con su continuo encuentro en el cementerio con la muerte y la impermanencia, el hombre se percató del aspecto transitorio y limitado de su anhelo sexual y finalmente se transformó. Cuando enterró el deseo de su corazón, su anhelo se transformó en la fuente de todo deseo y de todo amor, el Amado.[27]

Si bien la pérdida de un objeto de amor puede desencadenar el anhelo de una conexión definitiva con Dios, la experiencia del amor en sí también puede engendrar la autotrascendencia. Cuando abrimos nuestros corazones enamorados a otra persona, vamos más allá de los límites de nuestro ser local. Al sentirnos como conectados con otro ser, abrimos la puerta a una conexión con todos los seres y todas las cosas. A medida que despertamos a este amor superior, se muere una parte de nosotros, como si estuviéramos separados de cualquier persona o cosa. Ésta es la

---

27. Esta historia, atribuida al rabino Isaac de Acco, aparece en el libro del siglo XV del rabino Eliahu Di Vidas Reishit Chochmah: Shaar Ha'ahavah (The Beginning of Wisdom: The Gate of Love), pág. 63. En el relato original, la historia es una parábola en la que la devoción y el amor con determinación a la Torá (comparados con el amor a una hermosa doncella) puede llevarnos al estado iluminado de la unión amorosa con Dios.

razón por la que Hillel, el famoso sabio talmúdico del siglo I, dijo que toda la Torá podría resumirse en la única mitzvá: «Y amarás a tu prójimo como a ti mismo» (Levítico 19:18). Al amar verdaderamente a los demás como a nosotros mismos –como si en realidad fueran parte de nosotros– comenzamos a comprender la unicidad y la interconexión de todo ser. Un midrash antiguo presenta este mismo argumento al señalar cómo las letras primera y última de la Torá –*bet* y *lámed*– se combinan para deletrear las palabras hebreas *bal* (nada/ayin) y *lev* (corazón):

> ¿Por qué el Santo Bienaventurado creó el mundo con [la letra hebrea] *bet* como en *Bereshit* (en el principio), [la primera letra de la Torá]; y termina la Torá con [la letra hebrea] *lámed* en la palabra *Yisrael*? Cuando conectas las dos letras, obtienes *bal* (nada), y cuando les das la vuelta, tienes *lev* (corazón). Así, el Santo Bienaventurado dijo a Israel: «Hijos míos, si encarnáis estos dos atributos, humildad y corazón, lo consideraré como si hubierais cumplido toda la Torá desde *bet* hasta *lámed* (desde el principio hasta el final)».[28]

La idea que subyace detrás de este midrash es que toda la Torá, de principio a fin, se refiere a tener un corazón abierto y abrazar con humildad el hecho de que nunca estamos verdaderamente separados o apartados de cualquier cosa o persona *(bal)*. *Bal*, que literalmente significa «sin», sugiere que «vivimos» sin *(bli)* ninguna existencia separada de la nuestra. Es otra manera de decir que somos esencialmente ayin, parte de la unicidad esencial de todo ser.

Los místicos nos enseñan que tener un corazón abierto y saber que no estamos separados van de la mano. Llegamos a descubrir la dulzura de un corazón abierto sólo cuando somos capaces de ir más allá de nosotros mismos; y, a la inversa, cuando trascendemos nuestra separación, nuestros corazones se abren. Y en la medida en que nos veamos a nosotros mismos como ayin, nos convertiremos en un recipiente dentro del cual puede permanecer lo infinito (en todas sus muchas formas). Mientras

---

28. Midrash Otiot d'Rebbe Akiva Ha'Shalem, Nuscha Alef. Traducción no publicada del rabino Gershon Winkler.

estemos demasiado llenos de nosotros mismos, simplemente no hay lugar para el resto: humano o divino. El rabino Najman de Breslav enseñó que al vernos a nosotros mismos como ayin, creamos el espacio dentro de nosotros para convertirnos, como Dios, en el espacio del corazón del mundo: «Cuando una persona tiene corazón, ya no está restringida por el "espacio" (*makom*). Por el contrario, se convierte en el espacio dentro del cual existe el mundo… Esto se debe a que la divinidad reside en el corazón como dice "Dios es la fortaleza de mi corazón" (Salmos 73)».[29] Así como Dios se convirtió en el espacio (makom) dentro del cual el mundo nació a través del tzimtzum, nuestro propio auto-tzimtzum (autotrascendencia) abre un espacio donde podemos mantener a otros en nuestros corazones y darles el regalo de la existencia. Según el rabino Najman, ésta es la obra del tzaddik (ser honrado y realizado), quien, como Dios, se convierte en el «lugar» donde todos los seres pueden descansar y encontrar su verdadera existencia. Con un corazón abierto, entonces, llegamos a ser como el tzaddik y el Divino, el lugar dentro del cual todos los seres encuentran un espacio para crecer en el amor.[30]

Ser un terapeuta o sanador eficaz implica una buena medida de tzimtzum personal, ya que para dar a las personas el espacio para crecer y abrirse a su verdadero ser y potencial, uno debe contener muchos de los sentimientos, motivaciones y reacciones personales de uno mismo. La escucha hábil implica un tzimtzum del narcisismo y reactividad propios, así como la disposición a dejar de lado todas las nociones y conceptos preconcebidos sobre los demás. En el corazón que está vacío de sí mismo y la mente que está vacía de pensamientos y motivaciones limitantes, las personas pueden sanar en su completitud. Tener una práctica meditativa puede ayudar a los terapeutas a desarrollar estas habilidades.

El ritual del cristal roto

La conexión íntima entre el amor y la pérdida se simboliza de manera conmovedora en el antiguo ritual de romper un recipiente en el clímax

---

29. Rabí Nathan de Nemerov, Likutey Moharan II 56, traducción de la propia autora.
30. Véase Eliezer Shore, «Solomon's Request», Parabola (otoño 2002): 56-59.

de la ceremonia de boda judía. Al grito de «*mazel tov*», las parejas de recién casados pisotean una copa de vino, rompiéndola en pedazos. Subyacente a este antiguo y alegre rito, hay un misterioso recordatorio de la ruptura y la pérdida. Los rabinos dicen que esta costumbre pretende evocar el recuerdo de la destrucción del templo en Jerusalén por el Imperio romano en el año 70 de la era común. Es uno de los diversos ritos que se realizan en memoria de este acontecimiento trágico, considerado como el más catastrófico en toda la historia judía. A través de este antiguo rito, paradójicamente se evoca la expresión del dolor y la pérdida en el momento de mayor alegría y unión.

La destrucción del templo de Jerusalén se puede entender tanto literal como simbólicamente. En su sentido más literal, la pérdida del templo es significativa porque marcó el final de una era de soberanía judía y el comienzo del largo exilio en el que el pueblo judío se dispersaría por los cuatro rincones de la tierra en un deambular errante.

En el nivel simbólico, la destrucción del templo de Jerusalén es un símbolo arquetípico de lo incompleto y roto que existe en este mundo. Cuando se levantó el templo en Jerusalén, según el mito judío, se decía que el cielo y la tierra estaban vinculados; las energías masculinas y femeninas del universo bailaban en armonía, y los reinos finitos e infinitos de la existencia estaban unidos. La destrucción del templo (al igual que la destrucción de los recipientes) simboliza todo lo contrario: un mundo en el exilio desde su origen, en el que todas las partes y polaridades están aisladas u opuestas entre sí. Aunque cada matrimonio refleja la *hieros gamos* (unión cósmica) y la reconstrucción del templo, todo matrimonio, en cierto nivel, también recapitula su destrucción; no importa lo perfecta que pueda ser la relación, ya que la alienación y la sensación de no estar completos son parte del paquete. En el colectivo judío, el inconsciente, la completitud y la rotura, como el amor y la pérdida, siempre van de la mano.

Para aquellos de nosotros que decidimos casarnos, el día de nuestra boda puede ser uno de los momentos más felices de nuestras vidas, marcando la culminación de años de anhelo y sueño. Sin embargo, como sugiere el ritual del vidrio roto, algo también se pierde y se rompe cuando nos comprometemos con un compañero para el resto de nuestra vida. Cuando formamos una pareja, debemos abandonar todas las otras vidas posibles que podríamos haber vivido si no hubiéramos hecho esta elección. El matrimonio también implica el sacrificio de nuestra singularidad, así como el sacrificio de todos los demás amores potenciales que podríamos haber conocido. A pesar de todas las formas en que nuestra vida se ve reforzada por el emparejamiento, también tendremos que hacer concesiones en el matrimonio que limitarán nuestra autonomía y libertad de elección.

Desde mi propia experiencia de matrimonio y desde mi experiencia como consejera de muchos novios y novias, hay una profunda sabiduría de curación en el ritual del cristal roto. Las novias y los novios a menudo se sienten confundidos cuando surgen sentimientos tristes en el momento de sus bodas porque piensan que en esos momentos sólo deberían ser felices. El ritual les permite reconocer y expresar la mezcla de emociones contradictorias que pueden surgir incluso en el momento más abierto, alegre y amoroso de sus vidas. No se puede escapar al hecho de que una boda conlleva un «final», así como un «nuevo comienzo», que el ritual del cristal roto capta acertadamente.

Pero quizás haya otra dimensión en el ritual del cristal roto. En momentos de intenso amor y conexión, también podemos revisar viejas heridas de pérdida y separación, un aspecto que fue confirmado en mi trabajo con Sarah, una maestra de escuela de treinta años.

La historia de Sarah

El amor como una cita con el pasado

Sarah vino a verme en un estado de confusión después de que ella y su novio, Richard, se hubieran comprometido. Aunque pensaba que lo amaba, estaba perpleja por la intensa tristeza que parecía sentir desde que habían empezado a hablar sobre la profundización de su compromiso mutuo. En lugar de simplemente sentirse feliz por haber encontrado una pareja en la que podía confiar y con la que podía contar, Sarah también sentía ansiedad y pena. No tenía sentido para ella en absoluto. También vio cómo se alejaba emocionalmente de Richard, particularmente después de una separación que duró un par de días.

Cuando volvieron a encontrarse, Sarah notó que tenía problemas para abrirse. Comenzó a preguntarse si estaba cometiendo un error al comprometerse con esta relación.

Cuando Sarah y yo exploramos las posibles fuentes de sus sentimientos de tristeza, comenzó a darse cuenta de que el divorcio de sus padres cuando era niña tenía un efecto tardío en ella. Los padres de Sarah se habían divorciado cuando ella tenía cinco años, y su padre había desaparecido lentamente de su vida durante los años siguientes. A pesar de que tenía pocos recuerdos conscientes de ese momento de su vida, parecía que el dolor de la infancia de Sarah por la pérdida de su padre –junto con otros sentimientos olvidados de vergüenza, ira y desconfianza– estaba surgiendo ahora que realmente estaba abriendo su corazón a otro hombre.

Para Sarah, como para todos nosotros, enamorarnos se convirtió en una cita con el pasado, volviendo a poner sobre la mesa todos los viejos fantasmas de amor perdidos. Pero también le brindó una oportunidad única para curar las heridas ocultas de su infancia, heridas a las que de otro modo no tendría acceso. Sin embargo, para curarse, Sarah necesitaba aprender a mantener su corazón abierto con Richard, incluso cuando se sentía herida o decepcionada por él. Cuando era pequeña, se había cerrado emocionalmente para detener su insoportable angustia. Ahora, como adulta, descubrió que su corazón se cerraba automáticamente cuando se sentía un poco amenazada. Su sistema de defensa emocional estaba extremadamente saturado. Pero cuando Sarah aprendió a contener con compasión los sentimientos de dolor de su infancia a medida que surgían, descubrió que podía estar más presente en sus sentimientos amorosos. Al ser capaz de distinguir entre el dolor insoportable del pasado y los desaires y decepciones menores que estaba experimentando en el presente, logró controlar sus reacciones excesivamente autoprotectoras.

Incluso para aquellos de nosotros que nunca experimentamos la pérdida traumática de un ser querido, los sentimientos profundos de amor y de empatía pueden desencadenar sentimientos de dolor. Este dolor no siempre es tan específico como el de Sarah. A veces, es simplemente la tristeza que sentimos por haberlo bloqueado previamente. Dejar que el amor entre en nuestros corazones nos recuerda todo el tiempo que bloqueamos el amor o nos sentimos no queribles. Paradójicamente, a menudo sentimos la pérdida o ausencia previa de amor en nuestra vida, precisamente cuando dejamos que entre el amor. Del mismo modo, pueden surgir poderosos sentimientos de dolor cuando abrimos nuestros corazones a Dios o simplemente a la experiencia del amor propio en meditación u oración. Cuando dirijo grupos de meditación y oración, me doy cuenta de que los miembros del grupo a menudo comienzan a llorar. Veo estas lágrimas como lágrimas de teshuvá, de un alma que llega a su verdadera fuente. En un momento de intensa conexión con Dios, uno siente la pérdida o el dolor de haber estado tan lejos de su corazón durante tanto tiempo.

El amor no correspondido como puerta al despertar espiritual

El vínculo inextricable entre el amor y la pérdida se expresa de manera muy hermosa en el relato bíblico del encuentro de amor a primera vista de Jacob con Raquel en el pozo, en Génesis 29:10-11. «Y sucedió que», según se lee en el pasaje, «cuando Jacob vio a Raquel, hija de Labán, hermano de su madre, y al rebaño de ovejas de Labán, hermano de su madre, se acercó y retiró la piedra que cubría la boca del pozo y dio de beber al rebaño... Y Jacob besó a Raquel, y gritó y lloró».

Rashi, el famoso comentarista medieval del siglo XII, preguntándose por qué llora Jacob, responde con el siguiente midrash: «Porque por el Espíritu Santo previó que ella no sería enterrada con él en la cueva de Machpelah».[31] Antes de intentar explicar el significado de este midrash enigmático, echemos un vistazo más profundo a esta historia de amor bíblica.

En el mismo instante en que Jacob ve a Raquel, siente unos poderes hercúleos que lo atraviesan, y es capaz de levantar por sí solo una enorme piedra de la abertura del pozo, una piedra que, según las Escrituras, generalmente era necesario un gran grupo de hombres para moverla. La experiencia de enamorarse, de acuerdo con esta narración bíblica, le

---

31. Véase el comentario de Rashi en Génesis 29:11.

da poder a Jacob y le permite ir más allá de sus límites ordinarios. Pero después de su heroica hazaña inicial para quitar la piedra, Jacob se siente expuesto y vulnerable, y comienza a llorar al experimentar la angustia que tendrá que soportar debido a su nueva capacidad de amar. Yo sugeriría que esa piedra que Jacob retira del pozo simboliza el «corazón de piedra» que normalmente bloquea nuestro lado blando y vulnerable. Para amar, debemos conseguir acceso a este núcleo interno suave mediante la eliminación de los escudos protectores insensibles (invulnerables) que habitualmente usamos.

Aunque anhela pasar toda su vida en la dicha de la unión con Raquel, su amada, Jacob intuye proféticamente en esos primeros momentos de amor que serán separados trágicamente, ya que Raquel morirá prematuramente en el parto y será sepultada lejos de él, como dice en Génesis 35:17-20: «Y en su dificultad para dar a luz, la partera le dijo: "No temas por ti que has tenido un hijo". Y cuando su alma se fue –porque murió– pronunció su nombre *Ben-oni* (hijo de mi dolor); y su padre lo llamó Benjamín. Y Raquel murió y fue enterrada en el camino a Efrata, en Belén».

La tragedia de la muerte prematura de Raquel y su entierro lejos de Jacob y del entierro ancestral tienen un profundo significado simbólico en la imaginación mística y midrashica. La cueva de Machpelah en Hebrón fue el sitio donde los padres de Jacob (Isaac y Rebeca) y los abuelos (Abraham y Sara) fueron enterrados en parejas. El mismo nombre Machpelah, en hebreo, sugiere emparejamiento o acoplamiento, desde la raíz *kaf-peh-lámed*, que significa doble. Mientras que Abraham e Isaac pasaron la mayor parte de sus vidas con sus amadas compañeras y fueron puestos a descansar con ellas también, Jacob no tendría este privilegio. En cambio, su vida estaría marcada por las separaciones traumáticas (de su hijo José y de Raquel) y por los muchos años en el exilio de su tierra, primero a Padam Aram (veintidós años) y luego a Egipto, donde pasó el resto de su vida hasta que murió. Así como «se dice que las vidas de cada uno de los patriarcas y matriarcas son una señal del destino de lo que les ocurrirá a sus descendientes», la vida de Jacob fue vista como el presagio del exilio de dos mil años que el pueblo judío sufriría después de la destrucción del segundo templo de Jerusalén.[32] La trágica separación de Jacob de su amada Raquel simboliza la sensación de alejamiento y desplazamiento que la nación israelita experimentaría durante estos años errando y alejándose de su tierra natal. De hecho, Raquel está enterrada sola en el mismo sendero que los israelitas cruzarían en su camino hacia el exilio después de la destrucción del templo. Allí, en Efrata, su espíritu se cierne sobre su tumba, donde se dice que lloró y consoló a sus hijos en su camino al exilio. El primer profeta de la fatalidad del templo, Jeremías, alude a las lágrimas de Raquel cuando profetiza la redención futura: «Así dice yhvh: se oye una voz de amargo llanto en la colina. Raquel está de luto por sus hijos. Ella se niega a ser consolada por sus hijos que ya no están allí. Así dice yhvh: Reprime tu voz del llanto y tus ojos de las lágrimas, porque hay una recompensa por tus obras (honradas). Así dice yhvh: (Tus hijos) volverán de la tierra de sus enemigos» (Jeremías 31:14-16).

La intuición de Jacob de que estaría trágicamente separado de su amada también sugiere un problema más profundo y metafísico. En cierto sentido, su relación con Raquel es un símbolo de todo el amor en este mundo, correspondido o no correspondido. Al igual que la relación de Jacob con Raquel es efímera, todos los momentos de amor y unión perfectos son efímeros. No importa lo maravillosa que pueda ser una relación, todo el amor es vulnerable a la pérdida, ya sea a través de la muerte o el abandono o por medio de las diversas contingencias que causan la desconexión. En este mundo fragmentado y roto en el que el santo templo está en ruinas, el verdadero amor puede ser completo por un momento; luego a menudo es arrebatado, conservado sólo en el espacio protegido del mito y la memoria.

Los recipientes rotos, los corazones rotos, los fragmentos recogidos de las tabletas y el cristal roto de la boda apuntan a la misma verdad: todo en este mundo participa de la destrucción original de la creación. Sin embargo, a partir de este estado fragmentado, imperfecto y roto, toda la creación comienza su viaje de regreso a un estado de completitud y conexión. Todos sufriremos pérdidas, porque nacer significa que inevitablemente sufrimos el dolor de la separación. Nuestra propia

---

32. Este tema, que aparece en el Midrash Bereishit Raba 40:8, se trata en el comentario de la Torá de Nahmánides en el Libro del Génesis, desde Génesis 12.

existencia y sentido de individualidad se construyen sobre la ilusión de que estamos separados. Pero de este sentido de soledad y pérdida nace el anhelo de volver a la fuente de todo ser, a una conexión amorosa con Dios y con todos los demás seres encarnados.

Meditación ayin

El Maguid de Mezeritch enseñó que cuando oramos o meditamos, debemos pensar en nuestras almas como parte de la Presencia Divina, y en lugar de orar por nosotros mismos como separados y apartados de Dios, debemos orar por las necesidades de la Presencia Divina. Cuando nos vemos a nosotros mismos como incluidos en la divinidad, «como una gota de agua en el mar»,[33] nos llega más fácilmente el sustento divino.

En la meditación ayin, intentamos experimentarnos a nosotros mismos como incluidos en Dios; permitimos que nuestro sentido de separación y distinción se disuelva temporalmente para que podamos descansar sobre la base de nuestro verdadero ser. Muchos maestros consideran que la meditación ayin es una forma avanzada de meditación, apropiada sólo para aquellos que están preparados emocional y espiritualmente. Si eres nuevo en la meditación, es posible que desees saltarte esta práctica y volver a ella cuando te sientas preparado.

Si optas por practicar la meditación ayin, comienza por encontrar un lugar donde puedas sentarte y meditar sin ser molestado. Una vez que te hayas sentado allí, tómate unos minutos para descansar cómodamente y comienza a prestar atención a tu cuerpo y a tu respiración. A medida que prestas atención a tu respiración, puedes notar las diferentes partes de la respiración: la inhalación, la exhalación y la pausa entre las respiraciones. También puedes observar tus pensamientos a medida que surgen, uno tras otro, y al prestar atención a tu respiración,

---

33. La imagen de una gota de lluvia cayendo en el océano proviene del Maguid de Mezaritch. Véase Maggid Devarav Le Ya'acov 66: «Cuando quieras orar a Dios por algo, piensa en tu alma como parte (un miembro) de la Divina Presencia, como una gota de agua en el mar. Luego ora por las necesidades de la Divina Presencia».

tal vez esos pensamientos empiecen a espaciarse de manera que comiences a notar una brecha o pausa entre los pensamientos...

Ahora imagina, si te es posible, que puedes entrar en la pausa entre las respiraciones o la brecha entre los pensamientos; en ese espacio puedes comenzar a experimentar ayin, el vacío divino que es el telón de fondo de toda la creación.

Ahora regresa a tu cuerpo y observa que tu cuerpo está formado por el mismo polvo estelar cósmico del cual se creó toda la creación.

Todo lo que está ahí fuera también está dentro de ti. Cuando te das cuenta de esto, los límites entre el interior y el exterior comienzan a disolverse, y puedes comenzar a experimentar la unidad de todo lo que está dentro de lo divino. Deja que tu alma se disuelva en la Presencia Divina como una gota de lluvia que cae en el mar o una ola rompiendo en la orilla, y permítete descansar en ayin mientras te sientas cómodo.

Cuando desees volver a tu conciencia habitual, sé consciente, una vez más, de tu respiración. Observa los límites de tu cuerpo y de tu respiración. Comienza a sentir el contacto de tu cuerpo en las superficies que hay debajo y alrededor de ti. Se consciente de tu presencia en el espacio y en el tiempo. Es posible que desees acariciarte o darte un masaje para volver a conectarte con los límites de tu cuerpo antes de abrir suavemente los ojos.

Mikve

Un ritual sagrado de transición

Al trabajar con personas que están en proceso de transición, descubrí que los rituales pueden promover la curación. Al hablar en el lenguaje del inconsciente –concretamente, a través de la representación simbólica–, y al cambiar nuestro enfoque de «tiempo lineal» a «tiempo sagrado», los rituales nos ponen en contacto con la posibilidad de una curación y renovación continuas.

Los rituales del agua, en particular, ofrecen un poderoso símbolo de renovación y renacimiento. La inmersión en la *mikve*, la bañera ritual, es el marcador judío clásico de las transiciones importantes en el ciclo de vida. Además de su uso en ritos de paso como las ceremonias de conversión, la mikve también se utiliza para la purificación y la santificación. Entre los piadosos jasídicos, la inmersión diaria o al menos semanalmente en la mikve (antes del Sabbat o de días santos) ofrece un medio para alcanzar la puridad espiritual.

De acuerdo con la ley judía, la mikve debe contener al menos cuarenta *seah* de agua (un seah es una antigua unidad de medida bíblica, equivalente aproximadamente a veinte litros), incluidas las aguas de una fuente viva y en movimiento, como un arroyo subterráneo o el agua de lluvia. Un lago, un río o el océano también se consideran adecuados para la inmersión ritual. La medida tradicional de cuarenta seah, según el místico y erudito rabino Aryeh Kaplan, de finales del siglo XX, simboliza los cuarenta días que tarda un feto en formarse. Al entrar en las aguas de la mikve, dice Kaplan, uno vuelve a entrar simbólicamente en el útero para nacer de nuevo.[34] Cada uno de nosotros nace de las aguas maternas del útero. Toda la vida depende del agua. Por lo tanto, sumergirse en las aguas de la mikve es sumergirse simbólicamente en la posibilidad de cambio y nuevo crecimiento.

Por otro lado, no podemos vivir indefinidamente bajo el agua, por lo que, en cierto sentido, cuando uno se sumerge completamente en la mikve, este acto simboliza la muerte y el renacimiento. Al entrar en la mikve, uno entra temporalmente en un estado de no ser, para emerger a una nueva vida y ser renovado. El ritual mikve, entonces, es una forma de acceder a los poderes transformadores del no ser, del estado ayin.

Más allá del uso religioso clásico de la mikve para las transiciones y la purificación, he descubierto que los rituales del agua son una poderosa herramienta terapéutica para todas las personas en proceso de transición. He sugerido rituales de agua para novias y novios antes de sus bodas (éste es realmente uno de sus usos tradicionales), después de un divorcio o separación, después de lidiar con la muerte, al final de los tratamientos de quimioterapia o radioterapia, en la víspera de un nacimiento especialmente significativo, como marcador de transición a la

---

34. Aryeh Kaplan, Waters of Eden: The Mystery of the Mikveh (Nueva York: Union of Orthodox Jewish Congregations of America, 1993), págs. 62-67. (Las aguas del edén: el misterio de la «Mikvah», Desclée de Brouwer, 1988).

menopausia, y después de un trauma. También he sugerido el uso de la mikve con víctimas de abusos sexuales y de una violación, como parte de un ritual de curación terapéutica.

Ya sea que se utilice como parte de un rito de curación o como un marcador de transición, la inmersión ritual en la mikve puede ser una forma efectiva de marcar simbólicamente los «finales» y los «nuevos comienzos». Cuando se combina con la conciencia de que cuando uno ingresa en la mikve está entrando en el ayin –el propio útero de la transformación–, este rito puede proporcionar una experiencia de curación meditativa extremadamente poderosa. Para aquellos que buscan incorporar las prácticas espirituales judías a sus vidas, la mikve es digna de especial atención.

> *Con indecisión*
> *sumerjo la punta de mi dedo del pie*
> *en el río del des-conocimiento*
> *inocentemente*
> *tanteo los ritmos*
> *de la corriente de una transformación*
> *deliberadamente*
> *me abro y me abro*
> *como una semilla madura para sembrar*
> *de alguna manera pruebo la libertad*
> *y el alivio*
> *de que no sé quién soy*
> *y no sé a dónde voy*
>
> —Treasure Miller, «Río del desconocer»

PARTE 2

SANACIÓN Y NACIMIENTO DEL YO

*Todos los seres humanos tienen la libertad de cambiar en
cualquier momento.*

—VIKTOR FRANKL

4

SANAR EL YO DIVIDIDO

La humildad como fuente espiritual

El «yo» es un ladrón escondido.

—Rabino Menachem Mendel de Kotzk

¿Cómo un recipiente finito puede esperar contener al Dios infinito? Por lo tanto, considérate nada: sólo uno que es nada puede contener la plenitud de la Presencia.

—El Maguid de Mezeritch

La leyenda dice que el rabino Simha Bunam de Pzhysha, uno de los primeros maestros jasídicos, solía llevar con él dos *kvitel*, o notas, una en cada bolsillo, que alternativamente sacaba en momentos apropiados para el enfoque meditativo. En una de ellas había escrito: «Soy polvo y cenizas» (Génesis 18:27), mientras que en la otra había escrito un extracto del extraordinario dicho talmúdico «por mi bien fue creado el mundo».[35] Cuando Simcha Bunam se encontrara en una situación que exigiera que entregara su ego, meditaría sobre la primera frase; y cuando deseara expresar gratitud y aprecio por las bendiciones extraordinarias que ofrece la vida, se centraría en la segunda.

---

35. Martin Buber, Tales of the Hasidim, vol. 1, The Early Masters, trad. Olga Marx (Nueva York: Schocken Books, 1947), pág. 249.

La práctica de Simcha Bunam de llevar con él estas dos kvitel adondequiera que iba capta la comprensión del misticismo judío de la naturaleza paradójica de la existencia. Al igual que toda la creación existe simultáneamente como forma y vacío –yesh (algo) y ayin (nada)– vivimos simultáneamente en y entre dos realidades paradójicas: somos seres finitos unidos por el tiempo y el espacio (yesh), sin embargo, estamos conectados y arraigados en el infinito (ayin). Estamos extraordinariamente dotados de dones y bendiciones que debemos manifestar, pero al mismo tiempo somos parte de la nada divina, meros «polvo y cenizas» en el sentido de que no tenemos una existencia independiente aparte de lo divino. La curación de nuestra completitud implica aprender a navegar con gracia nuestras vidas entre estos polos opuestos de yesh y ayin, forma y vacío. Para hacerlo, debemos aprender a equilibrar la humildad profunda con un sentido saludable de privilegio. Debemos ser capaces de celebrar nuestra singularidad y tener un sentimiento de alegría, orgullo y gratitud por nuestros dones y bendiciones, al tiempo que también practicamos *bittul*, la autoentrega.

Mientras que la mayoría de las psicologías occidentales se contentan simplemente con ayudarnos a desarrollar un sentido saludable de privilegio narcisista y fortaleza del ego, el judaísmo insiste en que bittul también es esencial. De hecho, según los místicos de antaño, no tener un sentido de bittul es en sí mismo una forma de locura, una apropiación indebida de nuestros poderes dados por Dios. Sin embargo, a diferencia de ciertos misticismos orientales que instruyen al buscador a trascender este mundo ilusorio, el judaísmo insiste en que nuestras experiencias en este mundo son de vital importancia. La vida judía requiere que nos convirtamos en ciudadanos de los mundos superior e inferior, porque es a través de este mundo finito, con todas sus promesas y escollos, como nos abrimos al infinito; y a través de nuestra inmersión en lo infinito, somos capaces de devolver la santidad a nuestras vidas finitas.

El desafío al que nos enfrentamos es saber cuándo meter la mano y en qué bolsillo. Hay momentos en que debemos hacer valer nuestra voluntad, y hay momentos en que debemos rendirnos con profunda humildad a aquello que es mucho más grande y más asombroso que nosotros. Muchas situaciones exigen que tomemos ambos kvitel a la vez, evitando los extremos del autocrecimiento y la autoanulación. Éstos son, quizás, los momentos más difíciles para nosotros, pues la mayoría ya estamos confundidos acerca de cuándo debemos hacer valer la pena y cuándo rendirnos. Con frecuencia, no podemos afirmar nuestras necesidades más importantes cuando realmente debemos defendernos a nosotros mismos, por ejemplo, porque no creemos que seamos lo suficientemente importantes o dignos para satisfacer nuestras necesidades. Y no sabemos cómo dar marcha atrás en situaciones que exigen ceder, porque tendemos a ver la rendición y el sometimiento como un signo de debilidad, más que como un signo de verdadera fortaleza.

Aniy y Ayin

La tensión dialéctica entre nuestra necesidad de autoactualización y nuestra necesidad de autorrendición se refleja en la estrecha relación entre las palabras *aniy* y *ayin*. *Aniy*, o «yo», la palabra hebrea que se acerca más al concepto freudiano del ego, comparte las mismas letras que la palabra *ayin*, sólo que en un orden diferente. Mientras que *aniy* se deletrea *alef-nun-yud*, *ayin* se deletrea *alef-yud-nun*. ¿Cuál es la conexión? Como el erudito de la cábala y autor, el Dr. Daniel Matt, lo expresó inteligentemente a modo de juego de palabras, el aniy (ego) debe ser ayinizado –llevado a reconocer la nada divina (ayin)– para ser rectificado y curado. En otras palabras, el ego encuentra su lugar legítimo en el esquema de las cosas sólo cuando se rinde, como el humilde servidor del ser superior o alma, más que como su propio maestro.[36] Según el rabino Shneur Zalman de Liadí, el fundador del jasidismo de Jabad del siglo XVIII, el propósito de la creación se cumple a través del acto de entrega personal. «Para esto», dijo, «es el propósito de la creación de mundos desde Ayin a Yesh, para revertirlo del aspecto de Yesh al aspecto de Ayin».[37]

---

36. Este tema, que es fundamental para la comprensión del yo en la cábala, también es una cuestión clave en la teoría de la individuación de Jung.

37. Shneur Zalman of Liadí, Torat Or, Va'Yetse, 23, traducción de la propia autora.

Mientras que el acto de creación de Dios produjo el yesh a partir del ayin (algo de la nada), en la práctica espiritual revertimos este proceso. Al resumergirnos en la base de todo ser a través de la meditación u oración contemplativa, convertimos nuestro yesh en ayin (algo en nada). Esta obra de autorrendición, o *mesirat nefesh*, como se la llama en hebreo, es el equivalente humano de la divina tzimtzum. Mientras que el Ein Sof, o infinito, se contrae para que el mundo finito se convierta en realidad, nuestro trabajo es completar el ciclo a través de nuestro propio auto-tzimtzum, anulando nuestro ser separado. Al hacerlo, cumplimos el propósito mismo de la creación, que, según el jasidismo, era que lo infinito se revelara a través de su opuesto, lo finito. A medida que el ego, en el acto de auto-tzimtzum, se entrega a su fuente en la nada divina, emerge más completo y claro sobre su verdadero propósito.

Vernos a nosotros mismos a través de la lente de la física cuántica puede ser útil para comprender la naturaleza dual del yo. Nuestros propios cuerpos, en el nivel subatómico, parecen ser mucho más espacio vacío que cualquier otra cosa. Aunque en el nivel general nos experimentamos a nosotros mismos como materia sólida (yesh), bajo el microscopio electrónico apenas estamos allí (ayin). Saber esto hace que me resulte más fácil imaginar que, si bien mi existencia es importante, de una manera menos obvia casi no existo.

La aplicación de estas enseñanzas a nuestra vida cotidiana puede ser un desafío, pero cuando lo hacemos, las situaciones comunes se transforman en oportunidades para el desarrollo espiritual. En las relaciones íntimas, por ejemplo, el amor puede ser fácilmente secuestrado por el orgullo cuando nos tomamos a nosotros mismos con demasiada seriedad. Nuestros egos orgullosos pueden hacer que nos pongamos innecesariamente tercos en una discusión, incluso cuando es obvio que ganar la discusión significa perder en el conjunto de la relación amorosa. Mi esposo y yo ocasionalmente caemos en estas situaciones de embrollo, donde los dos nos sentimos perjudicados y nos obstinamos, esperando empecinadamente la disculpa del otro. Podemos quedarnos muy atrapados en el fango de nuestras propias pretensiones hasta que uno de los dos se libera de la trampa del orgullo. A veces, con el simple uso del humor, mi esposo puede ayudarme a calmarme y tomarme un poco menos en serio. Y a veces puedo tomarme un tiempo para meditar y tomar perspectiva. Simplemente al imaginar cómo me disuelvo en ayin —como una gota de lluvia cayendo en el océano—, como el Maguid de Mezeritch recomienda que hagamos, descubro que puedo dejar de lado mi autoimportancia y liberarme de mi apego a estar en lo «cierto». Este tipo de autorrendición puede ser verdaderamente liberador, siempre y cuando la relación a la que uno se rinde sea básicamente saludable y haya algo de reciprocidad en el proceso.

Sin embargo, en Occidente nada refuerza una orientación hacia el ayin, o vacío. De hecho, la noción misma de rendición es un anatema para la mente occidental. La civilización occidental se basa mucho más en el mito arquetípico de la conquista heroica. El poder, desde una perspectiva occidental, se define en términos de afirmarse a sí mismo y hacer que otros se rindan, en lugar de en términos de entregar la propia voluntad a la voluntad divina.

Vivimos en un mundo de egos inflados y superegos hiperactivos, que nos impulsan implacablemente a mantenernos en constante movimiento y actividad. Llenamos las ondas de radio con palabras y sobrecargamos nuestro tiempo con tareas hasta que casi no recordamos que somos ayin, pero sin la capacidad de equilibrar nuestra individualidad y separación con una conciencia de nuestra interconexión con todo ser, nuestra separación se convierte en la fuente de un gran sufrimiento.

La humildad como recurso espiritual

Para los maestros jasídicos, la humildad era la cualidad clave que nos permite lograr un equilibrio entre los aspectos yesh y ayin de nuestro ser. Con humildad obtenemos un sentido de perspectiva, de modo que no sobreestimamos ni subestimamos nuestra propia importancia. Por un lado, el misticismo judío enseña que le importamos a Dios y que nunca habrá otra persona que pueda cumplir nuestro propósito aquí en la tierra. Como el reb Zusha de Hannopil, uno de los discípulos del Maguid de Mezeritch, dijo una vez a sus discípulos: «No me preocupa que me pregunten por qué no fui Moisés cuando fallecí y entré en el reino celestial, sino por qué no fui Zusha». A pesar de su extrema humildad, el reb Zusha aún entendía que cada uno de nosotros es una manifestación preciosa y única del Divino, esencial para el desarrollo de la creación. Por otro lado, no podemos estar completos a menos que también entendamos cómo rendirnos para que podamos experimentar nuestra unidad con todas las cosas.

El reb Zusha entendió la importancia de la humildad en el desbloqueo no sólo de las puertas del autoconocimiento, sino también de las puertas del conocimiento divino. Una vez, se involucró en un debate «huevo o gallina» con su hermano, el reb Elimelech de Hannopil, sobre la relación entre la humildad y la conciencia de Dios. Elimelech sentía que la verdadera humildad se podía adquirir sólo contemplando la grandeza del Creador. De pie ante la asombrosa majestuosidad y grandeza de lo divino y asimilando el gran misterio de la existencia en un estado de *yirah* (asombro y admiración), uno no puede evitar ser humillado de inmediato. Zusha, por otro lado, sentía que una persona debe ser primero humilde para reconocer la grandeza del Creador y estar en la presencia de Dios. Como no podían estar de acuerdo, fueron a preguntar a su maestro, el Maguid de Mezeritch, cuál de los dos tenía razón. En el estilo dialéctico rabínico típico, el Maguid respondió que tanto el reb Elimelech como el reb Zusha decían «palabras del Dios vivo».[38] Pero, agregó el Maguid: «Una persona humilde que contempla la grandeza del creador se encuentra en un peldaño más alto que uno que alcanza la humildad como resultado de contemplar la grandeza de Dios».[39] La respuesta de Maguid, como veremos, revela su especial aprecio por la importancia de la humildad en el desarrollo espiritual.

Ya sea que necesitemos desarrollar un sentido más fuerte del yo o volvernos menos egocéntricos, al cultivar la humildad podemos lograr un mayor equilibrio interno. Sin embargo, en todos mis años de graduación y posgrado en psicología, nunca he oído a nadie mencionar la virtud de la humildad. La humildad no es parte del léxico de la psicología occidental. Sin embargo, cuanto más practico la psicoterapia, más

---

38. La expresión usada por el Maguid, «Éstas y éstas son palabras del Dios vivo» (Eilu ve'eilu divray elohim chayim), se usa en el Mishné en referencia a los antiguos debates dialécticos entre las academias de Hillel y Shamai. En todas las disputas acerca de lo divino, ninguna opinión puede contener la verdad completa, ya que todas las verdades superiores son de naturaleza dialéctica y paradójica. Citado en Buber, The Early Masters.
39. Citado en Buber, The Early Masters, p. 243.

veo la humildad auténtica como uno de los remedios más poderosos para el narcisismo y los trastornos del yo que afligen a tanta gente.

La humildad nos libera para utilizar todos nuestros dones y talentos lo mejor que podamos, al permitirnos aceptar nuestras limitaciones y vulnerabilidades, así como nuestras fortalezas. Con humildad podemos disfrutar de nuestros logros sin inflar o desinflar innecesariamente el ego; ni estamos llenos de nosotros mismos ni nos separamos. Y ser humildes no quiere decir que dejemos de tratar de mejorarnos a nosotros mismos —¡todos somos obras en progreso!—, sino que significa que no tenemos que ser *los mejores*; sólo tenemos que ser *lo mejor que podamos ser*.

La verdad es que no es posible ser verdaderamente humilde a menos que aceptemos y amemos lo que somos. Irónicamente, cuando no nos consideramos muy bien, tendemos a pensar *constantemente* en nosotros mismos. En contraste, cuando nos sentimos más o menos bien con lo que somos, podemos dejarnos de lado más fácilmente y estar presentes, en el momento, con los demás. Si bien la falta de humildad puede ser una de las causas de la baja autoestima, la baja autoestima puede hacer que nos comportemos altaneros o que seamos demasiado reactivos y defensivos con otros. Por la necesidad de proteger nuestro sentido vulnerable de autoestima, podemos tomar todo lo que nos sucede demasiado personalmente.

Convertirse en Ayin

En el misticismo judío, la humildad es vista como el único remedio verdadero para los desequilibrios narcisistas, ya que cuando realmente nos presentamos ante Dios con asombro y admiración, no podemos ser altivos. Las dos experiencias son mutuamente excluyentes. El Maguid de Mezeritch, el legendario líder que galvanizó el movimiento jasídico después de la muerte del Baal Shem Tov, colocó la humildad en el corazón del desarrollo espiritual. Él enseñó que para convertirse en un canal para lo divino, uno debe volverse tan humilde como para convertirse en nada (ayin) ante sus propios ojos. «¿Cómo un recipiente finito puede esperar contener al Dios infinito?», dijo. «Por lo tanto, considérate nada: sólo uno que es nada puede contener la plenitud de la Presencia».[40]

El rabino Yissachar Baer de Zlatchov, uno de los discípulos de Maguid, amplió la práctica de la extrema humildad de su maestro:

> La esencia de servir a Dios y de todas las mitzvot [mandamientos] es alcanzar el estado de humildad, es decir, comprender que todos tus poderes físicos y mentales y tu ser esencial dependen de los elementos divinos internos. Tú simplemente eres un canal para los atributos divinos. Obtienes esta humildad a través de la admiración de la inmensidad de Dios, al darte cuenta de que «no hay lugar vacío en ella». Luego llegas al estado de ayin, el estado de humildad. No tienes un ser independiente y estás contenido en el Creador. Éste es el significado del versículo: «Moisés escondió su rostro, porque estaba asombrado». A través de su experiencia de asombro, Moisés logró que se ocultara su rostro, es decir, no percibió un yo independiente. Todo era parte de la divinidad.[41]

Para Maguid y sus discípulos, el objetivo de toda práctica espiritual es convertirse en un instrumento de lo divino: verse a sí mismo como un *shofar* vacío (cuerno de carnero), que no contiene ningún sonido propio, sólo el que se produce cuando alguien sopla a través de él. En palabras del rabino Avraham Chaim de Zlatchov, uno de los discípulos de Maguid:

> Debes verte a ti mismo como ayin. Debes darte cuenta de que no tienes méritos ni buenas acciones en tu favor. Aunque puedes cumplir los mandamientos y hacer buenas obras, no eres tú realmente quien lo hace. Sólo actúas a través del poder que Dios te da, y a través de la inteligencia y la bondad que Él te otorga.

---

40. Citado en Arthur Green y Barry W. Holtz, *Your Word Is Fire: The Hasidic Masters on Contemplative Prayer* (Nueva York: Schocken Books, 1987), p. 58.
41. Citado en Matt, *The Essential Kabbalah*, p. 72. (*La cábala esencial*).

Así está escrito: «¿Quién se presentará ante Mí para que yo le pague?» (Job 41:3).

Cuando rezas, debes darte cuenta de que el Universo del Habla está hablando a través de ti. Cuando piensas, debes darte cuenta de que tus pensamientos son del Universo del Pensamiento. Por eso eres como un shofar. Un shofar en sí no contiene ningún sonido. Sólo produce sonido cuando alguien lo sopla. Por lo tanto, está escrito: «Levanta tu voz como un shofar».[42]

Para que la música divina de la vida se toque a través de nosotros, el ego debe hacerse a un lado; sólo entonces nuestra voluntad estará alineada con la voluntad divina. Y como dijo el sabio del siglo III, rabino Gamliel, el hijo del rabino Yehuda: «Alinea tu voluntad con la voluntad divina, y Dios hará tu voluntad como la Suya propia».[43]

A medida que evolucionamos espiritualmente, nos damos cuenta cada vez más de que nuestras vidas nos son prestadas de una fuente más allá y que estamos aquí para servir al anfitrión divino, no a nosotros mismos, como lo sugiere el poeta místico Rumi en este poema:

> *Durante sesenta años he sido olvidadizo,*
> *cada minuto, pero no por un segundo,*
> *tiene este fluir hacia mí detenido o ralentizado.*
> *No merezco nada. Hoy reconozco*
> *que soy el invitado del que hablan los místicos.*
> *Toco esta música viva para mi anfitrión.*
> *Todo hoy es para el anfitrión.*

—RUMI, «LA MÚSICA»

Esta misma sensibilidad mística es evidente en la siguiente historia jasídica sobre dos discípulos del Maguid de Mezeritch. Después de varios años de estudiar con el Maguid, cierto joven decidió que había aprendido lo suficiente, y por eso tomó la decisión de regresar a casa.

---

42. Rabino Avraham Chaim de Zlatchov, *Orach Le'Chaim on Parashat Ha'azinu.*
43. Mishné, *Pirkay Avot* 2:4

En su viaje, pasó por la ciudad de Karlin a altas horas de la noche. En Karlin vivía el reb Aaron, un viejo compañero de sus días en la casa de estudio de Maguid. Aunque era casi medianoche, el joven vio una luz en la ventana, y por eso llamó a la puerta del reb Aaron. Cuando escuchó que su amigo le preguntaba: «¿Quién es?», respondió simplemente «Yo», estando seguro de que el reb Aaron reconocería su voz. Pero el reb Aaron guardó silencio y no respondió. El hombre golpeó repetidamente, pero sus súplicas fueron ignoradas. Finalmente, gritó de angustia: «Aaron, amigo mío, ¿por qué no te abres para mí?», a lo que el reb Aaron respondió con una voz sombría: «¿Quién es el que se atreve a llamarse a sí mismo "Yo" como si fuera el propio Dios?». Al escuchar la reprimenda, el discípulo reconoció al instante su arrogancia, y sin demora se dio la vuelta y regresó a Mezerich para centrarse más profundamente en las enseñanzas de Maguid.[44]

Rumi contó una historia similar sobre un maestro y buscador sufi, pero con un ligero giro. En el cuento de Rumi, el buscador también es expulsado debido a su falta de preparación espiritual, pero después de un año de deambular, regresa y llama una vez más a la puerta del maestro. Esta vez, cuando se le pregunta: «¿Quién está ahí?», él responde humildemente: «Eres tú, Amado», a lo que el maestro responde: «Ya que eres yo, entra, yo mismo; porque no hay espacio en esta mansión para dos yoes».[45]

El despertar espiritual, para el verdadero místico, exige el abandono de toda importancia personal. De hecho, en la mesa divina, sólo hay espacio para Uno. El despertar espiritual inspira un cambio profundo en nosotros: de ser egocéntricos a estar centrados en Dios. El «yo soy» del ego debe hacerse a un lado para permitir que hable el eterno «yo soy». Maestros advaiticos, como el difunto santo indio Ramana Maharshi, enseñaron que al meditar una y otra vez sobre la pregunta «¿Quién soy yo?», es posible despertar a esta identidad expandida que llamó el Sí mismo, usando una *S* mayúscula. A través de esta práctica, conocida como meditación de autoindagación, uno llega finalmente a

---

44. Buber, The Early Masters, págs. 199-200.
45. Jean Houston, The Search for the Beloved: Journeys in Sacred Psychology (Los Ángeles: Jeremy P. Tarcher, Inc., 1987), págs. 192-193.

la comprensión de que el propio ser y todo ser son esencialmente uno; que nada existe fuera de uno mismo. Esta conciencia no dual es la base de todas las tradiciones místicas.

Si bien se decía que seres como Ramana Maharshi o Moisés permanecen constantemente en el estado no dual, todos somos capaces de experimentar momentos de despertar a nuestra verdadera naturaleza si hacemos espacio en nuestras vidas para el silencio, la quietud y la escucha. A través de la práctica de la meditación silenciosa y la oración contemplativa, podemos comenzar a aflojar nuestra identificación con el ser pequeño y separado.

Silencio y escucha

El papel del silencio para fomentar el despertar espiritual es un tema central en la narración bíblica, como se refleja en el hecho de que la Torá fue revelada en el desierto, o *midbar*, un lugar de silencio y vacío. El desierto de la narración bíblica no es sólo un lugar geográfico, sino también una metáfora de cómo debemos *ser* para recibir la revelación divina, como lo sugiere el siguiente midrash: «Uno no puede adquirir Torá [sabiduría] a menos que, como el desierto, no tenga dueño/no esté atado [*hefker*]».[46] En silencio, la llamada divina que se escuchó en el Sinaí está disponible para cada uno de nosotros, como lo indica el rabino Yehudah Aryeh Leib de Ger: «La escucha requiere estar vacío de todo». Y para trascender nuestro estado actual de exilio espiritual, debemos «olvidar las vanidades de este mundo para que podamos vaciar el corazón y escuchar la palabra de Dios sin ningún pensamiento que nos pueda distraer».[47]

El judaísmo ofrece muchas prácticas espirituales que crean espacio para este tipo de escucha. La conmemoración del Sabbat, por ejemplo, crea un ritmo en nuestras vidas en el que hay tiempo para *hacer* y *ser*. Como complemento de la semana laboral con un día de descanso y

---

46. Midrash Bamidbar Raba 1:7, traducción de la propia autora.
47. Rabbi Yehudah Aryeh Leib, *The Language of Truth: The Torah Commentary of the Sefat Emet*, trad. Arthur Green (Filadelfia: Jewish Publication Society, 1998), págs. 90-91.

renovación espiritual, el Sabbat ofrece un poderoso rito para equilibrar nuestra necesidad de afirmación y actualización con nuestra necesidad de rendición. Un equilibrio similar se lleva al ritmo de cada día a través de la práctica espiritual diaria. Tomarse un tiempo cada día para sumergirnos en el espíritu, ya sea a través de la oración o la meditación, puede ser profundamente sanador.

Tener una práctica espiritual diaria de autorrendición puede ser particularmente útil para lidiar con situaciones de la vida en las cuales no tenemos el control absoluto de nuestros destinos. Por ejemplo, cuando estamos enfermos, la entrega espiritual nos ayuda a aceptar el hecho de que existen fuerzas poderosas que se mueven misteriosamente a través de nuestras vidas en formas que no siempre podemos comprender. La entrega espiritual no significa que renunciemos a nuestro poder para curarnos a nosotros mismos. Más bien, implica una actitud de paciencia y aceptación: la aceptación del universo de sus propios términos en lugar de nuestros términos. En lugar de dictarle a Dios cómo pensamos que deberían ser las cosas, implica una actitud de escucha y sintonización. Esta sintonización nos permite percibir cómo la piedad y el sentido de significado pueden encontrarse en el lugar en el que nos hallamos, sin importar lo difícil que pueda ser nuestra situación. Y cuando de esta manera nos rendimos a cómo están las cosas *en este momento*, experimentamos una sensación de paz y unificación. Fuera de este estado, paradójicamente, surgen con frecuencia las curaciones espontáneas.

La humildad como antídoto al narcisismo

El narcisismo es una palabra de moda actualmente en el campo de la psicología. En el uso coloquial de la palabra, a menudo pensamos que el narcisismo es algo malo, como un egocentrismo crónico. Al igual que el personaje mítico Narciso, que está tan absorto consigo mismo que no puede dejar de centrarse en su propia imagen, aunque sea por un momento, el narcisista está constantemente absorto en sí mismo. Es incapaz de percatarse de lo «demás», ya sea humano o divino.

Pero el narcisismo, según la psicología contemporánea, no es del todo malo. Sino que abarca un abanico que va desde lo «saludable» a lo «patológico». Una dosis saludable de narcisismo es necesaria para disfrutar de una vida plena y sentirse bien con uno mismo. Es un ingrediente importante de la autoestima saludable. Se vuelve patológico cuando no se equilibra con la empatía, la capacidad de asimilar las necesidades y los sentimientos de los demás.

El narcisismo patológico siempre implica cierta confusión de identidad, una sobreestimación de la propia importancia (una sobreestimación que generalmente oculta su opuesto). Si bien los individuos narcisistas pueden parecer seguros de sí mismos y tener un privilegio excesivo, en el fondo, por lo general, se sienten vacíos e indignos. Buscar la validación/atención constante de otros es un intento de compensar estos sentimientos dolorosos. La necesidad del narcisista de sentir que él es *mejor* que todos los demás lo protege de sentirse totalmente inútil.

Las personas heridas por el narcisismo generalmente sufren una imagen dividida de sí mismos. Sus expectativas inconscientes e imágenes de sí mismos no están sincronizadas con sus capacidades reales. Inconscientemente, se aferran a ideales no realistas y grandiosos que a menudo no pueden vivir en el mundo real. Debido a que están bajo una presión constante para demostrar su valía, sus niveles de autoestima tienden a girar violentamente. Y como tienen poco terreno emocional, la vida a menudo les parece una montaña rusa salvaje. Si bien pueden parecer seguros de sí mismos o altaneros en la superficie, en el fondo a menudo sienten una sensación de inferioridad e indignidad.

Las heridas narcisistas tienden a ocurrir en niños que crecen sintiéndose no amados y son insuficientemente reconocidos por sus cuidadores. En lugar de ver a sus padres como seres humanos con defectos y limitados, estos niños a menudo crecen culpándose a sí mismos, interpretando la falta de amor de sus padres como una indicación de que simplemente no eran dignos de amor. Para compensar estos sentimientos de indignidad, pueden intentar demostrar su valía esforzándose compulsivamente por ser grandes o buscando la validación constante de los demás. Sin embargo, no importa cuán exitosos sean, los individuos con heridas narcisistas nunca pueden sentirse realmente satisfechos y disfrutar de sus logros, a menos que comiencen a curar su herida infantil, como descubrió Joan en nuestro trabajo conjunto.

La historia de Joan

Superar el excesivo rendimiento

Las enseñanzas judías sobre la humildad se convirtieron en una herramienta importante para ayudar a Joan, una médica de treinta y ocho años a quien aconsejé, a sanar su imagen dividida de sí misma. En el momento en que comenzó el tratamiento, Joan estaba en la cima de su éxito. Tenía una carrera médica próspera y, desde un punto de vista profesional, había logrado más de lo que la mayoría de nosotros podría soñar. Visto objetivamente, Joan era extremadamente inteligente, exitosa y atractiva, pero parecía incapaz de obtener placer de sus muchos logros. También parecía tener una autoestima muy baja, como se refleja en su hábito de hacer comentarios autocríticos, especialmente cuando recibía un cumplido. La mayor parte del tiempo se sentía como una impostora. Cuando lograba algo notable, sentía que estaba engañando a todo el mundo y que era sólo cuestión de tiempo que el mundo descubriera lo mala y estúpida que era.

Cuando comenzamos a explorar juntas el significado del autodesprecio de Joan, se hizo evidente que en realidad enmascaraba una actitud opuesta inconsciente. Estaba, de hecho, plagada de una intensa grandiosidad inconsciente. Joan se rebajaba de continuo porque inconscientemente esperaba no sólo ser buena, sino grandiosa; no sólo bonita, sino impresionante; no sólo inteligente, sino brillante. Hiciera lo que hiciera, simplemente no estaba a la altura. La demostración externa de «humildad» de Joan enmascaraba su opuesto, una voz interior altiva que la comparaba sin parar con otra ficticia perfecta.

Resultó que esta arrogancia ocultaba un sentimiento aún más profundo de insuficiencia. A medida que explorábamos la fuente de estos sentimientos, Joan se puso en contacto con los recuerdos de la infancia temprana del abandono físico y emocional, experiencias que la hicieron sentir indigna de amor. Para compensar estos sentimientos, Joan vivió bajo una intensa presión interna para demostrar constantemente su valía.

Sin embargo, no importaba lo que hubiera logrado, nunca se sentía bien consigo misma. Además de sus problemas de autoestima, Joan nunca pudo relajarse lo suficiente como para disfrutar de sus muchos logros. En cambio, se sentía encadenada a una cinta de correr que se movía rápidamente y que amenazaba con derribarla si disminuía la velocidad. Con el fin de mantenerse al día con todas las expectativas que tenía sobre sí misma, Joan había empezado a recurrir a varios medicamentos para ponerse en marcha durante el día, y a menudo tomaba tranquilizantes o pastillas para dormir para conciliar el sueño por la noche.

Por más irracional que haya sido, cuanto más lograba Joan, más parecía sentirse inconscientemente obligada a derrotarse a sí misma, como si el fracaso pudiera reducir la tensión que sentía entre su interior despreciado y su personalidad exterior exitosa. Aunque parecía contradictorio, cuando Joan fantaseaba con ser sorprendida consumiendo drogas, se sentía extrañamente aliviada. De alguna manera, la idea de fracasar le aseguraba que ella era, de hecho, la persona desagradable que en el fondo creía ser.

En nuestro trabajo juntas comencé a señalar a Joan cuándo pensaba que estaba siendo controlada por su grandiosa voz interior. Le sugerí que iba a tener que domesticar a esa voz/fuerza para liberarse de sus exigencias irrazonables. Cuando le señalé esto a Joan por primera vez, la sorprendió un poco. Ella no veía cómo podía ser grandiosa cuando se sentía tan sola todo el tiempo, así que le pedí a Joan que pintara una imagen en su mente de la voz que constantemente la hacía sentirse incompetente.

Al inducir un ligero estado de trance a través de la relajación y la autohipnosis, Joan pudo visualizar esta voz como un personaje malvado que siempre la miraba desde un trono imaginario de perfección. Tener una imagen visual de la voz la ayudó a verla como una especie de *dybbuk*, como una forma de posesión de la que podía liberarse. Experimentar la arrogancia como una presencia extraña le permitió a Joan reconectarse con su auténtico yo interior, un yo capaz de ser fuerte y débil, dotado y vulnerable, y sinceramente humilde.

A medida que nuestro trabajo juntas se profundizaba, comencé a compartir historias y enseñanzas judías sobre la humildad con Joan. Nadie había hablado nunca con Joan sobre la humildad. En su entrenamiento médico, sin saberlo, había internalizado la clásica arrogancia de la educación médica occidental, que está orientada a convertir a los médicos en superhéroes entrenados para no mostrar ninguna vulnerabilidad. Como doctora, se sintió especialmente presionada para demostrar su valía por no revelar nunca debilidad. Entonces, al convertirse en doctora, Joan se había visto obligada a continuar reprimiendo sus verdaderas necesidades y sentimientos internos, como lo había hecho durante su infancia.

En los siguientes meses, cuando Joan comenzó a liberarse de su altiva voz interior, lentamente se puso más en contacto con sus necesidades y sentimientos. Este proceso, que fue intensamente humillante, se vio acompañado de una serie de sueños en los que Joan se encontraba quitándose las máscaras faciales repetidamente, como si estuviera pelando una segunda piel. Cuando le pregunté a Joan qué pensaba que significaban estas imágenes de ensueño, sugirió que quizás simbolizaran el desprendimiento de la capa protectora que había estado usando desde que podía recordar, su máscara de autosuficiencia e invulnerabilidad. Sugerí que las máscaras en sus sueños eran como las *klippot,* las conchas o cáscaras descritas en el mito de la cábala de los recipientes rotos como las fuerzas externas del mal que atrapan las chispas de la luz divina. Al liberarse de su propia klippot, Joan estaba reclamando su rostro original como un hijo amado de lo divino, digno de amor tal como era.

En la terapia, Joan también comenzó a explorar formas en las que podría sacar tiempo en su ocupada vida para el descanso del sábado, el tiempo para la meditación y la relajación, o para relajarse y no hacer nada: tiempo, en resumen, para simplemente ser. Al principio, a Joan le resultaba difícil dejar de hacer y simplemente relajarse. Sus voces interiores la insultaban cada vez que intentaba disminuir la velocidad con acusaciones de que ella era inútil y perezosa. Pero con el tiempo, Joan descubrió que si respondía a las burlas con humildad, podía relajarse.

Reconocer humildemente ante sí misma que simplemente no tenía que *hacer* o *ser* todo le proporcionaba un gran alivio. Si bien esto puede parecer bastante obvio para algunos de nosotros, para las personas que sobresalen seriamente la humildad es un concepto verdaderamente liberador.

Moisés

El más humilde de los hombres

En la Torá, se describe a Moisés como el hombre más humilde sobre la faz de la tierra. Curiosamente, esta descripción se encuentra en Números 12:1-3, en el contexto de la historia en la que sus hermanos, Míriam y Aarón, lo critican a sus espaldas: según el pasaje, «Míriam y Aarón hablaban sobre Moisés con respecto a la mujer cusita [negra] que había tomado, ya que se había casado con una mujer de Cus. Y dijeron: "¿Habló el Infinito sólo con Moisés? ¿No habló Dios también dentro de nosotros?" Y Dios escuchó [estas palabras]. Y el hombre Moisés fue muy humilde, tan humilde como cualquier hombre sobre la faz de la tierra».

Según el famoso comentarista bíblico medieval Rashi, la crítica de Míriam a Moisés se reducía a cuestionarse por qué se había separado de su esposa para convertirse en célibe. Puesto que Míriam y Aarón también eran profetas por derecho propio y no habían tomado la decisión de ser célibes, Míriam cuestionó las acciones de Moisés. Dios se enoja por el hecho de que Míriam hable a espaldas de su hermano, y como consecuencia, ella se ve afectada por la lepra, como se relata en Números 12:4-10:

> Y Dios dijo de repente a Moisés, a Aarón y a Míriam: «Salid los tres a la tienda de reunión». Y los tres salieron. Y Dios descendió en la nube de gloria y se paró en la apertura de la tienda y llamó a Aarón y a Míriam, y los dos salieron. Y dijo: «Escuchad mis palabras. Si hay un profeta entre ustedes, yo el Eterno le hablaré en un sueño. Mi siervo Moisés no es así. Él es fiel en toda mi casa. Con él hablo boca a boca en completa visión, no en enigmas. Él ve el rostro de Dios. ¿Cómo no teméis hablar en contra de mi siervo Moisés?». Y la ira de Dios resplandeció contra ellos y luego desapareció. Cuando la nube salió de la tienda, he aquí que Míriam se había vuelto leprosa, blanca como la nieve.

Sin entrar en lo correcto o incorrecto del cuestionamiento de Míriam sobre el celibato de su hermano, me gustaría centrarme en la extraordinaria respuesta de Moisés y en cómo su respuesta en sí misma es una prueba de su extrema humildad. Inmediatamente después de enterarse de la lepra de Míriam, Moisés responde orando: «Por favor, Dios, por favor, cúrala» (Números 12:13).

Normalmente, cuando las personas nos critican o nos calumnian a nuestras espaldas, nos volvemos hostiles, o al menos a la defensiva, en respuesta. Si no nos enojamos realmente con ellos, al menos puede que nos distanciemos de ellos. Lo último que la mayoría de nosotros pensamos hacer es orar por ellos. El testimonio de la Biblia sobre la extrema humildad de Moisés es que él no duda ni por un momento en orar por la curación de su hermana, aunque ella lo acababa de criticar. Moisés no se ofende porque está separado de su propio ego. Como profeta, se ha vuelto tan impregnado de la conciencia de Dios que ya no se ve afectado por el orgullo, por lo que puede responder al insulto con la bendición y a la crítica injusta con el bálsamo curativo del amor.[48]

Aprender a no ofendernos cuando nuestro orgullo está herido o cuando nos critican es todo un desafío para la mayoría de nosotros. En nuestra autopreocupación, tendemos a tomar todo lo que nos sucede demasiado personalmente. Cuando el Rebe de Kotzker dijo que el «yo» es un ladrón que se esconde, tal vez aludió a la forma en que el ego personaliza todo, asumiendo el crédito y la culpa de todo lo que se le presente, con razón o no.

¡No lo tomes como algo personal!

La importancia de aprender a no tomar las cosas como algo personal es evidente en la siguiente historia sobre el maestro jasídico del siglo XIX, el rabino David de Lelov.

---

48. La breve oración por la curación que Moisés dice en nombre de Míriam se convirtió en la clásica oración judía para la curación. «Por favor, Dios, por favor, cúrala» fue entendida por los rabinos como una referencia no solo a Míriam sino también a la Shejiná, o presencia divina, la encarnación de lo divino. Cuando oramos por cualquiera que esté enfermo, es como si estuviéramos orando por la curación de Dios.

Una vez, mientras estaban en el camino, el rabino Isaac de Vorki y su maestro, el reb David de Lelov, se detuvieron en una ciudad desconocida. De repente, una mujer se acercó al reb David y comenzó a golpearlo, habiéndolo confundido con su marido separado, quien la había abandonado a ella y a sus hijos varios años antes. Mientras gritaba y golpeaba al reb David, la mujer se dio cuenta repentinamente de que el hombre al que estaba golpeando no era su marido, sino un famoso rebe jasídico que se parecía mucho a su marido. Completamente mortificada, de inmediato comenzó a pedir el perdón del rebe, disculpándose con profusión por su terrible error. En lugar de enojarse, el reb David respondió con palabras de consuelo y dijo: «Está bien, no te preocupes; no era *a mí* a quien estabas golpeando». La mujer quedó completamente sorprendida, pero se fue sintiendo como si se hubiera quitado una pesada carga de su alma.

Cuando el reb David dijo «no era a mí a quien estabas golpeando», de hecho, él le estaba enseñando a la mujer una lección muy profunda. Cuando nos sentimos heridos por las acciones de otra persona, nuestro dolor a menudo se ve agravado por el hecho de que tendemos a tomar de forma personal lo que nos hicieron. Experimentamos el dolor como si estuviera dirigido a nosotros intencionalmente y como si debiéramos haberlo merecido. «No era a mí a quien estabas golpeando», fue la forma en que el sabio rabino dijo que no se identificaba con el «yo» que había sido el objetivo del comportamiento indignante e insultante de la mujer. Como un ser espiritual evolucionado, el reb David no se identificó principalmente con su ego, por lo que no sintió la necesidad de defender su honor u orgullo. Cuando él dijo «no era *a mí* a quien estabas golpeando», quizás él también le estaba enseñando a la mujer que ella no necesitaba tomar el abandono de su marido de manera tan personal. Si pudiera darse cuenta de esto, tal vez se liberaría de su ira y sería capaz de curar el daño que las acciones de su marido habían infligido en su autoestima.

Cuando nos identificamos con el Dios mismo, las cosas desafortunadas que nos suceden, las cosas sobre las que normalmente no tenemos control, no nos definen. Gran parte del tiempo, dejamos que el dolor de nuestro pasado y nuestros síntomas definan quiénes pensamos que somos. Muchos grupos de autoayuda refuerzan este apego al victimismo. Nos quedamos estancados definiéndonos como «niños adultos de» tal o cual circunstancia que no pudimos controlar. El misticismo judío, por otro lado, enseña que cuanto más vacíos y transparentes espiritualmente nos volvemos, más claramente podemos ver y experimentar la vida desde un lugar de no reactividad y compasión. Cuando dejamos de tomarlo todo de forma tan personal, podemos lograr una mayor libertad emocional de lo que podríamos ser capaces. Somos libres de *responder* al momento presente en lugar de reaccionar sobre la base de recuerdos del pasado.

No tomar las cosas demasiado personalmente también se aplica a nuestros éxitos. Cuando se nos pide que hagamos algo grande, la humildad puede liberarnos para enfrentar el desafío. El rabino Shneur Zalman de Liadí aprendió esto de su esposa cuando, después de la muerte del Maguid de Mezeritch, cientos de discípulos se reunieron en la casa del rabino Shneur Zalman para proclamarle su nuevo líder espiritual. Abrumado por la afluencia de jasídicos y la admiración que le mostraron, Shneur Zalman quería huir. Su sabia esposa, sin embargo, lo calmó recordándole que no era a «él» lo que buscaban, sino la Torá que había aprendido. Cuando Shneur Zalman se dio cuenta de que su recién adquirida popularidad no se refería tanto a «él» como a la transmisión del divino don de conocimiento que había recibido, se sintió libre de asumir el papel de «rebe».

Al hacer nuestro trabajo en el mundo y al servir a Dios, es importante, por supuesto, que la humildad no nos quite fuerzas ni nos haga pasivos. Porque la noción de que todo lo que ocurre es debido a Dios puede sustentar inadvertidamente una especie de aceptación y rendición pasivas a las cosas que debemos confrontar y cambiar. De hecho, la prohibición tradicional rabínica de estudiar la cábala antes de los cuarenta años puede haber sido en realidad una salvaguardia contra una especie de iluminación prematura que conduce a la falta de poder personal.[49]

---

49. En el pensamiento junguiano encontramos un homenaje similar a la necesidad de un enfoque de desarrollo para el crecimiento espiritual. Hasta los cuarenta años, debemos trabajar en el desarrollo de nuestros egos y nuestro sentido de intervención personal, mientras que después de los cuarenta, el proceso de individuación invierte esa tendencia a medida que comenzamos a entregar nuestro yo local individual a lo que Jung llamó el Yo más grande, con una Y mayúscula, que representa la totalidad del ser, o el Dios mismo.

Sé que pagué un precio por entregar demasiado de mi poder personal y mi voluntad a lo que pensé en ese momento que era la voluntad de Dios. Cuando acepté el judaísmo ortodoxo a los diecisiete años, dejé ir algunas partes importantes de mí misma. Como mujer en el mundo ortodoxo, se esperaba que yo fuera modesta y de alguna manera «invisible», un apoyo a los demás en lugar de una persona poderosa por derecho propio. Durante muchos años, entonces, acepté un papel que inhibía mi autoexpresión. En ese momento no entendía completamente que mi «entrega espiritual» me estaba frenando en ciertas áreas de mi desarrollo. Sólo cuando dejé Israel y comencé a estudiar psicología, retrospectivamente, fue cuando me di cuenta de que, junto con mi abrazo juvenil al idealismo religioso, había estado evitando asumir la plena responsabilidad existencial de mi vida.

Encontrar el equilibrio adecuado entre el autoempoderamiento y la entrega personal puede ser bastante desafiante. Cuando miramos las fuentes judías sobre el tema, parece haber un desequilibrio. Si bien hay muchas enseñanzas sobre humildad y autoentrega en los textos místicos, hay muy pocas enseñanzas sobre la autoafirmación y el autoempoderamiento. Este desequilibrio es probablemente el resultado de la larga historia de opresión que los judíos enfrentaron en el exilio, durante el cual rara vez tuvieron control sobre sus circunstancias externas. Al rendirse a la voluntad de Dios, los judíos obtuvieron al menos alguna medida de control interno.

Esto no quiere decir que los maestros jasídicos nunca advirtieran del exceso de humildad. Por ejemplo, el rabino Levi Yitzhak de Berditchev enseñó a sus discípulos: «Debes ser humilde en todas tus formas y en todos tus actos. Por lo tanto, podrías pensar que también debes ser humilde al servir a Dios. Ni se te ocurra decir eso. Debes decir: "Cuando cumpla los mandamientos de Dios, mi conmemoración es muy importante para Dios. Él se deleita mucho con mi conmemoración"».[50]

Una advertencia similar se encuentra en las enseñanzas del rabino Yaacov Yosef de Polonoye, uno de los discípulos y escribas del Baal Shem Tov, quien dijo que «es posible ser tan humilde que tu propia humildad te mantenga lejos de Dios. Una persona humilde puede no

---

50. Rabbi Levi Yitzhak of Berditchev, Kedushat Ha'Levi, Parashat Ekev.

creer que su propia oración pueda hacer que la Presencia fluya a través de todos los mundos. Pero entonces, ¿cómo puedes creer que incluso los ángeles se nutren de tus palabras? ¡Conoce el poder de tu oración y sirve a tu Dios en plenitud!».[51]

Esta enseñanza puede sonar un poco *chutzpadik* (indignante), pero sin una cierta medida de santa chutzpah no podemos usar nuestro potencial completo para servir a Dios en el mundo. Como suele ser el caso en la curación espiritual judía, se nos encarga la tarea de integrar cualidades aparentemente contradictorias. La humildad es esencial para el desarrollo espiritual, pero debemos ser capaces de aferrarnos también a su equivalente sagrado, ya que con la santa chutzpah, nuestra humildad se potencia totalmente, creando una poderosa sinergia espiritual para el servicio divino. Aprendí mucho sobre el poder de la santa chutzpah de uno de mis maestros, el fallecido rabino Shlomo Carlebach, con quien estudié durante varias décadas. A cualquier sitio que iba el reb Shlomo, llevaba consigo su corazón abierto y su santa chutzpah. En los aviones y en los aeropuertos, en las cárceles y en los hospitales, en las bases militares y en las calles de casi todas las grandes ciudades del mundo, se hizo amigo de todos a los que conoció, incluidos los sin techo, a quienes a menudo invitaba a su corazón, pero también su casa. Aunque rara vez hablaba de sus propios problemas, la gente se abalanzaba sobre él en busca de consuelo y guía. El reb Shlomo fue de verdad el rey del sentimentalismo, nunca se avergonzaba de decirle la cosa más escandalosamente amorosa a la gente que acababa de conocer. Todas las personas con las que se encontró se convirtieron en su amado, bello y santo hermano o santa hermana. Nunca se abstuvo de decir o hacer en el momento lo que estaba en lo más profundo de su corazón amoroso. Eso lleva a la santa chutzpah.

Meditación ayin 2

El rabino Pinhas de Koretz enseñó una meditación en la cual uno se visualiza a sí mismo siendo consumido por una hoguera por el bien del

---

51. Green and Holtz, Your Word Is Fire, pág. 23.

cielo. Esta práctica de autoanulación, que toma sus imágenes del mito de *Akedah* –el sacrificio de Isaac– y de la liturgia martirológica judía,[52] nos permite ir más allá de conocer intelectualmente a Dios; hacemos esto experimentándonos a nosotros mismos como completamente anulados dentro del ser infinito de Dios. Curiosamente, la famosa maestra zen Suzuki Roshi usó una imagen similar para describir la práctica zen de todo corazón, diciendo: «Cuando haces algo, debes quemarte por completo, como una buena hoguera, sin dejar rastro de ti mismo».[53]

---

52. El martirologio es una liturgia del Día Temible que describe la muerte de muchos grandes sabios judíos a manos del Imperio romano. Se dijo que estos sabios habían muerto por el kiddush hashem, por el amor del cielo, porque fueron ejecutados debido a su creencia en la unicidad de Dios.

53. Shunryu Suzuki, *Zen Mind, Beginner's Mind* (Nueva York: Weatherhill, 1973), pág. 62 (*Mente Zen, mente de principiante*, Gaia, 2012).

5

EL MITO DEL ÉXODO

El nacimiento del Yo

No fue suficiente sacar a los judíos de Egipto. Era necesario sacar a Egipto de los judíos.

—Dicho jasídico

El verdadero exilio de Israel en Egipto fue que aprendieron a soportarlo.

—Rabino Hanoch de Alexander

La historia bíblica del Éxodo, que relata el espiritual regreso a casa de los israelitas de la esclavitud a la libertad y del exilio a la redención, constituye el mito central de la vida espiritual judía. Junto con el mito de la cábala de los recipientes rotos, está el otro gran mito curativo del judaísmo. Los judíos practicantes viven y respiran el éxodo todos los días, ya que la vida religiosa gira continuamente alrededor de este gran mito. Volver a contar el Éxodo y el cruce del mar Rojo está en el corazón de la liturgia de la oración hebrea diaria, lo que sugiere que uno debe recordar y revivir el viaje de Egipto cada día. En lo que equivale a un estribillo, hay más de cincuenta referencias al Éxodo en la Torá. Muchas prácticas espirituales importantes, incluidos el Sabbat y los días sagrados, se consideran un «recuerdo del éxodo de Egipto» o *zecher le'yetziat mitzrayim*. Al mismo tiempo que rememoran los acontecimientos históricos del Éxodo, estos ritos de recordatorio diarios, semanales y anuales también dan vida a las dimensiones míticas y arquetípicas de la historia.

El mito del Éxodo habla de muchas dimensiones diferentes de la curación. Nos obliga a sanar los males sociales del mundo, como la opresión y la subyugación, al tiempo que alude a los aspectos más sublimes de la curación tanto psicológica como espiritual. De hecho, su mensaje de sanación en los niveles micro y macro lo coloca entre los grandes mitos de sanación del mundo. Es en el relato bíblico del Éxodo donde Dios se revela como la fuerza de sanación en el mundo, como se dice en Éxodo 15:26: «Si escuchas la voz de tu Dios, y haces lo que es veraz a los ojos de Dios y escuchas los mandamientos y guardas todos los preceptos, todas las enfermedades que puse sobre Egipto no las pondré en ti. Yo soy tu sanador».

En su libro *La renovación judía*, el rabino Michael Lerner, filósofo, teólogo y teórico social, señala que a través del Éxodo, Dios se revela a Moisés no sólo como Creador, sino también como la fuerza curativa y transformadora del amor que subyace a la creación, una fuerza que está ayudando lentamente a todas las cosas a evolucionar de cómo son «son» a cómo «deberían ser», mostrando que la opresión y el mal en el mundo no son inevitables, sino que son condiciones que pueden y deben cambiarse.[54] Esta perspectiva es la idea de que toda vida, inspirada por la esencia divina, está saliendo continuamente de Egipto, evolucionando desde niveles y dimensiones de esclavitud. Ésta es la razón por la que Dios se identifica en el primero de los Diez Mandamientos no como el «creador del cielo y de la tierra», sino como «el Señor, tu Dios, que te ha sacado de Egipto, de la casa de esclavitud» (Éxodo 20:2). Una variante de este mensaje se refleja tanto en las interpretaciones místicas como en las psicológicas del mito del Éxodo, que son el enfoque de este capítulo.

---

54. Michael Lerner, *Jewish Renewal: A Path to Healing and Transformation* (Nueva York: Putnam, 1994), págs. 65-68.

El Éxodo en la tradición mística

En las enseñanzas místicas judías, el Éxodo se ve no sólo como un acontecimiento histórico único o una historia de liberación nacional, sino como un mito sobre la transformación de la conciencia humana y el viaje de sanación del alma desde los estrechos confines del ego a la Tierra Prometida del espíritu. De acuerdo con los maestros jasídicos, la palabra hebrea para Egipto, *Mitzrayim*, sugiere *meitzarim*, canal estrecho, o más coloquialmente, «un lugar estrecho». Los místicos judíos vieron a Mitzrayim no sólo como un lugar geográfico, sino como un símbolo de conciencia restringida. El exilio y el sufrimiento de Israel en Mitzrayim son emblemáticos de las diferentes formas de sufrimiento que experimentamos cuando perdemos contacto con nuestra verdadera naturaleza y nos quedamos atrapados en estados de conciencia estrechos y constreñidos, o cuando nos esclavizamos por roles, comportamientos y mentalidades inflexibles. Cualquier cosa que disminuya y restrinja nuestra conciencia de la verdadera naturaleza de nuestro ser es un estado de mitzrayim.

De acuerdo con los maestros jasídicos, continuamente dejamos el mitzrayim cada día de nuestras vidas, a medida que pasamos del estado de conciencia conocido como mente pequeña, o *katnut d'mochin*, al estado de conciencia conocido como mente grande, o *gadlut d'mochin*. Según el rabino Shneur Zalman de Liadí, dejamos el mitzrayim cada vez que nos abrimos a la conciencia de la unicidad de Dios y nos experimentamos como incluidos en el ser infinito de Dios. Este cambio en la conciencia es el objetivo de la práctica espiritual diaria al recitar el Shemá, la oración que afirma la unicidad de todo ser:

> En cada generación y en cada día, una persona debe verse a sí misma como si estuviera abandonando Mitzrayim [Egipto] ese mismo día. Y el significado de esto es liberar al alma divina de la prisión del cuerpo, para experimentar la disolución [temporal] del yo separado [mientras se absorbe] en la unidad de la luz infinita de Dios. [Esto es posible] a través de la Torá [estudio], [la práctica de las] mitzvot, y particularmente... al recitar el *Shemá* a través del cual, uno acepta y hace uso de la bendita

unidad de Dios cuando dice: «El Infinito es nuestro Dios, el Infinito es Uno».[55]

Cuando se dice con profunda kavannah, o intencionalidad enfocada, el Shemá nos transporta desde los estrechos confines del ser separado, nuestro mitzrayim personal, a la conciencia expansiva de nuestra interconexión e interdependencia con todo ser. Para Shneur Zalman y otros místicos judíos, este estado místico de unidad abre el corazón para amar. De hecho, la oración que tradicionalmente sigue al Shemá comienza con la palabra «*ve'ahavta*»: y la amarás.

Es este amor místico hacia Dios y hacia todos los seres el que motiva el imperativo judío de sanar y transformar el mundo. Cuando nos damos cuenta de que todos los seres somos uno, llegamos a experimentar el sufrimiento de los demás como si fuera nuestro, y nos vemos obligados a actuar de acuerdo con ese conocimiento empático luchando para acabar con la opresión y el sufrimiento humano en todos sus muchos aspectos. De esta manera, el despertar místico, como el que experimentaron los israelitas en el Sinaí, conduce a la acción social.

Un mito sobre la transformación personal

Además de su significado místico y espiritual, el Éxodo también puede entenderse como un mito sobre el cambio y la transformación personal, la historia de cómo cada uno de nosotros puede ser liberado de los aspectos limitados y limitantes de nuestra educación y condicionamiento inicial. Cada uno de nosotros, metafóricamente hablando, desciende a Egipto en nuestro desarrollo inicial. La propia formación del ego y sus defensas puede verse como un descenso a una especie de mitzrayim para nuestro espíritu, que es esencialmente ilimitado. Hasta cierto punto, el estrechamiento de la conciencia que acompaña al desarrollo del ego es inevitable y necesario; para poder funcionar en el mundo, tenemos que desarrollar un sentido sano de nuestra propia

---

55. Shneur Zalman, Likutey Amarim Tania, edición bilingüe (Nueva York: Kehot Publication Society, 1984), págs. 247-249.

autonomía y voluntad. Pero ese mismo sentido de nuestra separación se convierte en un mitzrayim, que debemos trascender para abarcar la plenitud de nuestro verdadero ser.

La conclusión es que cada vez que permitimos que una parte estrecha del yo, en lugar de la *totalidad* de nuestro ser, se convierta en nuestro único enfoque, entramos en un estado de mitzrayim.

El exilio de los israelitas en Mitzrayim representa una condición de autoalienación, de no estar en el lugar verdadero. En el exilio nos desconectamos de nuestra verdadera naturaleza y ser interior; nuestras vidas externas se desincronizan con nuestra esencia interior. Cuando no estamos enraizados en nuestro ser esencial, no tenemos acceso a las energías vitales que necesitamos para ser creativos, y no podemos realizar nuestro verdadero potencial. La liberación del exilio, o la redención, por otro lado, implica un retorno al verdadero yo, al propio corazón interno de los corazones. Cuando volvemos a casa con nosotros mismos, encontramos que nuestra esencia más íntima puede expresarse en nuestras vidas más externas.

Para la mayoría de nosotros, el exilio comienza en la infancia, cuando aprendemos a retener la expresión de nuestro ser completo auténtico para mantenernos seguros o mantener la aprobación de nuestros cuidadores. Nuestra dependencia prolongada infantil del apoyo de la familia y otros cuidadores, que no siempre están completamente preparados para nutrir nuestro desarrollo emocional y espiritual, puede obligarnos a hacer tales adaptaciones poco saludables. Con el fin de liberarnos y poder avanzar en nuestros viajes, debemos salir de estas restricciones autoimpuestas.

La historia de Sam

Liberarse de las restricciones de la infancia

Sam fue un buen ejemplo de alguien atrapado en patrones restrictivos de la infancia. Buscó terapia porque no tenía idea de qué dirección tomar en su vida. No sentía motivación ni pasión por su trabajo y estaba personalmente atascado en su práctica espiritual. Durante los primeros meses de terapia, Sam hablaba en tono monótono, y nuestras sesiones parecían sin vida. A menudo parecía que Sam había ensayado lo que iba a decir antes de asistir a las sesiones. La muerte que sentía dentro de sí mismo se expresaba a través de su llanura emocional.

En lo que supuso una sesión innovadora, Sam finalmente se puso en contacto con algunos sentimientos auténticos. Al darse cuenta de que había pasado toda su vida tratando de obtener la aprobación de los demás, se mostró visiblemente molesto y enojado por primera vez en nuestro trabajo juntos. Se dio cuenta de que había buscado la aprobación tan consistentemente a lo largo de su vida que había perdido el contacto con muchas de sus propias necesidades y sentimientos. Al haber crecido con una madre que exigía que todos los miembros de la familia atendieran sus necesidades emocionales, Sam se adaptó convirtiéndose en un placer. Aunque su comportamiento agradable más tarde le hizo ganar amigos y una gran aprobación de los demás, se sentía vacío por dentro y era incapaz de experimentar su propia vitalidad y pasión interiores. Al estar tan concentrado en complacer a los demás, Sam no sabía qué *le* daba placer y, como resultado, no podía encontrar su dirección en la vida. En efecto, Sam había perdido su verdadero ser para adaptarse a los demás y complacerlos.

Cuando Sam se dio cuenta de esto y lo expresó en la terapia, rompió por fin la llanura emocional que había caracterizado nuestro trabajo anterior. Expresó sentimientos intensos de enfado y resentimiento hacia su madre por las formas en que ella controlaba a la familia a través de su necesidad y narcisismo. Sam y yo, al final de esa sesión, sabíamos que había llegado a un punto de inflexión en su terapia, desde el cual no había vuelta atrás. Estaba saliendo de su mitzrayim, su estrecha gama de afecto y expresión autoimpuesta.

Para entrar en contacto con la plenitud de nuestro ser, debemos, como Sam, romper con nuestros propios patrones restrictivos. Debemos desarrollar la capacidad de *responder* conscientemente a la vida en lugar de reaccionar a las cosas basadas en nuestro condicionamiento inconsciente. La verdadera libertad interior exige que superemos las limitaciones de nuestra infancia; de lo contrario, seguimos siendo esclavos, en efecto, de nuestros faraones inconscientes.

En un desarrollo sano, la conciencia evoluciona de forma incesante. Continuamente salimos de los mitzrayim a medida que trascendemos los límites de nuestro conocido y limitado universo y nos convertimos cada vez más en nosotros mismos. En condiciones óptimas, los niños tienen una capacidad innata para convertirse en sus propios y auténticos seres, lo que el analista infantil británico D. W. Winnicott denominó la capacidad de «seguir siendo».[56] Sin embargo, cuando el desarrollo de un niño se ve impedido por el exceso de interferencia de los padres, esta capacidad queda deteriorada. Obligado a lidiar prematuramente con las necesidades de los demás, tal niño no podrá mantenerse lo suficientemente centrado en su propia experiencia. Entonces es difícil desarrollar un sentido continuo e integrado del ser. Al igual que Sam, el niño que debe lidiar con un padre deprimido, ansioso o demasiado narcisista a menudo desarrollará un yo falso y cuidador como medio para hacer frente al estrés que experimenta en la relación principal.

Para aquellos de nosotros que, como Sam, nos hemos visto obligados a acomodarnos prematuramente a las necesidades de los demás, salir de mitzrayim significa dejar atrás el falso yo que asumimos cuando éramos niños. Este proceso implica liberarnos de la excesiva preocupación por obtener la aprobación de los demás y, en cambio, ponernos en contacto con nuestro auténtico ser interior.

Para otros, salir de mitzrayim implica abandonar un superego demasiado represivo y punitivo, una voz interior crítica que inhibe nuestra autoexpresión y nos impide disfrutar plenamente de nuestras vidas. Este tipo especial de mitzrayim fue el foco de los primeros trabajos de Freud en la teoría psicoanalítica. Al finalizar la era victoriana, los pacientes de Freud eran frecuentemente víctimas de una educación demasiado represiva, por lo que su curación se centraba en la liberación del excesivamente duro superego. Pero también podemos esclavizarnos a nuestros impulsos, a lo que Freud se refiere como la identificación, si nos dejamos guiar sólo por ellos. En este caso, la identificación, o los impulsos, se convierten en un mitzrayim personal. Del mismo modo, cualquier adicción, ya sea al alcohol, las drogas, la comida o el sexo, o

---

56. D. W. Winnicott, *Maternal Processes and the Facilitating Environment* (Nueva York: International Universities Press, 1965), pág. 60.

cualquier actividad compulsiva, como el juego o las compras compulsivas, también puede convertirse en un mitzrayim personal. En tales casos, la sustancia o actividad de la que dependemos para nuestro sentido de bienestar se convierte en nuestro faraón interno. Superar nuestra confianza en estas conductas compulsivas y adictivas puede liberarnos de una vida de restricción y esclavitud interna.

Para los que hemos alcanzado una etapa más avanzada de desarrollo personal, dejar el mitzrayim es el proceso más amplio de autorrealización, en el cual el ego aprende a apartarse y permite que el Yo más grande o el alma divina se conviertan en el centro de nuestro ser. Este tipo de desarrollo espiritual generalmente no es posible hasta que hayamos logrado cierto grado de libertad respecto de estas otras formas de autoesclavitud.

El poder de «ser» y «convertirse»

El primer paso hacia la sanación y la redención en el mito del Éxodo consiste en aprender el misterio del nombre divino, yhvh. En la primera etapa del viaje de liberación, Dios le enseña a Moisés el misterio de este nombre divino con la esperanza de que, al aprender el verdadero nombre y la esencia de Dios, los israelitas puedan recordar sus propios nombres verdaderos. En Éxodo 6:2, Dios le dice a Moisés: «Yo soy yhvh. Y me aparecí a Abraham, a Isaac y a Jacob por medio del nombre El Shadai, pero mi nombre yhvh no se les dio a conocer».

¿Qué hay en un nombre? La revelación del nombre yhvh refleja el surgimiento de una nueva conciencia espiritual en la que la divinidad se percibe como la fuerza de la libertad, la curación y la transformación que se encuentra en el corazón de toda la creación. El despertar de esta nueva conciencia de lo divino fue, de hecho, el resultado previsto del Éxodo. ¿Cómo el nombre yhvh invoca o toca la libertad?

En el misticismo judío, se entiende que yhvh es una meditación sobre el ser infinito. Conocido como *shem havayah*, el santo nombre de «ser», yhvh es un compuesto de las tres palabras hebreas *hayah* (era), *hoveh* (es) y *yihiyeh* (será). yhvh, entonces, representa la experiencia del eterno ahora, donde se interrumpe el continuo lineal de tiempo-espacio.

Yhvh es esencialmente una meditación sobre estar en el presente. Nos enseña a dejar ir el pasado y el futuro para poder estar en el misterio del ahora, porque el poder de estar en el presente es lo que abre la puerta a la verdadera libertad. Mientras estemos atados a nuestro pasado, no somos totalmente libres de ser o convertirnos en quienes debemos ser. Podemos avanzar hacia nuestro futuro sin las ataduras vinculantes del pasado solamente cuando podemos estar totalmente en el ahora.

El Baal Shem Tov dijo una vez que nuestro mayor conductor de esclavos o faraón es todo nuestro «ayer». Cuando permitimos que nuestro pasado nos defina y nos limite, nos convertimos en esclavos de una autoimagen fija, de una especie de ídolo. Quienes hemos sido es quienes creemos que seremos siempre. Ser esclavo de los mitzrayim es estar tan arraigado a la identidad limitada y conocida que uno pierde el contacto con el misterio de convertirse. Sin el poder de soñar e imaginar, no podemos crecer.

Una variante posterior del nombre yhvh se revela a Moisés en su encuentro con Dios en la zarza ardiente, como se relata en Éxodo 3:14. Allí, Moisés pide saber el nombre de Dios, y en respuesta, Dios le dice a Moisés: *«Ehyeh asher Ehyeh»*, o «Seré en lo que me estoy convirtiendo». Luego, como para agregar un apodo o una versión abreviada del nombre, Dios dice: «Así pues diles a los hijos de Israel: Ehyeh [me estoy convirtiendo] me ha enviado a ti».

Para Moisés y su pueblo, aprender el nombre de Ehyeh, o me estoy convirtiendo, abre la puerta a lo que el rabino Michael Lerner llama «la posibilidad de posibilidades». Así como Dios está en proceso de convertirse, emergiendo continuamente de nuevo, en cualquier momento en el tiempo nosotros también podemos nacer de nuevo a nosotros mismos. Al aprender esta variante del nombre divino, los israelitas se reconectan con la posibilidad de cambio, ya que el Éxodo es esencialmente un mito sobre la libertad de cambiar. Revela cómo podemos liberarnos de la cadena de la causalidad al salir del camino de lo inevitable y crear lo posible.

Yhvh se conoce como el nombre inefable, o *shem hamefurash*. Tradicionalmente, se pronunciaba en voz alta sólo por el sumo sacerdote en Yom Kipur, el día más sagrado del año, cuando entraba en la cámara más íntima, o sanctasanctórum (*kodesh kodashim*), en el templo de Jerusalén. Ya no sabemos cómo articular este nombre de Dios, y cuando lo encontramos en la Biblia o en la liturgia, decimos *Hashem*, que significa «el nombre» o *Adonai*, el nombre divino que representa esos aspectos de lo divino que pueden ser aprehendidos por las facultades humanas.

La inefabilidad de yhvh alude a lo incognoscible de lo divino, porque Dios está, en última instancia, más allá de todos los nombres, metáforas o imágenes que empleamos para hablar sobre el gran misterio. La esencia innombrable de yhvh es una iniciación en el misterio del no saber o la incertidumbre, porque yhvh nunca es una realidad estática sino un proceso de desarrollo. Al sugerir que no limitemos lo divino al nombrarlo, el judaísmo nos enseña a no limitarnos a nosotros mismos, como lo indican las líneas iniciales del Tao Te King:

> El tao que se puede contar
> no es el eterno Tao.
> El nombre que puede ser nombrado
> no es el nombre eterno.
>
> Lo innombrable es lo eternamente real.
> Nombrar es el origen de todas las cosas particulares.[57]

Si, como sugiere el Tao Te King, sólo «lo innombrable es lo eternamente real», saber el secreto de la esencia innata de Dios es descubrir nuestro propio nombre eterno; porque nosotros, como Dios, nos estamos convirtiendo eternamente, y somos infinitamente incognoscibles.

Por lo tanto, para ayudar a las personas a salir de sus mitzrayim, el mejor regalo que podemos ofrecerles como sanadores es crear un espacio abierto donde puedan experimentar su propia gran incognoscibilidad. Al ofrecer a las personas lo que John Welwood denomina «presencia incondicional», les permitimos revelar el misterio de su conversión.[58]

---

57. Stephen Mitchell, trad., Tao Te Ching: A New English Version (Nueva York: HarperCollins, 1988), pág. 1. (Tao te ching, Gaia ediciones, 2016).

58. John Welwood, Toward a Psychology of Awakening: Buddhism, Psychotherapy, and the Path of Personal and Spiritual Transformation (Boston: Shambhala Publications, 2002),

Esto implica suspender nuestras propias nociones y teorías preconcebidas acerca de ellas para que no limitemos su conversión. Si podemos sentirnos cómodos al no saberlo y simplemente nos permitimos estar plenamente presentes como testigos de su surgimiento, ofrecemos a las personas el espacio que necesitan para descubrir su propio ser espacioso. En cierto sentido, debemos salir de nuestro propio universo conceptual limitado, nuestros propios mitzrayim, para permitir que otros emerjan de los suyos.

Apertura al infinito

Convertirse en «eternistas»

Otra forma más esotérica de entender el poder curativo de yhvh es que nos permite elevarnos por encima y trascender el funcionamiento del tiempo. Cuando descansamos en nuestra conciencia del infinito –en puro estado de ser infinito–, nos abrimos al reino de más allá del tiempo y más allá de la causalidad. Esto es importante en relación con la curación, porque el poder de curar exige que nos liberemos de la cadena de la causalidad. Cuando verdaderamente experimentamos yhvh en profundos estados de meditación, nos liberamos del sufrimiento que surge porque somos cautivos del tiempo y de los procesos de cambio que ocurren en el tiempo.[59]

Que una conexión con el infinito juegue un papel en la curación es uno de los descubrimientos más emocionantes en la medicina contemporánea, lo que el investigador de medicina alternativa Dr. Larry Dos-

---

págs. 141-147. (Psicología del despertar: budismo, psicoterapia y transformación personal. Kairós, 2002).

59. El dominio del poder curativo secreto del santo nombre se convirtió en parte de la sabiduría esotérica de la cábala práctica. Esta sabiduría fue transmitida a sólo unos pocos elegidos en cada generación. El Baal Shem Tov, cuyo nombre significa literalmente «maestro del buen nombre», pertenecía a un linaje secreto de místicos judíos que tenían acceso a prácticas de sanación meditativas y chamánicas asociadas con el uso del santo nombre. Aunque ya no tenemos acceso a estas prácticas esotéricas, podemos usar la meditación como una herramienta para acceder al infinito.

sey ha denominado la medicina de la III Era. Basada en el extenso cuerpo de investigaciones médicas sobre los efectos terapéuticos de la oración, la ciencia finalmente reconoce lo que los místicos siempre han creído: que evocar una conexión sagrada con el infinito, lo que muchos llaman Dios, puede mejorar profundamente la salud y la sensación de bienestar. En un distanciamiento radical de la medicina occidental tradicional, Dossey sugiere que para ofrecer a sus pacientes una oportunidad completa de curación, los médicos deben convertirse en «eternistas» ¡además de ser internistas! Por lo tanto, la afirmación de la Biblia de que yhvh –el Infinito– es nuestro sanador puede entenderse literal y figurativamente, y hay datos científicos que lo respaldan.[60] Como psicoterapeuta que ha integrado la conciencia y la práctica espiritual en mi vida y trabajo durante más de treinta años, me parecen muy interesantes estos desarrollos.

Permitir que las personas accedan a su naturaleza infinita, o lo que Jung denominó el Yo más grande, es un paso importante en la curación. A medida que aprendemos a vernos a nosotros mismos a través de la lente de nuestro ser eterno o naturaleza infinita, podemos comenzar a dejar de identificarnos con nuestros «problemas» y «patologías». Y cuando hacemos esto, ocurre un cambio interno profundo. En lugar de ser definidos por nuestras historias, comenzamos a sentirnos llamados por nuestros destinos; en lugar de ser lo que siempre hemos sido, nos liberamos para convertirnos en lo que realmente queremos ser. En cualquier momento, somos libres de cortar nuestros lazos con el pasado y seguir nuestro destino: el desarrollo de nuestra alma en su completitud y singularidad.

Este proceso tiene un paralelo en el mito del Éxodo, en el cual los israelitas abandonan los estrechos confines de Mitzrayim para entrar en una relación con lo divino. Para hacer esto, deben abandonar el reino de lo conocido (el ser consciente) y entrar en el misterio de lo desconocido (el inconsciente), simbolizado por el desierto. En el silencio del desierto, o barra intermedia, se encontrarán con las fuerzas impredecibles y poderosas del inconsciente. En su viaje por el desierto enfrenta-

---

60. Larry Dossey, Reinventing Medicine: Beyond Mind-Body to a New Era of Healing (San Francisco: HarperSanFrancisco, 1999).

rán todos sus temores e incertidumbres interiores. Sin embargo, a medida que enfrenten y superen su terror a lo desconocido, aprenderán a confiar, tanto en Dios como en el misterio de su propio ser. A medida que se encuentren con la pequeña y silenciosa voz de lo divino en su viaje de «desconocimiento», descubrirán que están siendo guiados y apoyados por el abrazo amoroso de la presencia divina.

Ser psicoterapeuta es empoderar a las personas para que vean más allá de su visión limitada y conocida de sí mismas y restauren su sentido de esperanza y fe en sí mismas y en las muchas posibilidades de la vida. A menudo pienso en mi trabajo como una forma de partería espiritual. Mi trabajo es alentar y apoyar suavemente a las personas a medida que escapan de sus mitzrayim autoimpuestos, o limitaciones, y dan a luz a su ser más completo. El mito del Éxodo, que en muchos sentidos puede verse como una metáfora de cómo damos a luz al yo, a menudo guía mi trabajo. Al ser testigo del desarrollo psicoespiritual de mis clientes, a menudo me sorprenden los muchos paralelismos que existen entre sus viajes y el antiguo viaje de nuestros antepasados.

Símbolos del nacimiento en el mito del Éxodo

Cuando vemos el mito del Éxodo como una metáfora de cómo damos a luz al ser más grande, encontramos que muchos de sus símbolos sugieren el proceso del nacimiento. El antiguo midrashim comparó la existencia de Israel en Egipto con la de «un embrión en el útero de su madre» y el propio Éxodo con una entrega. De hecho, a medida que se desarrolla la historia del Éxodo, los israelitas atraviesan todas las etapas del nacimiento, desde la concepción y la gestación hasta el parto, con sangre, dolores de parto y todo.[61] En el resto de este capítulo, examinaremos algunas de estas metáforas de nacimiento/curación y exploraremos cómo podrían usarse para guiar nuestros viajes de curación.

---

61. En los escritos de los profetas, la redención se presenta a menudo como un proceso de nacimiento o «alumbramiento». Los rabinos también describieron las pruebas que precederían a la redención final como los dolores de parto de la era mesiánica, o chevlei mashiach.

Goshen

El útero

Al igual que la concepción comienza con la implantación de un óvulo fertilizado dentro de las paredes del útero, la historia del Éxodo comienza cuando los descendientes de Jacob bajan a Egipto y se instalan allí para escapar del hambre en la tierra de Canaán. Goshen, la parte de Egipto que José asegura para sus hermanos, era, como el útero, un lugar de refugio para los israelitas. Durante muchos años viven con comodidad y seguridad en la tierra de Goshen, donde crecen desde una familia de setenta a una gran nación. Como se relata en Éxodo 1:7: «Los hijos de Israel fueron fructíferos y aumentaron abundantemente, se multiplicaron y se hicieron extremadamente poderosos; y la tierra se llenó de ellos».

El crecimiento acelerado de la nación israelita en Goshen sugiere el rápido crecimiento del feto en el útero durante los primeros meses de gestación. Sin embargo, a medida que el feto llega a término, ya no tiene espacio suficiente para moverse libremente. De forma inevitable surge un estado de constricción que pondrá en marcha los procesos que conducen al nacimiento.

A medida que los israelitas se convierten en una gran multitud, Goshen, el mismo útero que había alimentado su rápido crecimiento y desarrollo, se convierte en un lugar estrecho e inhóspito de confinamiento, un *meitzar* o estrecho. Al igual que el feto moriría si no saliera del útero cuando llegara el momento de nacer, los israelitas tuvieron que salir de Egipto si no querían estancarse o morir como nación. De hecho, todos debemos encontrar la fuerza y el coraje para dejar situaciones y relaciones que ya no nos proporcionan espacio para crecer. De lo contrario, también nos estancamos.

Sin embargo, podemos ser reacios a dejar de lado las situaciones antiguas y familiares, en particular aquellas en las que nos aferramos a la debilidad o la inseguridad. Nuestra esclavitud a relaciones, trabajos y situaciones poco saludables por lo general no ocurre de la noche a la mañana. En cambio, es una condición que se desarrolla más a menudo con el tiempo. Podemos concertar ciertos compromisos que no deberíamos tener, o disminuir nuestra línea moral para obtener una medida de seguridad financiera o emocional, sólo para descubrir que hemos perdido nuestro verdadero poder al hacer estas adaptaciones imprudentes. La siguiente leyenda del *Midrash Tanhuma* describe este tipo de renuncia gradual al poder y la libertad al relatar cómo los israelitas fueron seducidos lentamente a la servidumbre por su deseo de adaptarse e integrarse en la cultura egipcia. (Cuando el faraón solicitó voluntarios para su proyecto civil de construcción de las pirámides, la mayoría de los israelitas se apuntaron. Después de hacer el trabajo de forma voluntaria junto con el faraón, todos los que se ofrecieron voluntarios fueron engañados y siguieron siendo esclavos).

> El faraón ya había declarado que los egipcios debían «burlar» a Israel. Así que reunió a todos los hijos de Israel y les dio este «discurso»: «Por favor, háganme un favor hoy y échenme una mano». El faraón tomó un rastrillo y una cesta y comenzó a hacer ladrillos de barro. Todos los que lo vieron hicieron lo mismo. Israel trabajó con él con entusiasmo todo el día. Cuando oscureció, el faraón designó capataces de entre ellos para que contaran los ladrillos. «Eso», anunció, «será vuestra cuota diaria»[62].

De acuerdo con este midrash, los israelitas quedaron atrapados por una situación en la que entraron voluntariamente. Esencialmente, cambiaron su libertad por la aceptación social.

El desarrollo de los acontecimientos descritos por el midrash no es tan diferente de la forma en que muchos de nosotros hoy en día estamos esclavizados por estilos de vida que consideramos opresivos. Joel y Mary, una pareja con carreras profesionales que yo aconsejé, se sintieron atrapados por la vida rápida que habían creado sin darse cuenta para ellos y su familia. Ambos tenían trabajos en el mundo de la alta tecnología que requerían jornadas de trabajo excepcionalmente largas,

---

62. Midrash Tanhuma, Be'Haalotcha, traducido por Noam Zion y David Dishon, en A Different Night: The Family Participation Haggadah (Jerusalén: Shalom Hartman Institute, 1997), pág. 87.

por lo que al final del día a menudo les quedaba muy poco tiempo libre y poca energía para los demás o para los niños. Sabían que iban a tener problemas como pareja si no hacían un cambio, pero se sentían atrapados por las elecciones y los compromisos que habían hecho. Los pagos mensuales de la hipoteca, la matrícula de la escuela privada de los niños y todas las demás trampas convencionales de la vida de la clase media alta les habían dejado con la sensación de que no tenían más remedio que continuar sus resueltas vidas. Pero la verdad es que se sentían esclavizados por una vida que no reflejaba sus verdaderos valores y que realmente no les ofrecía la felicidad prometida.

Al igual que muchos de nosotros, cuando Joel y Mary empezaron por el camino de la vida de la clase media convencional, no tenían idea de que conduciría a una pérdida de libertad personal tan grande. Ahora, frente a un punto de crisis en su matrimonio, comenzaban a repensar sus opciones. En la terapia, empezaron a explorar cómo podrían resistir la poderosa influencia negativa que la vida convencional y corporativa estaba ejerciendo sobre ellos. A medida que recuperaban su sentido interior de libertad, comenzaban a descubrir formas de simplificar y remodelar sus vidas para reflejar sus propios valores verdaderos.

Joel y Mary sintieron que su vida familiar sería más armoniosa si pudieran reducir el número de horas que pasaban en el trabajo. Sin embargo, para hacer esto, se dieron cuenta de que tendrían que encontrar maneras de reducir sus gastos mensuales. Después de buscar formas simples de recortar gastos innecesarios en cosas como vacaciones y automóviles lujosos, Joel y Mary decidieron explorar la posibilidad de trasladar a sus hijos de escuelas privadas a públicas. Después de realizar una investigación seria sobre las escuelas públicas locales, llegaron a la conclusión de que sus hijos podían obtener una educación perfectamente buena sin incurrir en los altos costos de la educación privada. Los ahorros de estos cambios por sí solos marcaron una diferencia suficientemente significativa en sus gastos mensuales como para que Mary pudiera comenzar a trabajar a media jornada. El hecho de poder quedarse en casa con los niños después de la escuela era extremadamente satisfactorio para Mary como madre, y eliminaba los gastos adicionales de guardería y tutoría privada.

Estos y otros pasos que Joel y Mary dieron hacia la simplicidad voluntaria les ayudaron a liberarse de la esclavitud a una vida que no reflejaba sus valores esenciales.

Resistencia al cambio

En el relato bíblico del Éxodo, el proceso de redención comienza con los actos valientes de las personas que se resisten al *status quo*. Al negarse a llevar a cabo el cruel decreto del faraón para asesinar a todos los bebés hebreos, las parteras egipcias cometen desobediencia civil. Las parteras, que simbolizan el nacimiento y la nueva vida, abren la posibilidad de cambio al resistirse al orden opresivo de las cosas. Como dice Éxodo 1:15-17: «El rey de Egipto habló a las parteras hebreas, siendo Shifra el nombre de la primera y Puah el nombre de la segunda, diciendo: "Cuando ayudéis a las mujeres israelitas a dar a luz y veáis sobre el banco de parto que es un niño, entonces debéis darle muerte; pero si es una niña, ella puede vivir". Y las parteras temieron a Dios y no hicieron lo que el rey de Egipto les había dicho. Y permitieron que los bebés vivieran».

El rechazo de Shifra y Puah al *status quo* es seguido por otro valiente acto de resistencia. Batya, la propia hija del faraón, ignora los duros decretos de su padre cuando abre su corazón a los gritos de un niño hebreo que flota en el Nilo. Ella rescata al niño y lo lleva al palacio para ser criado como su hijo adoptivo, Moisés, que crecerá para convertirse en el liberador de la nación israelita.

Lo que más me inspira de estos cuentos es que son los valientes actos de resistencia de *personas individuales* los que provocan la cadena de acontecimientos que eventualmente conducirán a la redención. Aunque pasaron más de ochenta años entre las acciones de Shifra, Puah y Batya y el Éxodo, si no fuera por estos actos valientes, no habría habido Moisés ni redención. En lugar de rendirse a los sentimientos de impotencia, estas mujeres siguieron su corazón y su conciencia. Al hacerlo, plantaron las semillas de una revolución que cambiaría la historia humana para siempre.

Incluso hoy podemos beneficiarnos de su ejemplo. A veces nos sentimos tan impotentes para efectuar cambios en nuestras vidas que ni siquiera nos molestamos en intentarlo. Aceptamos pasivamente que lo que hemos sido es lo que siempre seremos. A menudo escucho a las personas en las fases tempranas de la terapia expresar sentimientos de desesperanza por el cambio constante. Dicen cosas como «eso es lo que yo soy; no puedo cambiar. Siempre he sido así. No puedo evitarlo». Parte de la lucha en la terapia es simplemente convencer a las personas de que el cambio es posible. Nuestros sentimientos de impotencia pueden ser aún más abrumadores cuando intentamos imaginarnos combatiendo las abrumadoras fuerzas del mal y la opresión en el mundo que nos rodea. La enormidad del desafío generalmente nos paraliza porque tendemos a ver nuestras acciones individuales como simplemente una pequeña gota en el cubo. Si nos rendimos a este tipo de sentimientos de impotencia e incapacidad, ni siquiera nos molestaremos en tratar de efectuar un cambio.

Shifra, Puah y Batya pueden no haber vivido para ver los efectos que sus actos de resistencia tendrían en la historia, pero sus descendientes vivieron para contar la historia. Como lo sugiere un sabio talmúdico, Rabí Avira: «Que nuestros antepasados fueran redimidos de Egipto fue por el mérito de las mujeres justas de esa generación».[63]

Más recientemente, también podemos encontrar historias de personas individuales cuyas acciones valientes estimularon movimientos revolucionarios de cambio social.

Cuando Rosa Parks se negó a moverse a la parte trasera del autobús, no tenía ni idea de que sus acciones se convertirían en un poderoso símbolo de resistencia en el movimiento de derechos civiles. Actuando por su propio sentido de integridad personal y su voluntad de defender la verdad, puso en marcha una reacción en cadena que influiría en la historia por toda la eternidad. Del mismo modo, las acciones valientes de personas individuales como Gandhi, Martin Luther King y Vaclav Havel, por nombrar algunas, han tenido un profundo efecto en la historia de naciones enteras.

---

63. Talmud de Babilonia, Sota 11b.

Contratiempos

En la historia del Éxodo, como en todo movimiento de liberación, los actos iniciales de resistencia del pueblo se enfrentan a la resistencia contraria. Cuando Moisés desafía por primera vez al faraón para que libere a los esclavos israelitas, el faraón responde aumentando su control sobre ellos. De este modo, parecía que los intentos iniciales de Moisés por ayudar sólo empeoraban las cosas. Como se explica en Éxodo 5:5-8, «El faraón ordenó ese mismo día a los capataces de la gente y a su policía diciendo: "No continuaréis suministrando paja a la gente para hacer ladrillos como antes; dejadlos que vayan ellos y recojan la paja por sí mismos. Y les impondréis la misma cantidad de ladrillos que han estado haciendo hasta ahora; no la disminuyáis"».

En la psicoterapia, como en la historia del Éxodo, nuestros intentos iniciales de cambio a menudo se encuentran con poderosas fuerzas de resistencia interna y externa. La respuesta obstinada del faraón refleja la forma en que nuestros propios faraones internos (y los sistemas familiares rígidos) actúan como una fuerza contraria a nuestros intentos incipientes de autoliberación. Cada vez que avanzamos unos pocos pasos en el viaje de la curación, con frecuencia retrocedemos uno o dos pasos cuando el ego intenta preservar su control sobre nuestras vidas manteniendo el *status quo* conocido.

Más adelante en el proceso, a medida que comenzamos a hacer cambios internos profundos, a menudo hay un tira y afloja o enfrentamiento entre el viejo yo y el nuevo yo emergente. A veces, las partes más antiguas de la resistencia propia cambian tan intensamente que tenemos que soportar un tremendo estrés o dificultad antes de encontrar la fuerza para superarlas. En el mito del Éxodo, las diez plagas simbolizan el tipo de síntomas dolorosos que pueden surgir cuando el ego se resiste obstinadamente al cambio y se niega a escuchar el anhelo del alma de ser libre. Al igual que el faraón, podemos insistir en aferrarnos a situaciones, hábitos, relaciones y patrones que han sobrevivido a su utilidad, y como resultado podemos sufrir.

Por lo tanto, no debería sorprendernos que en la terapia, los contratiempos generalmente ocurren justo después de que una persona da un paso radical hacia el cambio o después de momentos de profunda percepción. Sam, por ejemplo, se encontró con ganas de retirarse de la terapia después de la sesión que describí anteriormente, en la que obtuvo una visión de su patrón de toda la vida de complacer a otros a su costa. Esperaba con ansia nuestra próxima sesión cuando, para mi sorpresa, Sam me llamó para anunciar que había decidido tomarse un descanso de la terapia. Simplemente no vio el punto de todo. En lugar de tomarme al pie de la letra la retirada de Sam de la terapia, lo vi como una expresión de resistencia, una retirada temporal del umbral aterrador que acababa de cruzar. Traté de empatizar con lo asustado que debía estar Sam después de nuestra última sesión, en la que se hizo evidente que se enfrentaba a una confrontación entre su antiguo yo y su nuevo yo emergente. Confirmó mi interpretación cuando admitió que sabía que si continuaba profundizando en la terapia, tendría que hacer algunos cambios serios en su vida y en sus relaciones íntimas. Estos cambios le resultaban completamente aterradores. Sin embargo, después de expresar sus temores por teléfono conmigo, Sam decidió volver a la terapia y echar un vistazo más profundo a lo que era realmente tan aterrador sobre el cambio.

En nuestra siguiente sesión, hablé con Sam sobre la naturaleza del cambio interno. Utilizando el mito del Éxodo como una metáfora para el proceso de cambio, sugerí que su lealtad al papel de «complacer» era su familiar Mitzrayim. Aunque se sentía oprimido por este papel, se aferró a él porque lo mantenía a salvo. Al igual que los israelitas, que anhelaban la libertad pero a menudo expresaban su deseo de regresar a Egipto después de ser liberados, Sam anhelaba romper el papel de complacer y al mismo tiempo se aferraba a él con fuerza. Comenzar a sentir ira por el egocentrismo de su madre era verdaderamente amenazador para sus sensaciones de sí mismo y de seguridad que conocía. La verdad es que mientras se atenía a un rango estrecho de autoexpresión que le garantizaba la aprobación y aceptación de los demás, no tenía que pensar nunca en si se aprobaba a sí mismo. Nunca tuvo que enfrentar la incertidumbre de este terreno inédito y desconocido.

Sam sabía que el «falso yo» que había adoptado para sobrevivir a su infancia claramente ya no le servía. De hecho, estaba minando sus posibilidades de felicidad y éxito. Y aunque ya no habría existido ninguna amenaza real para su supervivencia si hubiera salido de su papel característico, aún se sentía preso por su propio faraón interno, la voz interna que esperaba que él siguiera la línea. Para Sam, dejar de lado el papel de «complacer» y su excesiva dependencia de la aprobación de los demás se convertiría en su propio *yetziat mitzrayim* (liberación de la restricción interna). Sin embargo, para liberarse, Sam tendría que sentirse más cómodo con sus verdaderas necesidades y sentimientos. Tendría que permitirse sentir su dolor.

Sentir y expresar nuestro dolor

Cuando nos vemos encarcelados por situaciones insanas o nos quedamos atrapados en formas de ser anticuadas, a menudo nos adormecemos ante nuestro propio dolor. Aprendemos a soportar las cosas que no debemos aceptar. Como dijo una vez el rabino Hanoch de Alexander: «El verdadero exilio de Israel en Egipto fue que aprendieron a soportarlo». Si, por ejemplo, descuidamos nuestro bienestar espiritual durante mucho tiempo, es posible que nos sintamos insensibles ante nuestra hambre espiritual. Al igual que el anoréxico que ha perdido su apetito por la comida como resultado de morirse de hambre, podemos estar tan desconectados de nuestro ser más profundo que dejamos de escuchar el grito de nuestras almas. Entonces nos adaptamos a un estilo de vida que no deja tiempo ni espacio para el cuidado de nuestras almas.

En el mito del Éxodo, la redención sólo es posible cuando los israelitas se reconectan con sus lágrimas. Tuvieron que clamar por su aflicción para que la compasión divina despertara a su situación. Esto sucedió después de la muerte del faraón, momento en el que, según Éxodo 2:23-24, «los hijos de Israel suspiraron y gritaron y sus gritos se elevaron ante Dios… y Dios escuchó sus gemidos y Dios recordó su pacto con Abraham, con Isaac y con Jacob. Y Dios vio a los hijos de Israel y Dios supo [su aflicción]».

En nuestras propias vidas, la curación generalmente se hace posible sólo cuando comenzamos a sentir y reconocer nuestro propio dolor, por eso puede parecer subjetivamente que las cosas a menudo empeoran antes de mejorar. Para Sam significaba que para curarse, primero tenía que permitirse sentir su propio dolor y rabia renegados. Tenía que estar dispuesto a enfrentar sus verdaderos sentimientos, que estaban justo debajo de la superficie de su alegre personalidad externa.

Sam comenzó a ponerse en contacto con estos sentimientos de dolor y enfado cuando los recuerdos de la infancia empezaron a surgir en la terapia. Recordó cómo, en su infancia, su madre se apartaba de él cada vez que él se enojaba con ella. De hecho, recordó varias veces en las que su madre se negó a hablar con él durante horas porque había perdido la paciencia. Estas experiencias de rechazo lo habían dejado sintiéndose insoportablemente solo y avergonzado de sus sentimientos y necesidades emocionales.

En respuesta a estos traumas, Sam aprendió que para mantenerse a salvo, debía atender las necesidades emocionales de los demás, ignorando y esencialmente negando su propia vida interior. Pero en la terapia comenzó a darse cuenta de que esta vieja estrategia, que garantizaba su supervivencia emocional en la infancia, ahora amenazaba su desarrollo como adulto. Si alguna vez fuera a encontrar su verdadero camino y pasión en la vida, tendría que dejar de lado la necesidad de la aprobación constante de los demás. Tendría que aprender a enfocarse más internamente en sí mismo y menos externamente en los demás.

El proceso de curación de Sam comenzó con una serie de muchos pequeños avances en los que progresivamente reclamó aspectos de su verdadero ser. Cada vez que identificaba y expresaba con éxito una verdadera necesidad o sentimiento, sentía que estaba saliendo lenta pero seguramente de sus mitzrayim autoimpuestos. Al principio, fue capaz de hacer esto sólo dentro de la seguridad de la relación de terapia. Sin embargo, con el tiempo, comenzó a asumir riesgos al decir su verdad a sus familiares y amigos. Comenzó con pequeñas afirmaciones de preferencia personal, en lugar de siempre someterse a los demás, y con el tiempo reunió el valor para expresar necesidades y sentimientos importantes, incluso cuando estaban en conflicto con los de los demás. Al aprender a decir su verdad, Sam se puso en contacto con su yo esencial y finalmente pudo encontrar su vocación como organizador de la comunidad y defensor del cambio social en el mundo sin fines de lucro. Al aprender a expresar sus verdaderas necesidades y sentimientos, Sam también pudo convertirse en un portavoz de las necesidades y los sentimientos de los demás.

La expresividad emocional como redentora

Al igual que la curación de Sam estaba conectada a la auténtica expresividad emocional, cuando expresamos en palabras los sentimientos no dichos anteriormente, sentimos generalmente una tremenda sensación de liberación y alivio. Expresar con precisión un sentimiento nos libera del control inconsciente que el sentimiento pudo haber tenido sobre nosotros. Esto, a su vez, nos libera para realizar nuestro potencial innato y alinear nuestras vidas externas con nuestra verdad más íntima.

En la cábala, la redención se asocia frecuentemente con el poder de la oratoria o la expresividad verbal, mientras que el exilio se caracteriza por la dificultad para expresarse. En el exilio nos desconectamos tanto de nuestro ser interior que somos incapaces de expresar nuestro ser esencial. Mientras Israel estaba en el exilio en Mitzrayim, dice el Zohar, «el habla [dibbur] estaba en el exilio».[64] Como esclavos, los israelitas no podían escuchar la palabra de Dios, ni eran libres de expresarse. Como nadie escucha su dolor, los esclavos esencialmente no tienen voz.

Irónicamente, el hombre que liberaría a los israelitas de su estado mudo sufrió su propio impedimento para hablar. Al tratar de disuadir a Dios de enviarlo a él, de entre todas las personas, para redimir a los israelitas, Moisés le recuerda a Dios que tartamudea. En Éxodo 4:10, dice: «Oh, mi Señor, no soy un hombre elocuente, ni ayer ni el día anterior, ni tampoco desde que hablaste a tu siervo: pero soy lento (pesado) de hablar y lento (pesado) de lengua». En el *Sefat Emet*, en su comentario sobre la Torá, el rabino Yehudah Aryeh Leib de Ger sugiere que la dificultad de Moisés con las palabras no es tanto un impedimento del habla literal como un bloqueo profético. Los canales proféticos de Moisés están bloqueados por la falta de entusiasmo de la gente para escuchar lo que podría tener que decir. En su estado oprimido, simplemente están demasiado distraídos para escuchar el mensaje divino que Moisés buscaba transmitir.

Sin embargo, a través del Éxodo, el poder del habla, el dibbur, se libera del exilio. Del mismo modo, los israelitas encuentran su voz cuando son liberados, y en las orillas del mar Rojo se abren en cantos

---

64. Zohar (Parashat Va'era), Éxodo 4.

extáticos y alabanzas a lo divino. Moisés también encuentra su voz cuando se convierte en un canal para las palabras del Dios vivo en el monte Sinaí. Haciendo eco de las diez expresiones divinas con las que se habló al mundo, los Diez Mandamientos, o *asseret hadibrot*, devuelven a la creación el poder creativo original de la palabra divina. Como se dice en el Salmo 33: «Con la palabra de Dios se crearon los cielos». Es interesante observar que la palabra hebrea para hablar, *dibbur*, tiene la misma raíz (*dálet-bet-resh*) que la palabra para desierto, o *midbar*. En el silencio del midbar del Sinaí, se oye el dibbur divino, un hecho que sugiere que el discurso auténtico es lo que fluye desde su fuente en silencio.

La conexión espiritual entre la redención y la expresividad verbal también se insinúa en el nombre hebreo para la Pascua judía, *Pésaj*, que según los maestros jasídicos puede entenderse como un juego de las palabras hebreas *peh* y *sach*, que significa «la boca habla». En la Pésaj somos libres, tanto interna como externamente, de expresar plenamente los anhelos más íntimos de nuestra alma y las canciones de nuestro corazón. La Hagadá de Pésaj, que relata la historia del Éxodo, nos alienta a contar la historia de nuestra liberación con la mayor elaboración posible: la misma palabra *Hagadá*, que significa «el relato», sugiere que en la noche de la Pésaj, cuando celebramos nuestra liberación, debemos convertirnos en el narrador de nuestra experiencia y ser capaces de contar nuestra historia como un texto *sagrado*.

De acuerdo con esta comprensión del mito del Éxodo, la verdadera libertad interior implica la libertad de autoexpresión, la capacidad de revelar nuestra verdad más profunda, ya que es a través del acto de la pronunciación como atravesamos las paredes que nos separan de nosotros mismos y de los demás.

Del *impasse* al avance

Los avances dramáticos, como el que se describe en el mito del Éxodo, se parecen mucho a las etapas finales de un nacimiento. A medida que las contracciones se hacen más y más fuertes y progresivamente más frecuentes, su energía e intensidad aumentan hacia un clímax. Para cualquiera que haya experimentado o presenciado las etapas finales de un parto, el poder de este proceso natural es a la vez aterrador e inspirador. Para la madre, el agotamiento y la euforia se combinan para crear una poderosa sensación de inevitabilidad. Pero para el bebé, justo antes del momento en que el cuello uterino se dilata completamente, hay una experiencia de total *impasse*. Al describir la experiencia del feto en este momento, el Dr. Stanislav Grof, psiquiatra e investigador en psicología transpersonal, escribe: «Las contracciones uterinas invaden al feto y causan su constricción total. En esta etapa, el cuello uterino todavía está cerrado y aún no está disponible la salida… parece que no hay salida ni en el espacio ni en el tiempo».[65]

En el mito del Éxodo, esta etapa del *alumbramiento* (juego de palabras intencionado) del Mitzrayim se refleja en el drama ocurrido a orillas del mar Rojo. Con los egipcios persiguiéndolos y el mar frente a ellos, los israelitas se enfrentan a un *impasse*. Avanzar parece literalmente imposible, mientras que regresar a Egipto seguramente significaría la muerte.

En nuestras propias vidas, estos momentos de *impasse* ocurren cuando sabemos con certeza que ya no podemos volver a una situación anterior, pero no tenemos ni idea de cómo avanzar. En esos momentos, la leyenda bíblica nos enseña a no rendirnos a la desesperación o al miedo. En cambio, simplemente debemos avanzar con fe y coraje. Según el midrash, una persona valiente de la tribu de Judá, Nachshon ben Aminadav, tuvo el coraje de lanzarse a lo desconocido.[66] Siguiendo sus pasos, los israelitas entraron en el mar, pero sólo cuando las aguas llegaron hasta sus fosas nasales, según una versión de la leyenda, el mar se dividió y se abrieron paso a la seguridad en la orilla opuesta. En su propio estilo único metafórico, el midrash sugiere que los milagros suceden, pero a menudo no hasta que nos estiramos más allá de nuestros límites más externos. A veces el mar no se aleja hasta que enfrentamos la posibilidad de nuestra propia aniquilación.

---

65. Stanislav Grof, Realms of the Human Unconscious (Nueva York: E.P. Dutton, 1976), pág. 49.
66. Talmud de Babilonia, Sota 37a.

Al igual que el Éxodo y la división del mar, los momentos de avance emocional y espiritual son habitualmente mágicos y milagrosos. Cuando encontramos el coraje para sumergirnos en lo desconocido a pesar de todos nuestros temores e inhibiciones internos, generalmente encontramos que somos capaces de superar todos los obstáculos internos y externos que antes considerábamos insuperables. La ayuda puede aparecer casualmente de personas y lugares que nunca hubiéramos adivinado. Como lo sugieren las Escrituras, podemos sentir que estamos siendo llevados «en alas de águilas» (Éxodo 19:4), ayudados, por así decirlo, por la gracia divina. Cuando superamos nuestro miedo e inercia y corremos un gran riesgo, se liberan dentro de nosotros tremendos poderes del alma que nos llevan adelante en nuestros viajes. He visto esto una y otra vez en mi propia vida y en la de mis clientes. Sólo tenemos que dar esos primeros pasos hacia el abismo antes de que nuestro camino se vuelva claro y desaparezcan los obstáculos que se interponen en él.

El poder curativo de la imaginación

Pero ¿cómo encontramos el coraje para dar esos primeros pasos que romperán el *impasse*? Se puede encontrar una respuesta a esta pregunta en el siguiente midrash, que sugiere que antes de poder dar sus primeros pasos en el agua, los israelitas tenían que poder imaginar y visualizar proféticamente cómo se separarían las aguas del mar Rojo ante ellos. Como sugiere el *Midrash Mechilta*, éste es el poder que Moisés les impartió en las orillas del mar Rojo cuando dijo: «"Manteneos firmes y seréis testigos de [veréis] la salvación de Dios" (Éxodo 14:13). Ellos [los israelitas] le dijeron: "¿Cuándo [veremos]?" Él contestó: "Hoy Él [Dios] os dará el espíritu santo de la profecía". Dondequiera que veamos la palabra *yetzivah* [permanecer firme] en las escrituras, implica siempre el espíritu santo de la profecía».[67]

_____

67. Midrash Mechilta, Beshalach 2. La palabra que Moisés usa para «permanecer quieto», hityatzvu, es el mismo verbo usado por la Torá para describir la actitud silenciosa de los israelitas al pie del monte Sinaí justo antes de que recibieran la revelación divina. «Y permanecieron quietos [Va'yityatzvu] en la parte inferior de la montaña» (Éxodo 19:17). Una

De acuerdo con este midrash, la expresión hebrea usada por Moisés, *hityatzvu*, o quédate quieto, sugiere el poder de la imaginación profética. A orillas del mar Rojo, Moisés les dio a los israelitas el poder de ver proféticamente su futuro, el poder de imaginar lo posible. Y al concederles esta visión, los inspiró a actuar, y en última instancia, fue su acción la que produjo el milagro. La lección está clara: la gracia divina está disponible para nosotros, pero sólo después de que actuemos y hagamos nuestra parte.

Cuando trabajo con personas que se sienten paralizadas por los obstáculos aparentemente insuperables a los que se enfrentan, normalmente les pido que se coloquen en el contexto del mito del Éxodo y que se visualicen como si estuvieran de pie a orillas del mar Rojo. Luego les pido que se imaginen lo que sucedería si se lanzaran a lo desconocido en sus propias vidas. ¿Cómo podría abrirse su camino si las aguas se separaran para ellos, por así decirlo?

Este tipo de proceso imaginativo fue útil para Joan cuando se enfrentaba a un gran estancamiento personal. En un mes, Joan se dio cuenta de que estaba enfrentando tres enormes transiciones de vida. Primero, se le notificó en el trabajo que su labor terminaría pronto. Después, el que era su pareja desde hacía veinte años anunció que la dejaría por otra mujer. Como si estos dos cambios no fueran suficientes, Joan también tendría que lidiar con los desafíos prácticos de encontrar una nueva casa, ya que la casa en la que ella y su esposo habían vivido tendría que venderse para dividir sus bienes. Todo en la vida de Joan terminaba de pronto. Comprensiblemente, se sentía abrumada y paralizada, pero Joan no tuvo el lujo de sufrir una parálisis. A pesar de que normalmente era cautelosa y lenta para decidirse, tendría que actuar con valentía y rapidez y asumir algunos riesgos no característicos si quería sobrevivir a la terrible experiencia.

La situación de Joan me recordó el momento en que los antiguos israelitas se encontraban a orillas del mar Rojo y se dieron cuenta de que nunca podrían volver a ver cómo eran las cosas. Cuando hice esta comparación mítica, Joan descubrió que las imágenes bíblicas habla-

---

variante del mismo verbo se usa para señalar una visión profética en varios lugares más en las escrituras.

ban directamente de su dilema actual. El miedo de los israelitas a ahogarse era una metáfora perfecta de cómo se sentía ella. Al haber estado acompañada la mayor parte de su vida adulta, Joan temía que no pudiera sobrevivir sola. Las aguas que amenazaban con abrumarla fueron las muchas incógnitas que tuvo que enfrentar.

Usando la leyenda sobre Nachshon y cómo el mar se dividió sólo después de que él corriera el riesgo de entrar en el abismo, animé a Joan a fantasear con los milagros que le podrían suceder si ella enfrentara con valentía las muchas incógnitas de su vida en lugar de retirarse atemorizada. Le pedí a Joan que cerrara los ojos e intentara imaginar cómo sería su vida si las aguas se separasen ante ella. Le sugerí que proyectara su vida seis meses en el futuro y tratara de imaginársela como quería que fuera. Durante este ejercicio, Joan se puso en contacto con una imagen de sí misma viviendo en una casita pequeña y tranquila, y trabajando desde su casa. Se imaginó a sí misma como relajada y competente, sin miedo de estar sola y financieramente autosuficiente.

La visión de Joan demostró ser algo profética porque poco tiempo después de la sesión de terapia, Joan encontró una situación de vida perfecta en la que tendría el espacio para comenzar el tipo de negocio en casa que había soñado. La forma en que encontró su nuevo hogar fue un milagro en sí mismo, ya que el mercado de la vivienda era especialmente difícil donde vivía. Encontrar casa pareció un acto de gracia divina.

En los siguientes meses Joan tuvo que dar muchos, muchos pasos hacia el abismo. Sin embargo, cada vez que lo hacía, las aguas seguían separándose ante ella. Las cosas no fueron fáciles. Sin la seguridad de un cheque mensual y los beneficios, Joan tuvo que trabajar persistentemente para mantener la fe y creer en sí misma. Al igual que los antiguos israelitas, que a veces deseaban poder regresar a Egipto, Joan ocasionalmente lamentaba haber elegido el camino menos seguro. Pero al perseverar y continuar corriendo el riesgo de aventurarse en lo desconocido, Joan logró sobrevivir por sí misma después de varios meses.

Al mirar hacia atrás en nuestro trabajo juntas, Joan reconoció que al ubicar su drama personal en el contexto del antiguo mito, pudo encontrar energía adicional y valor para perseverar. Usando el mito del Éxodo como guía en el camino de su transformación, Joan pudo dar a luz a muchas nuevas y poderosas dimensiones de su ser.

Ejercicio

Salir de tu Mitzrayim personal

Cada uno de nosotros debe romper continuamente nuestro mitzrayim, nuestro sentido de limitación personal y constricción, para crecer en la plenitud de nuestro ser. Para hacer esto, primero debemos ser capaces de identificar las formas en que estamos limitados o restringidos. Así que tómate un momento para reflexionar sobre las formas en que puedes sentirte atrapado en tu vida, ya sea por una situación externa poco saludable o por una actitud interna rígida. ¿De qué manera te sientes esclavizado a una vida o a valores que no representan verdaderamente tu esencia interior? ¿Has cambiado tu libertad personal por seguridad? ¿Estás atrapado entre una roca y un lugar difícil, temeroso de seguir adelante e incómodo donde estás en este momento?

Ahora, mientras te relajas y cierras los ojos, trata de abrirte a una imagen de libertad, movimiento y liberación de ese vínculo. Imagínate liberado, como podrías estar en algún momento en el futuro. Mírate a ti mismo como libre para pasar a lo nuevo, libre de los viejos patrones atascados que te mantienen como rehén. Sé testigo de tu propio ser. Es posible que desees escribir sobre las imágenes que surgieron durante este ejercicio en un diario o compartirlas con un amigo o un ser querido.

6

TESHUVÁ

Regresar al yo y al espíritu

Grande es el arrepentimiento porque trae la sanación al mundo…
Grande es el arrepentimiento porque trae la redención al mundo.

—El Talmud, Yoma 86a

Todo está lleno de riqueza, todo aspira a ascender y purificarse.
Todo canta, celebra, sirve, desarrolla, evoluciona, eleva, aspira a
estar dispuesto en la unicidad.

—Abraham Isaac Kook

En el popular libro infantil *El mago de Oz*, Dorothy, una joven que está enferma, tiene un poderoso sueño de sanación en el que un enorme tornado la lleva lejos de su hogar en Kansas. A lo largo del sueño, ella desea volver a casa, pero antes de que pueda encontrar el camino de regreso, debe viajar a la tierra de Oz. El viaje de Dorothy a Oz, acompañada por sus tres compañeros, el hombre de hojalata, el espantapájaros y el león cobarde, se convierte en una búsqueda mítica de la completitud y la sanación, en la que los cuatro protagonistas buscan adquirir el rasgo de carácter que cada uno de ellos necesita para estar completo. El hombre de hojalata busca un corazón; el espantapájaros, un cerebro; y el león cobarde, coraje. Aunque no es consciente de ello cuando comienza su viaje, Dorothy necesita encontrar su propia fuente de poder interior. Ya sea que el autor de las leyendas de Oz se diera cuenta o no, la palabra hebrea *oz* implica «fuerza». El viaje de Dorothy a Oz es, de hecho, un intento de recuperar su poder y fuerza interior. Dorothy puede recuperar su propia fuerza interior y encontrar el camino a casa solamente cuando se enfrenta a sus miedos más profundos y recupera el poder que ha proyectado sobre otros poderosos, como el mago de Oz y la malvada bruja del oeste. Y a medida que Dorothy y sus compañeros superan valientemente los numerosos obstáculos que encuentran en su camino, descubren que, de hecho, ya tienen en su interior el poder o rasgo que creían que les faltaba.

La búsqueda espiritual de la completitud se parece mucho al viaje mítico a Oz. Cuando empezamos a despertar, nos damos cuenta de lo lejos que estamos de nuestro hogar o de nuestro verdadero ser. Anhelamos regresar, pero no sabemos el camino de regreso. Podemos comenzar nuestro viaje siguiendo un camino espiritual (el camino de las baldosas amarillas) o buscando un maestro/rebe/gurú (el Mago). En el camino podemos encontrarnos con compañeros buscadores. Pero al final, como Dorothy y sus compañeros, nos damos cuenta de que la fuerza que buscamos fuera de nosotros ya existe dentro de nosotros. Sólo necesitamos volvernos hacia dentro para descubrir nuestro coraje, corazón y sabiduría. Al enfocar nuestro kavannah, o intención espiritual, en nuestro profundo anhelo de regresar («no hay lugar como el hogar»), encontramos nuestro camino a casa.

En las enseñanzas judías, el camino hacia el hogar de nuestra verdadera naturaleza se llama teshuvá. Aunque típicamente se traduce como arrepentimiento, la *teshuvá* en realidad proviene de la raíz hebrea *shav*, regresar. La implicación es que todos tenemos dentro de nosotros un punto de referencia para la completitud al que podemos regresar, una esencia espiritual codificada dentro de nuestras almas que nos permite recordar quiénes somos realmente. La teshuvá no es algo que uno hace de una vez por todas; más bien, es un viaje para toda la vida, un viaje de regreso a la casa espiritual.

La leyenda judía enseña que antes de que Dios creara este universo de multiplicidad, creó la teshuvá, como una fuerza sanadora incrustada en toda la creación que devuelve todas las cosas a su fuente de unicidad infinita. Sin teshuvá, como enseñaban los rabinos, el mundo no podría haber sobrevivido. A través de la teshuvá, cada uno de nosotros, en nuestra singularidad y separación, nos recordamos a nosotros mismos como parte de la gran unidad de la cual emergió toda la vida. Y a través de la teshuvá, todos los niveles de existencia, hasta los procesos celulares más básicos, se curan y restauran continuamente a su forma original y perfecta. Al haber sido creada antes de todas las cosas, la teshuvá existe en un reino que va más allá del funcionamiento del tiempo lineal.[68]

Los místicos judíos de épocas pasadas escribieron extensamente sobre la teshuvá; entendieron que tenía implicaciones místicas, éticas, sociales, biológicas, alquímicas y psicológicas. La teshuvá, este deseo innato de completitud, perfección y unidad, se encuentra en el corazón de toda sanación judía. En los siguientes capítulos, exploraremos las diferentes dimensiones de la teshuvá, comenzando en este capítulo con cómo el alma se despierta a la teshuvá.

Despertar el alma

El misticismo judío enseña que no importa lo enfermos o desconectados espiritualmente que nos hayamos vuelto, porque dentro de cada uno de nosotros hay una parte que siempre permanece pura e inmaculada y nos llamará a nuestro centro. Este aspecto del yo, conocido como *neshama*, o alma, es nuestra conexión directa con lo divino. Cuando nos sintonizamos con su vocación, la neshama nos brinda la guía exacta que necesitamos para la evolución de nuestra alma.

Cuando nos embarcamos en el viaje de la curación, el desafío es despertar el poder curativo interno de la neshama. Las prácticas espirituales, como la oración, la meditación y el trabajo con los sueños, son formas en las que podemos comenzar a acceder a la guía del alma. El contacto con un ser realizado, o tzaddik, también puede proporcionar un medio para despertar el alma y activar un proceso de teshuvá. Recuerdo que lloraba a menudo cuando pasé un tiempo en presencia de mi maestro, el rabino Shlomo Carlebach, que su memoria sea una ben-

---

68. «Grande es el arrepentimiento porque precedió a la creación del mundo». Midrash Bereishit Raba 1:8.

dición. Sus sagradas enseñanzas y canciones de anhelo fueron como una poderosa llamada de atención, despertando el anhelo de mi alma de regresar a su fuente.

En la literatura jasídica hay innumerables historias de *tzadikim* que tuvieron el poder de despertar espiritualmente y sanar incluso a las personas más ignorantes y malvadas. El reb Zusha de Hannopil, por ejemplo, tenía un don particular para esta forma de curación, así como una forma inusual de clarividencia. Aunque podía ver la vida entera de una persona escrita en la frente de la persona, había sido bendecido por su maestro, el Maguid de Mezeritch, para ver sólo lo bueno en los demás. Incluso si fuera testigo de una transgresión obvia, encontraría la chispa de bondad en el transgresor. Lo más extraño de todo es que cuando se daba cuenta de las faltas o defectos de una persona, los experimentaba como si fueran suyos.

En un relato, el reb Zusha pasaba la noche en una posada cuyo dueño había sido pecador durante muchos años, hecho que el reb Zusha había leído en la frente del posadero mientras se registraba. Más tarde esa noche, solo en su habitación, el reb Zusha comenzó a experimentar indirectamente el pasado del posadero como si fuera suyo. Mientras oraba, gritó: «Zusha, Zusha, hombre malvado. ¿Qué has hecho? No hay pecado que no te haya tentado ni crimen que no hayas cometido, Zusha, necio, pecador, ¿cuál será tu fin?». Luego comenzó a enumerar y confesar los pecados del posadero, dando tiempo y espacio a todos los detalles, como si fueran suyos. Mientras sollozaba en voz alta con profundo arrepentimiento, el posadero, que había escuchado las locas peroratas de Zusha a través de la puerta, comenzó a despertarse y a arrepentirse en silencio. Como lo contó un narrador, al compartir los pecados del posadero, Zusha también pudo compartir la luz de su propia alma sagrada con él.[69]

Difuminar intencionadamente los límites entre el yo y el otro para poder sanar es un método utilizado con frecuencia por los místicos judíos. Aunque claramente desafía una cierta lógica clínica, recuerda que el tzaddik no está operando en el nivel del ego y la personalidad. Más bien, el tzadik cura a través de su capacidad para aprovechar los poderes

---

69. Véase Buber, The Early Masters, pág. 241.

curativos del *yichud* (unificación) y el *ahavah* (amor). Al unificar su propio ser y entrar en un estado de unidad mística, el tzadik puede entonces unir su alma con el alma de la persona que está tratando de curar, y al hacerlo, es capaz de curar y despertar a la persona. El tzadik induce la curación a través de su capacidad para ver la santidad y la divinidad latentes de cada persona —el Yo eterno de la persona— incluso cuando la persona todavía no puede verlas en sí misma. El tzadik, en efecto, ve la raíz del alma de cada persona a través de los ojos de Dios.

En la cábala, este tipo de sanación del alma se basa en la capacidad del tzadik para ver la raíz del alma de una persona tal como existe dentro del alma cósmica de Adam Kadmon. Según la leyenda judía, Adam Kadmon era un ser de luz cuya esencia se extendía de un extremo de la tierra al otro, y cuya alma contenía todas las almas particulares, tanto de hombres como de mujeres, que estaban destinadas a emerger de la unicidad primordial. Cuando el tzadik se dirige a la raíz del alma de una persona, percibe cómo existe el alma de esa persona en el pensamiento primitivo de Adam Kadmon, como el ser puro que fue creado para ser.

La santa visión del tzaddik tiene el poder de volver a conectar a la persona individual con su papel en el esquema cósmico de las cosas. El reb Zalman Schachter-Shalomi hace hincapié en ese papel cuando cita estas palabras del famoso autor israelí S. Y. Agnon: «Una persona tiene tres seres. El primer ser es la forma en que una persona se percibe a sí misma, el segundo es la forma en que una persona es vista por los demás, y el tercer ser es anterior al primero y es el ser por el cual Él lo creó. Si una persona es digna y no daña el ser que su Creador le hizo, entonces ese ser oprime a los otros dos, y así incluso su sombra inspira gracia y belleza».[70] De manera similar, Schachter-Shalomi también cita estas palabras de Goethe: «Si tomamos a las personas como son, las empeoramos. Si los tratamos como si fueran lo que deberían ser, les ayudamos a convertirse en lo que son capaces de llegar a ser».

Muchos de nosotros crecimos sintiéndonos profundamente invisibles de quienes en realidad somos. Nuestros padres, maestros y amigos no sólo no reflejaron nuestro verdadero ser, sino que a menudo acepta-

---

70. Zalman M. Schachter-Shalomi, *Spiritual Intimacy: A Study of Counseling in Hasidism* (Northvale, Nueva Jersey: Jason Aronson, 1996), pág.178.

mos como válidas las imágenes falsas y destructivas que proyectaron sobre nosotros. Llegamos a vernos a través de la visión distorsionada de los demás. Es un regalo increíble encontrar un maestro o sanador que pueda afirmar nuestro verdadero ser y reflejarnos lo hermosos y asombrosos que somos en realidad. Pero en ausencia de tal reflejo, a veces una práctica meditativa puede ofrecer una experiencia de curación similar. Una de las meditaciones de sanación simples que les enseño a las personas es verse a sí mismos a través de los ojos de Dios. Esta práctica puede ser un medio poderoso para salir de las percepciones distorsionadas y limitadas que tenemos de nosotros mismos.[71]

La verdad es que dentro de cada uno de nosotros, hay un tzaddik oculto y un guía interior. En ausencia de un maestro espiritual externo, la neshama tiene el poder de despertarnos y guiarnos. Incluso cuando estamos completamente separados de la dimensión psicoespiritual de nuestro ser, la neshama —esa parte de nosotros que ya está completa— tiene una manera de provocar situaciones que nos ayudarán a despertar y *re-membrar*, o volver a poner juntas las piezas de nosotros mismos. La neshama está perennemente en un estado de teshuvá en el sentido de que nunca está separada de su fuente. Solamente tenemos que sintonizarnos con su llamada.

Esta *re-membranza* puede ocurrir a través de una imagen que recibimos en un sueño. Por ejemplo, un sentimiento o parte de nosotros mismos que evitamos tratar en la fase de vigilia puede aparecer en un sueño como un personaje amenazador o hambriento que exige nuestra atención. Jon, un cliente mío que estaba desconectado de su profunda tristeza, soñaba repetidamente con niños que, para su consternación, lloraban desconsolados. Con el tiempo, mientras trabajábamos con sus sueños, las imágenes empezaron a cambiar. Aunque a menudo todavía estaban muy tristes, los niños en los sueños de Jon ahora estaban dispuestos a recibir consuelo y, a veces, regalos de él. Finalmente, a través del trabajo con los personajes de sus sueños, Jon pudo reconectarse con su propio dolor de la infancia.

71. Citado en V. E. Frankl, *The Doctor and the Soul: From Psychotherapy to Logotherapy* (Nueva York: Vintage Books, 1986), pág. 105.

Trabajar de manera integradora con nuestros sueños nos permite ser más conscientes de quiénes somos y de quiénes podemos llegar a ser. Por lo tanto, cuando les prestamos atención, los sueños cumplen una importante función de curación. Curiosamente, la palabra hebrea para el sueño, *chalom*, comparte la misma raíz hebrea que la palabra *chalim*, que implica curación y está estrechamente relacionada con la palabra para la enfermedad (*machalah*). A veces podemos curar (*machalim*) las enfermedades del alma (*machalot*) a través de nuestros sueños (*chalomot*).

Hay infinidad de ejemplos de las innumerables formas en las que la neshama nos ayuda a ser plenamente conscientes de todo nuestro ser. Al igual que la voz que se dice que emana continuamente del monte Sinaí, que llama a la humanidad a despertar, la neshama es un manantial perenne, que fluye exactamente con el alimento que necesitamos. Cuando nos sintonizamos con nuestra neshama, nos involucramos en la práctica continua y sagrada de la teshuvá, o regreso. Depende de nosotros escuchar sus mensajes, por más sutiles que puedan ser.

A veces, las enfermedades físicas u otros síntomas angustiantes o crisis de la vida se convierten en el desencadenante para «re-membrar» y expandir nuestro sentido del yo. Un hombre al que aconsejé que había desarrollado un caso grave y prolongado de laringitis se puso en contacto con el hecho de que, durante años, se había abstenido de expresar sus sentimientos más profundos. La enfermedad sirvió como una llamada de atención para comenzar a expresar su auténtico yo. Para los judíos religiosos, siempre se entiende que la curación física está relacionada con el trabajo de realineamiento espiritual, o teshuvá. El judaísmo afirma que nuestros cuerpos y almas están profundamente conectados y que no podemos tratar adecuadamente ninguna enfermedad sin abordar también los asuntos del espíritu. A veces, el papel de la teshuvá en la curación se entiende como literal. De acuerdo con este entendimiento, al realinearnos espiritualmente podemos efectuar la curación física real.[72] Pero con mayor frecuencia, y más a propósito de

---

72. «Grande es el arrepentimiento porque trae la sanación al mundo» (Talmud de Babilonia, Yoma 86:9). «La teshuvá es para el pecador como la medicina para la enfermedad» (Midrash Tachkemoni 44:24).

esta discusión, se entiende que la teshuvá produce la curación espiritual. Cada vez que nos dirigimos hacia el infinito y experimentamos nuestra verdadera esencia, nos sanamos inmediatamente en el sentido espiritual, ya sea que nuestros síntomas físicos persistan o no.

No sólo la enfermedad física, sino también otros acontecimientos incontrolables en nuestras vidas pueden conspirar, como por divina serendipia, para que volvamos a estar en contacto con todo nuestro ser. A veces, un extraño involuntario puede transmitirnos un importante mensaje espiritual a través de algo mundano que la enfermedad quiere comunicar, o un suceso inesperado puede despertar recuerdos olvidados. Un día, en un paseo por su vecindario, un cliente mío fue atacado por un pitbull sin ninguna razón aparente. La poderosa rabia que sintió después del ataque lo ayudó a ponerse en contacto con un recuerdo reprimido y traumático de la infancia de haber sido atacado por un grupo de niños mayores mientras caminaba a casa desde la escuela. La rabia que sintió hacia el perro que lo atacó lo ayudó a conectarse con sentimientos a los que anteriormente no podía acceder en la terapia. Incidentes como éste sugieren que cuando estamos abiertos a la corriente, nuestras vidas internas y externas operan casi al unísono para despertarnos y restaurarnos a nuestro *sheleimut*, o seres completos.

Susurros y ecos divinos

Los maestros jasídicos estaban tan en sintonía con la voz de lo divino que a menudo podían escuchar cómo les hablaba a través de los encuentros diarios cotidianos. Una vez el rabino Levi Yitzhak de Berditchev fue visitado por un pobre zapatero que iba de puerta en puerta ofreciéndose a arreglar los zapatos de la gente. Con la esperanza de obtener algo de trabajo del rebe, el zapatero llamó a la puerta de Levi Yitzhak. Cuando el rebe lo saludó con una sonrisa, le preguntó: «Querido rebe, ¿no tendrás algo que necesite ser arreglado?». Al escuchar esto, Levi Yitzjak comenzó a llorar. Luego se volvió hacia su esposa y comentó: «¿Ves?, ¡incluso el zapatero dice que necesito arreglarme!».

De manera similar, el maestro jasídico de principios del siglo XIX conocido como el Yid Ha'Kadosh (santo judío) de Pzhysha caminaba una vez por el campo con sus discípulos cuando se topó con un campesino polaco cuyo carro de heno había volcado. Cuando el campesino le pidió que le ayudara a ponerlo derecho, el Yid Ha'Kadosh y sus discípulos lo intentaron varias veces, pero no lograron volverlo a poner sobre sus ruedas. El rebe le dijo al campesino: «Lo siento, pero no puedo hacerlo». A esto, el campesino respondió: «Puedes, de acuerdo, ¡pero no quieres hacerlo!». Al escuchar la reprimenda del campesino como un mensaje del más allá, el Yid Ha'Kadosh se dirigió a sus discípulos y dijo: «¿Veis?, podríamos levantar las chispas caídas de la luz divina, la Shejiná, y traer al Mesías, pero no queremos». [73]

Ya que el segundo templo de Jerusalén fue destruido y la era profética se terminó, el *bat-kol*, o eco divino, ha venido a reemplazar a la profecía. No todo lo que se nos dice o que sucede a nuestro alrededor es necesariamente un mensaje del más allá, ni todos nuestros sueños son reveladores, pero a veces el universo (o Dios) nos habla de las formas más extrañas, de modo que nuestro mundo interior se refleja de forma sincrónica en los acontecimientos externos de nuestras vidas. El siguiente relato, que he escuchado de varias fuentes diferentes, proporciona un buen ejemplo. Esta versión del cuento está basada en *El camino del hombre*, de Martin Buber.

EL TESORO QUE HAY DENTRO DE NOSOTROS

Había una vez un pobre judío que vivía en Cracovia llamado rabino Eisik, hijo del rabino Yekel. Después de muchos años de gran pobreza, el rabino Eisik tuvo un sueño en el que se le dijo que fuera a Praga y cavara bajo el puente que conduce al palacio del rey. Allí, le dijeron, encontraría un gran tesoro. Al principio, ignoró el sueño, pensando que era un simple cumplimiento de deseo, pero después de que el sueño se repitiera por tercera vez, el rabino Eisik partió para Praga.

Cuando llegó al palacio, descubrió que el puente que había en la entrada estaba fuertemente vigilado tanto de día como

---

73. Martin Buber, Tales of the Hasidim, vol. 2, The Later Masters, trad. Olga Marx (Nueva York: Shocken Books, 1947), pág. 228.

de noche. Como tenía miedo de comenzar a cavar frente a los guardias, el rabino Eisek simplemente esperó y observó. El capitán de los guardias, que lo había visto, finalmente le preguntó qué estaba haciendo allí, y entonces el rabino Eisik le contó su sueño. En respuesta, el guardia se echó a reír y dijo: «¡Y por complacer al sueño, pobre hombre, has gastado tus zapatos para venir aquí! En cuanto a tener fe en los sueños, si la tuviera, tendría que haberme puesto en camino cuando un sueño me dijo una vez que fuera a Cracovia y buscara un tesoro debajo del fogón de la habitación de un judío, Eisik, hijo de Yekel, ¡ése era el nombre! ¡Eisik hijo de Yekel! Puedo imaginarme cómo sería, cómo debería tener que probar en todas las casas de allí, donde la mitad de los judíos se llaman Eisik y la otra mitad Yekel».

Cuando el rabino Eisik escuchó esto, se dio la vuelta, fue a su casa y cavó debajo de su propio fogón, y allí encontró el tesoro que siempre había estado esperando.[74]

Cuál era el tesoro o cómo llegó allí no está claro en la historia. Sin embargo, según la versión de la historia de Martin Buber, el rabino Simha Bunam de Pzhysha solía contárselo a todos aquellos estudiantes que acudían a él, para alentarlos a mirar dentro de sí mismos en lugar de buscar la verdad fuera de ellos.

La primera vez que leí este cuento jasídico yo tenía dieciséis años, cuando me embarqué en mi viaje hacia la espiritualidad judía. Mientras medito sobre el cuento ahora, después de más de tres décadas de búsqueda, escucho que me dice una vez más que, en última instancia, todos los caminos nos llevan de regreso a casa. Todos tenemos tesoros secretos enterrados profundamente dentro de nuestros corazones y almas, aunque a veces tenemos que vagar por todas partes para descubrir estos tesoros interiores. Con demasiada frecuencia, pensamos que el verdadero tesoro está escondido en algún lugar lejano, y tenemos tanta

---

74. Martin Buber, The Way of Man: According to the Teaching of Hasidism (Nueva York: The Citadel Press, 1966), págs. 36-41. Este relato, conocido como «El tesoro», se atribuye al reb Simha Bunam de Pzyhsha, de quien se dijo que se lo había contado a todos los que acudieron a él para alentarlos a buscar la verdad dentro de sí mismos en lugar de fuera. (El camino del hombre: conforme a las enseñanzas del jasidismo, José J. de Olañeta, 2014).

prisa por alejarnos del lugar donde estamos que perdemos el camino. La verdad es que donde sea que estemos en nuestras vidas, en cualquier situación en que nos encontremos, ese lugar es donde debemos cavar. Porque lo divino se puede encontrar en cada momento y en cada situación: lo alegre y lo triste, lo afortunado y lo aparentemente desafortunado, lo esperado y lo inesperado. Si dejamos de huir de nosotros mismos tratando de no ser quienes realmente somos, descubriremos que en todas nuestras fortalezas y en todas nuestras debilidades, en nuestra luz y en nuestra oscuridad, en nuestros dones y en nuestro ser más herido, allí, en el lugar donde estamos, están los únicos tesoros que se pueden encontrar.

Teshuvá, el viaje curativo del regreso, consiste en descubrir estos mismos tesoros, los que están enterrados dentro de cada uno de nosotros.

Meditación hitbodedut

Santa soledad

El rabino Najman de Breslav aconsejaba a sus discípulos que buscaran tiempo cada día para la práctica de la «hitbodedut», soledad sagrada, una práctica meditativa que implica hablar con Dios usando nuestras propias palabras.[75] El rabino Najman enseñaba que al derramar nuestros corazones ante Dios y expresar todo el dolor y el anhelo que sentimos, comenzamos a desarrollar una profunda intimidad con Él. Recomendaba practicar hitbodedut por la noche, lejos del ruido y de la actividad humana. Si sales por la noche a algunos parques de Jerusalén, a menudo escuchas al jasídico de Breslav gritarle a Dios con toda la fuerza de sus pulmones: «*¡Ribbono shel olom*, Maestro del Universo!».

Es posible que desees probar alguna versión modificada de esta práctica pasando algún tiempo tranquilo cada día en meditación o en la naturaleza. Presta atención durante estos momentos a los llama-

---

75. Los antiguos cabalistas realizaban una práctica meditativa mucho más esotérica y ascética, también llamada hitbodedut. Exigía una preparación personal intensa por parte del iniciado porque implicaba la aniquilación total del ego.

mientos de su neshama en forma de imágenes de sueños, fantasías y asociaciones libres. También sé receptivo a lo que el neshama puede estar enseñándote a través de cualquier sincronicidad inusual que haya ocurrido en tu vida. Quizás el universo te ha estado hablando metafóricamente de alguna manera. Dios puede estar susurrándote en tu oído si eres lo suficientemente silencioso para escuchar. Además de escuchar, también querrás hablar con Dios usando tus propias palabras sobre lo que está sucediendo en tu vida. Trata de no juzgar lo que surja.

Aunque sólo pases unos minutos al día practicando hitbodedut, puedes comenzar a notar algunos cambios positivos en tu vida.

Meditación

Verte a ti mismo a través de los ojos de Dios

Tómate un momento para relajarte simplemente prestando atención a tu respiración. A medida que te adaptas a un ritmo constante de respiración, observa que puedes comenzar a sentirte más centrado y todavía adentro. Tómate unos minutos para *estar* en este estado relajado, completamente presente.

Ahora imagina, si puedes, cómo te verías si te miraras a ti mismo a través de los ojos de Dios, a través de unos ojos que están llenos de sabiduría y bondad amorosa, unos ojos que ven con compasión y no juzgan. Intenta verte a ti mismo como el asombroso misterio y el ser puro que eres.

7

ARREPENTIMIENTO, PSICOTERAPIA Y SANACIÓN

En el lugar donde los pecadores arrepentidos están de pie, ni siquiera los completamente justos pueden estar de pie.

—EL TALMUD, BERAJOT 34B

Una vez, mientras hablaba con sus discípulos acerca de la curación y el arrepentimiento, el rabino Simha Bunam de Pzhysha comentó: «Los errores que comete el hombre no son su mayor crimen. Más bien, su mayor crimen es que tiene el poder de hacer teshuvá, de cambiar su vida en cualquier momento, ¡y sin embargo, no lo hace!

La libertad y el poder que tenemos para hacer cambios positivos en nuestras vidas en cualquier momento es fundamental para la práctica tanto de la psicoterapia como de la teshuvá. Un psicoterapeuta experto es esencialmente un catalizador. Del mismo modo, la práctica espiritual de la teshuvá consiste esencialmente en ejercer nuestra libertad para elegir el bien.[76] Se basa en la creencia radicalmente optimista de que, a pesar de los errores que hayamos cometido en nuestras vidas y de los efectos de los legados dolorosos que hemos heredado, *siempre* hay una posibilidad de sanación y redención.

---

76. En su famoso tratado sobre las leyes y prácticas de la teshuvá, Maimónides, el famoso filósofo y legalista judeoespañol, incluye una larga exposición sobre el libre albedrío: cómo cada persona tiene la libertad y el poder de elegir el bien sobre el mal, para convertirse en un tzadik (justo) en lugar de un rasha (malhechor). Ver el capítulo 5 en Moses Maimónides, Mishneh Torah, the Book of Knowledge, the Laws of Repentance (Jerusalem: Mossad ha'Rav Kook Publishers, 1976).

La clave de la teshuvá, según los rabinos, es saber cómo aprovechar este momento en el tiempo: el *ahora*. Cuando vivimos en el ahora, siempre tenemos la libertad de cambiar el curso de nuestras vidas. El impulso maligno, dicen los rabinos, nos llega habitualmente como una voz que nos recuerda nuestros errores pasados para desalentarnos de creer que podemos cambiar. Esta voz trata de convencernos de que el pasado siempre determinará el futuro. Y así, los rabinos enseñaron que siempre que la palabra *ahora* (*atah* en hebreo) aparece en las escrituras, alude a la posibilidad de teshuvá o arrepentimiento.[77] A través de la teshuvá siempre tenemos el poder y la libertad de comenzar de nuevo para que nuestro pasado no tenga que determinar nuestro futuro. No sólo se puede curar el dolor del pasado, sino que en realidad tenemos el poder de transformarlo en una fuerza redentora en nuestras vidas.

El filósofo hispanojudío del siglo XII, Moses Maimónides, codificó las leyes y prácticas de la teshuvá. Sus escritos, así como los de los maestros jasídicos, contienen muchas enseñanzas vitales sobre el poder curativo de la teshuvá y del perdón que son tan relevantes hoy en día como lo fueron en la antigüedad. De hecho, las enseñanzas judías sobre la teshuvá delinean un proceso altamente articulado para el trabajo redentor de curar el dolor y los errores del pasado y para lograr el perdón. Por esta razón, la práctica de la teshuvá, quizás más que cualquier otro tema en el pensamiento judío, ofrece una contribución única al campo de la psicoterapia. A lo largo de los años he encontrado que, tanto en la teoría como en la práctica, mi trabajo como terapeuta se ha enriquecido e instruido continuamente por la comprensión de la teshuvá del judaísmo. En particular, las enseñanzas judías sobre el perdón y la sanación redentora (la idea de que el pasado puede transformarse en una fuerza para el bien en la vida) han sido una herramienta útil en mi trabajo clínico.

Lamentablemente, muchas de las personas que encuentro en mi trabajo clínico viven en un universo implacable. De hecho, la propia noción del perdón es un concepto un tanto extraño para ellos. Y como no pueden perdonarse a sí mismos ni a los demás por el dolor causado por errores pasados, permanecen atados para siempre a sus efectos dañinos,

77. Midrash Tehillim Raba 100:2.

creando para ellos mismos una enorme carga psíquica de culpa, vergüenza y resentimiento.

Parte del problema radica en el hecho de que la mayoría de las personas modernas carecen de acceso a las tradiciones espirituales vivas que han proporcionado a la gente ritos de perdón o expiación. Sin tales ritos, las personas no tienen forma de limpiar la pizarra kármica y comenzar de nuevo. Para llenar este vacío, a menudo me resulta útil enseñar a mis clientes la antigua práctica judía de la teshuvá, con sus pasos concretos para lograr el perdón. Al aprender estos pasos, muchos de mis clientes han podido experimentar una nueva sensación de libertad frente a las cargas del pasado, y algunos han sido capaces de transformar su dolor en una fuerza redentora de sanación para sus vidas.

En el capítulo anterior, exploramos cómo la teshuvá comienza como un proceso de despertar espiritual, el deseo de realinear la vida de uno con el ser verdadero. En este capítulo examinaremos cómo puede llevarse a cabo ese despertar a través de la práctica paso a paso de la teshuvá tal como lo describe Maimónides. Y a medida que exploremos los pasos de Maimónides, veremos que se corresponden con las diferentes etapas de la curación psicoterapéutica y espiritual.[78]

La teshuvá y la psicoterapia comparten objetivos similares, ya que ambas buscan restablecer un sentido de completitud psíquica o espiritual que una vez sentimos, pero que de alguna manera perdimos. Sin embargo, existen varias diferencias esenciales entre los objetivos mayormente seculares de la psicoterapia y los objetivos religiosos de la teshuvá. En primer lugar, el judaísmo tradicional se basa en un conjunto de ideales éticos y espirituales que proporcionan una vara *objetiva* contra la cual los judíos practicantes se han medido tradicionalmente. La teshuvá, según la tradición, implicaba un retorno a estos ideales colectivos, que se basan en los preceptos de la Torá. De hecho, la expresión popular *ba'al teshuvah*, que literalmente significa «un maestro del arre-

---

78. A medida que exploremos los pasos básicos de la teshuvá en la siguiente sección de este capítulo, puede que descubras que algunos te son familiares, especialmente si alguna vez has estado involucrado en un trabajo de recuperación. Esto se debe a que los programas de doce pasos adoptan muchos de los componentes clásicos de la teshuvá en su proceso de curación y recuperación.

pentimiento», ahora se usa para describir a alguien que ha regresado al redil religioso y ha adoptado la forma de vida de la Torá.

Por el contrario, la psicoterapia contemporánea tradicionalmente busca ayudar a la persona individual a lograr una mayor confianza en la verdad subjetiva e interior y en los valores definidos personalmente. Si se considera mínimamente la espiritualidad en la psicoterapia, suele ser en términos subjetivos individualistas, en lugar de como parte de un marco de significado colectivo más amplio. En contraste con la psicoterapia, con sus objetivos más limitados, que están orientados hacia la curación individual y la autorrealización, el judaísmo tiene la visión mesiánica más amplia de tikkun olam, la curación y transformación colectiva del mundo.

La teshuvá individual es sólo un aspecto de esto. El trabajo del judío verdaderamente piadoso no se detiene con el logro de la realización personal, sino que se extiende al esfuerzo colectivo de llevar a cabo la reparación y la redención mundiales y el fin del sufrimiento humano.

El rabino Abraham Isaac Kook, un místico, cabalista, poeta y filósofo de principios del siglo XX, así como el primer rabino principal del Israel preestatal, escribió extensamente sobre las dimensiones universal-colectiva e individual de la teshuvá. La sensibilidad mística del rabino Kook le permitió ver estas dos dimensiones como partes de un continuo. Kook escribe que «el alma individual y colectiva, el alma del mundo, el alma de todos los reinos del ser grita como una feroz leona angustiada por la perfección total, por una forma ideal de existencia... A través del hecho de que la penitencia opera en todos los mundos, todas las cosas son devueltas y unidas al reino de la perfección divina... La penitencia general, que implica elevar el mundo a la perfección, y la penitencia particularizada, que pertenece a la vida personal de cada individuo... Todos constituyen una esencia... Un todo inseparable».[79]

---

79. Ben Bokser, Abraham Isaac Kook: The Lights of Penitance, Lights of Holiness, The Moral Principles, Essays, Letters and Poems (Mahwah, Nueva Jersey: Paulist Press, 1978), pág. 49.

Otra distinción importante entre la psicoterapia y la teshuvá es que abordan diferentes dominios de la vida: lo psíquico en comparación con lo espiritual y lo ético. Estas dos prácticas también utilizan una terminología muy diferente para hablar sobre la causa raíz de la enfermedad y el sufrimiento humano. Por ejemplo, mientras que el discurso religioso tiende a enfatizar el papel del «pecado» en el sufrimiento humano, los psicoterapeutas generalmente ven los conflictos o traumas no resueltos como su causa principal. Si bien la religión considera que el pecado conduce a un sentido de separación o alejamiento de Dios, los psicoterapeutas se enfocan en cómo las personas pueden quedar aisladas de su potencial completo cuando tienen conflictos internos o no están integrados.

Para muchos de nosotros, el uso de palabras como *pecado* o *maldad* en la literatura religiosa no sólo es extraño, sino también un tanto alienante. Tales palabras implican una postura crítica, ajena a los intentos de la psicología occidental de permanecer algo neutral y sin prejuicios cuando se trata de cuestiones «morales». Sin embargo, si podemos dejar de lado nuestras reacciones negativas a tales términos, podemos ver que el pensamiento religioso tradicional contiene muchos conceptos útiles sobre la curación del yo. Solamente tenemos que traducir algunas de las terminologías más arcaicas al lenguaje contemporáneo. Considera por un momento la posibilidad de que el *pecado* pueda referirse a todas las acciones y actitudes que llevan a las personas a alejarse de su ser más completo y santo. En otras palabras, la noción de que el pecado es aquello que nos separa de Dios puede entenderse como aquellas acciones y actitudes que nos separan de nuestro propio ser verdadero. Si es así, la teshuvá puede entenderse como el proceso mediante el cual *restauramos* o *regresamos* a nuestro estado más natural de completitud interior y autointegración. Como señalé en el capítulo 6, la palabra *teshuvá* proviene del *shav* raíz hebrea, que implica retorno.

A medida que continuemos explorando las enseñanzas y los textos judíos sobre la teshuvá, incluiré algunas frases alternativas entre paréntesis que pueden ayudar a traducir o aclarar el significado de la antigua terminología religiosa.

Los pasos de la teshuvá y sus equivalentes psicoterapéuticos

La fórmula clásica para la teshuvá presentada por Maimónides conlleva una serie de pasos que, en gran medida, son paralelos al proceso de la psicoterapia. La teshuvá, como la mayoría de las formas analíticas de terapia, siempre comienza con la conciencia. Para cambiar, las personas tienen que *reconocer* lo que están haciendo mal o cómo sus vidas no están alineadas con sus valores y verdades más profundas. En hebreo, este paso se conoce como *hakarat ha'chet*, que literalmente significa darse cuenta de cómo se ha «fracasado». Cuando «pecamos», somos como un francotirador que no ha alcanzado el objetivo deseado. Nuestras energías han sido dirigidas en la dirección equivocada. Hakarat ha'chet es esencialmente el «reconocimiento de los errores»: la capacidad de notar que uno se ha desviado.

Puede sonar simple, pero la conciencia honesta no se logra fácilmente. Todos empleamos numerosos mecanismos de defensa –incluidos la negación, la represión y la proyección– para protegernos de enfrentar verdades dolorosas sobre nosotros mismos. Por lo tanto, uno de los primeros pasos cruciales en la psicoterapia es el análisis de resistencia, la comprensión y el desarrollo de las defensas, ya que sólo cuando nuestras defensas se relajan es cuando podemos vernos claramente.

Mientras que la conciencia abre la posibilidad de cambio, la conciencia por sí sola no es suficiente para lograr el cambio. También se debe *decidir* cambiar los comportamientos y patrones de autodestrucción. Este paso se conoce como *azivat ha'chet*, el abandono del pecado (los patrones negativos). De acuerdo con Maimónides, nuestra decisión de hacer los cambios necesarios en nuestras vidas también debe expresarse verbalmente mediante el acto de *vidui*, la confesión.[80] El vidui potencia el proceso de la teshuvá y es su característica definitoria. El rabino Joseph Soloveitchik, uno de los maestros contemporáneos más elocuentes del judaísmo sobre el tema de la teshuvá, habla de la

---

80. Para una descripción completa de las etapas del arrepentimiento, véase Moses Maimónides, «The Laws of Repentance», en Mishneh Torah, the Book of Knowledge, the Laws of Repentance, págs. 207-257.

potencia emocional de la confesión, comparando sus efectos humildes con la ofrenda simbólica de sacrificio. La confesión, dice, exige que podamos superar nuestro orgullo y vergüenza defensivos para poder mirarnos a los ojos y enfrentar nuestros verdaderos sentimientos. En palabras de Soloveitchik, «obliga al hombre, en un estado de terrible tormento, a admitir los hechos como realmente son, a expresar claramente la verdad… Así como el sacrificio se quema sobre el altar, también nosotros nos quemamos, por nuestro acto de confesión, nuestra complacencia bien parapetada, nuestro orgullo exagerado, nuestra existencia artificial».[81]

La terapia, en cierto sentido, es un ritual moderno de confesión. Al revelar (confesar) nuestro dolor personal y los conflictos secretos, los arrepentimientos y los anhelos a un terapeuta, enfrentamos nuestra verdad, sin importar lo dolorosa que pueda ser. A menudo, es posible que ni siquiera sepamos lo que vamos a decir hasta que se pronuncien las palabras. En el acto de «decir» es donde nuestras narraciones de la vida se convierten en historias coherentes y, a medida que revelamos nuestro verdadero ser, comenzamos a lograr visión y claridad.

Un elemento importante del vidui, según Maimónides, es la expresión de arrepentimiento y remordimiento por las fechorías de uno. A menos que nos permitamos sentir y expresar arrepentimiento por nuestros errores pasados y por el dolor que nos hemos causado a nosotros mismos y a los demás, no estaremos motivados para hacer los cambios necesarios en nuestras vidas. Curiosamente, la palabra hebrea para arrepentimiento/remordimiento, *charata*, proviene de la misma raíz de tres letras que *cheret*, una herramienta de escritura utilizada para grabar. Los sentimientos de remordimiento dejan una profunda impresión grabada en nuestras almas, lo que nos permite aferrarnos a importantes resultados.

Muchos psicoterapeutas, influenciados por la patologización de la culpa por el movimiento del potencial humano, han aceptado la idea de que los sentimientos de culpa o remordimiento son en esencia neuróticos. Pueden instar prematuramente a sus clientes tan sólo a «supe-

---

81. Pinchas H. Peli, Soloveitchik on Repentance: The Thought and Oral Discourses of Rabbi Joseph B. Soloveitchik (Mahwah, Nueva Jersey: Paulist Press, 1984), pág. 95.

rarlo» cuando, de hecho, sentir una medida *saludable* de culpa y remordimiento suele ser un paso necesario en el proceso de curación y perdón a uno mismo.

En la terapia a menudo surgen sentimientos dolorosos de arrepentimiento y remordimiento de una naturaleza ligeramente diferente, justo cuando las personas comienzan a abrirse y experimentan un crecimiento emocional. A medida que comenzamos a curarnos en la terapia y nos abrimos a nuevas posibilidades, podemos llegar a arrepentirnos de las decisiones que tomamos en el pasado, como las que tomamos como resultado del miedo o las inhibiciones emocionales paralizantes. Cuando profundizamos en nuestra capacidad de sentir empatía por los demás, podemos reconocer que nuestra conducta en las relaciones pasadas carecía de habilidad o que nuestras acciones eran francamente dañinas. Irónicamente, cuando comenzamos a curarnos en la terapia, nuestra recién descubierta capacidad para sentirnos más abiertos y amorosos puede provocar sentimientos dolorosos de pena y arrepentimiento por una vida apagada.

En psicoterapia, como en el proceso de la teshuvá, reconectarse con nuestro ser más profundo y verdadero produce inevitablemente sentimientos dolorosos de arrepentimiento y pérdida. Hay una sensación de dolor por el tiempo perdido, los días y años de nuestras vidas que pasamos en vano, desconectados de nuestro ser más íntimo, sin poder realizar todo nuestro potencial. Sentir y expresar este dolor es un componente esencial de la curación.

De hecho, la terapia puede fallar cuando las personas no pueden reconocer su pesar o pena por el pasado. Recuerdo que una vez trabajé con una mujer llamada Ann que comenzó a darse cuenta en nuestro trabajo conjunto que ella había perdido muchos años de su vida en conductas autodestructivas. Había bebido mucho y, como resultado, se había alejado de casi todos sus amigos más cercanos. Durante años, ella había estado viviendo en extremo aislamiento y enojo. Sin embargo, cambiar sus hábitos significaba que tendría que sufrir por los años que había perdido y admitirse a sí misma que había desperdiciado estos años de su vida involucrada en un comportamiento sin sentido y autodestructivo. Ann luchó con indecisión con esta elección. Cuando fui testigo de su proceso interior, vi de primera mano cómo el orgullo defensivo puede evitar que una persona dé los pasos que sabe que debe dar para curarse. Por contraproducente que parezca, el obstinado orgullo de Ann le impidió admitir la falta de sentido de sus errores pasados. Y al no lamentar su pasado, Ann no pudo seguir perdonándose. Justo cuando parecía estar cerca de tener un gran avance, Ann comenzó a beber de nuevo y terminó la terapia prematuramente, lo que socavó sus esfuerzos por cambiar.

Por el contrario, el coraje de llorar el pasado se convirtió en un paso crucial para salvar el matrimonio de Jenny y Robert. Después de más de veinticinco años de matrimonio, Jenny y Robert vinieron a verme para un asesoramiento de pareja. Su hijo menor acababa de dejar el hogar para ir a la universidad, y enfrentaban la posibilidad aterradora de que podrían separarse. Ninguno de los dos había sido feliz en el matrimonio durante años, sin embargo, se habían quedado juntos por los niños. A medida que explorábamos lo que había sucedido para contribuir a su alienación entre sí, quedó claro que ambos habían colaborado para evitar la intimidad y la conexión emocional. Mantuvieron sus quejas dentro de sí mismos y no comunicaron el uno al otro sus necesidades y sentimientos. Habían pasado años desde que cualquiera de ellos había sido capaz de decir las palabras «Te amo» al otro.

En el transcurso de la terapia semanal, ayudé a Jenny y Robert a familiarizarse emocionalmente el uno con el otro. Cuando empezaron a reconectarse con sus tiernos sentimientos el uno por el otro, Jenny se sintió abrumada por los sentimientos de pena y arrepentimiento. De hecho, ella estaba afligida por todos los años que habían desperdiciado, de forma innecesaria, con cólera y resentimiento. Jenny se arrepintió profundamente de que ella y Robert no hubieran buscado terapia hace muchos años, cuando se enamoraron por primera vez. «Si hubiera sabido entonces lo que sé ahora» era una frase que ella usaba repetidamente. Parecía importante honrar los sentimientos de pena y arrepentimiento de Jenny por esos años perdidos e irreparables. Sin embargo, también subrayé el hecho de que perdonándose a sí mismos y mutuamente, Jenny y Robert podrían seguir adelante para salvar su matrimonio y aprovechar al máximo los años restantes.

Encontrar el coraje para llorar el pasado nos libera para seguir adelante y cambiar.[82] Para muchas personas, esto significa renunciar a la fantasía defensiva de que el pasado puede deshacerse de alguna manera. Paradójicamente, sólo cuando aceptamos la dolorosa realidad de que el pasado ha terminado y de que nunca se puede deshacer, somos libres de reclamar nuestras vidas y aprovechar al máximo nuestros años restantes. A medida que trabajamos a través de nuestro dolor a lo largo del tiempo, perdiéndonos irremediablemente, nos liberamos del control del pasado. Aunque el duelo y el arrepentimiento son una etapa importante en el proceso de curación, en última instancia, esta etapa debe ser seguida por un trabajo de perdón y aceptación para que la curación sea completa.

Mientras que el arrepentimiento y el duelo se relacionan con el pasado, el siguiente paso de la teshuvá está orientado hacia el futuro. Este paso, conocido como *hachlata le'atid* (resolución futura), implica la resolución de cambiar nuestro comportamiento en el futuro. Hachlata le'atid implica proyectarse a uno mismo en el futuro e imaginar hacer las cosas de manera diferente a como uno las ha hecho antes. Específicamente, implica desarrollar la intención de nunca más repetir los patrones destructivos del pasado. Esta resolución se pondrá a prueba en última instancia cuando nos encontremos en una situación paralela a otra en la que previamente habíamos cometido un error. Cuando nos resistimos a repetir nuestros errores en tal situación, entonces y sólo entonces se completa el arrepentimiento, según Maimónides. De hecho, cuando el destino nos presenta una situación paralela, ésta se ve como una gracia de Dios, porque sólo cuando afrontamos esa situación con éxito, podemos estar seguros de que nuestro arrepentimiento está completo.

Como en la teshuvá, la repetición también es un tema importante en la psicoterapia. La noción de Freud de la compulsión a la repetición, la tendencia que todos tenemos a repetir las dinámicas no resueltas del pasado en el presente, es un tema conocido en todas las psicoterapias.

---

82. Para una exposición en profundidad sobre el papel del luto en la psicoterapia, véase Peter Shabad, «Repetition and Incomplete Mourning: The Intergenerational Transmission of Traumatic Themes», Psychoanalytic Psychology 10 (1993), n.º 1: págs. 61-75.

Los terapeutas pueden ayudar a sus clientes a superar patrones destructivos y repetitivos al examinar cómo se están representando los viejos patrones en todas sus relaciones, incluida la relación de terapia. A través del análisis de transferencia, el trabajo en el aquí y el ahora de las emociones cuyos orígenes se encuentran en el pasado, los clientes pueden comenzar a reemplazar patrones destructivos antiguos con nuevos entendimientos y comportamientos. Al igual que Maimónides, que creía que las repeticiones son una oportunidad para lograr el «arrepentimiento completo», los terapeutas pueden adoptar la noción de que las repeticiones son oportunidades de oro para la curación y la resolución en lugar de recreaciones neuróticas del pasado. De hecho, la repetición del pasado en el presente puede ser una forma natural en la que intentamos dominar el pasado creando oportunidades en el presente para finalmente resolver viejos conflictos. Esto es exactamente lo que parece sugerir Maimónides cuando dice que el verdadero desafío de las repeticiones es abstenerse de repetir los patrones del pasado.

En relación con los hechos que implican daño a otros, Maimónides agrega otro paso al proceso de la teshuvá: el de reparar el daño. Esto incluye la oferta de restitución (cuando corresponda), disculparse y pedir perdón, y confesar públicamente los errores de uno. Aunque la restitución completa no siempre es posible, se requiere que uno haga lo que pueda hacer para enmendar a todos los perjudicados por sus acciones.

Si estas enseñanzas se aplicaran hoy, probablemente tendrían un impacto radical en nuestra sociedad. ¿Te puedes imaginar, por ejemplo, si la disculpa pública y la confesión fueran consideradas un acto aceptable y virtuoso? ¿Qué implicaciones tendría esta nueva ética en el sistema penal, los medios de comunicación y los líderes y funcionarios públicos? ¿Qué sucedería si se alentara a los políticos y directores ejecutivos a confesar y pedir disculpas por sus errores en lugar de decirles que se escondan o mientan por temor a ser destruidos? ¿Qué hay de los criminales? ¿Qué pasaría si la teshuvá se convirtiera en parte del proceso de rehabilitación en las cárceles? Éstas son, de hecho, algunas de las ideas que sugiere un grupo de expertos progresistas encabezado por el Dr. Amitai Etzioni de la Universidad de George Washington, en un intento por aplicar las enseñanzas espirituales y éticas de la teshuvá a la cultura cívica. El libro *Civic Repetance*, editado por Etzioni, analiza cómo los principios del arrepentimiento podrían aplicarse a la política, los derechos civiles, la psicoterapia y la reconciliación racial y en el trabajo de la justicia restaurativa para delincuentes y convictos.[83]

Mientras que los programas de recuperación de los doce pasos enfatizan rutinariamente la importancia de hacer las paces, la psicoterapia tradicional generalmente pierde este importante paso de la curación. La capacitación clínica simplemente no prepara a la mayoría de los terapeutas para pensar sobre el papel terapéutico de la «restitución». Sin embargo, encuentro que la curación de ciertos pacientes se acelera cuando los aliento a buscar el perdón y compensar a los seres queridos que hirieron intencionadamente o no. Cuando se ofrecen para enmendar o proporcionar una restitución, se les libera de su carga de culpa y desarrollan un mayor sentido de responsabilidad moral por sus acciones. En el trabajo con exadictos, delincuentes y maltratadores, la restitución es un componente especialmente importante en la curación, que puede ayudar a lograr una sensación de cierre para todas las partes involucradas.

La teshuvá del miedo contra la teshuvá del amor

En el pensamiento judío clásico se entiende que hay diferentes niveles de teshuvá, cada uno de los cuales conduce a un resultado diferente. El nivel más bajo es el arrepentimiento por miedo, o *teshuvah mi'yirah*. Este nivel se refiere a un despertar motivado por el temor a las consecuencias negativas o al castigo que se producirá si uno no realiza los cambios necesarios. Por ejemplo, cuando un fumador comienza a experimentar dificultad respiratoria, puede decidir dejar de fumar por temor a que su consumo continuado de tabaco conlleve graves consecuencias para su salud. Del mismo modo, después de que un cliente mío fuera arrestado por conducir ebrio y le retiraran el carné durante seis meses,

---

83. Para una discusión más completa sobre el papel del arrepentimiento en psicoterapia, véase Estelle Frankel, «Repentance, Psychotherapy, and Healing: Through a Jewish Lens» en Civic Repentance, ed. Amitai Etzioni (Nueva York: Rowman &Littlefield Publishers, 1999).

por fin comenzó a tomarse en serio su sobriedad. El temor a perder permanentemente su licencia hizo mucho más que todas mis advertencias y consejos para ayudarlo a decidir por fin dejar de beber.

El miedo, como todos sabemos, puede ser un poderoso motivador del cambio, pero aún más poderoso, dicen los rabinos, es el arrepentimiento provocado por el amor. Este nivel de teshuvá, conocido como *teshuvah mi'ahavah*, es un estado del ser en el que uno despierta a la unidad de todo ser y se consume por un amor omnipresente de lo divino. ¿Cómo se despierta uno? En palabras de Maimónides: «Cuando una persona contempla las grandes y maravillosas obras y criaturas de Dios y de ellas obtiene un atisbo de Su sabiduría, que es incomparable e infinita, lo amará de inmediato, lo alabará, lo glorificará y anhelará con el gran anhelo de conocer Su gran Nombre».[84] Este amor puede ser tan abrumador, según Maimónides, que «se vuelve tan obsesionado como el que está tan enamorado que su atención no puede distraerse de la mujer que ama en particular, sino que piensa en ella en todo momento, ya esté sentado, levantado, comiendo o bebiendo».[85]

Cuando experimentamos este tipo de despertar espiritual, cada área de nuestras vidas se transforma radicalmente. Así como los amantes humanos se muestran uno al otro lo mejor que pueden y son espejos de la perfección de los demás, cuando nos enamoramos de Dios, se manifiesta nuestro mejor ser, nuestra esencia más elevada y santa brilla en su perfección. En este estado, todo llega a sentirse conectado con todo lo demás; toda la vida se experimenta como parte de una unidad asombrosa, y los límites que nos separan de nosotros mismos y de los demás se disuelven. Así, también, los límites impuestos por el tiempo lineal se disuelven; el pasado, el presente y el futuro convergen, abriendo la posibilidad de que los efectos del pasado puedan ser transformados e iluminados por la luz del Infinito. En el nivel de teshuvá mi'ahavah, los errores de uno no sólo son perdonados, dicen los rabinos; en realidad, se transforman en una fuerza para el bien. Como lo expresa el Talmud:

---

84. Moses Maimónides, Mishneh Torah, the Book of Knowledge, the Foundational Principles of Torah (Jerusalén: Mossad ha'Rav Kook Publishers, 1976), pág. 9.
85. Moses Maimónides, Mishneh Torah, the Book of Knowledge, the Laws of Repentance, pág. 254.

«El arrepentimiento [inspirado por el amor] es tan grande que los pecados premeditados se consideran como si fueran méritos».[86]

Resh Lakish, el erudito citado en este pasaje del Talmud, era un pecador arrepentido. Había sido un gladiador que, bajo la influencia del rabino Yochanan ben Zakkai, se convirtió en un religioso judío y un erudito en la Torá. La intensa pasión que Resh Lakish había dirigido previamente hacia el poder físico y el culturismo se canalizó hacia el estudio de la Torá y la práctica espiritual. Siendo él mismo un teshuvah ba'al, o maestro del arrepentimiento, Resh Lakish entendió cómo el pasado del pecador arrepentido podría agregar combustible para encender su pasión por la santidad, de modo que se encuentre en un escalón espiritual más alto que el tzadik perfecto, alguien que nunca se desvió fuera del camino. Respecto a tales individuos, el Talmud dice que «en el lugar donde los pecadores arrepentidos están de pie, ni siquiera los completamente justos pueden estar de pie».[87]

Una vez, una de mis maestras organizó la siguiente demostración para enseñar, en términos concretos, cómo opera la teshuvah mi'ahavah. Primero reunió a un grupo de estudiantes en un gran círculo. Luego, estiró una cuerda anudada a través del círculo y pidió a dos estudiantes que sujetaran los extremos. Después cortó el nudo que había en el centro de la cuerda y ató de nuevo los extremos recién cortados. Al hacer eso, todos nos vimos obligados a dar unos pasos hacia el centro del círculo para acomodarnos a la longitud acortada de la cuerda. Luego nos preguntó qué habíamos observado. Cuando uno de los alumnos dijo que el círculo se había vuelto más estrecho e íntimo como resultado de haber cortado y vuelto a atar la cuerda, mi maestra respondió que eso era exactamente lo que logra la teshuvá. «A veces», explicó, «nuestras vidas se enredan tanto que nos convertimos en una cuerda inútil, llena de nudos. Cuando esto sucede, sólo tenemos que cortar el nudo y reparar la cuerda. Pero si pensamos que estamos en un extremo de la cuerda y Dios en el otro, entonces la nueva cuerda en realidad nos acerca más a Dios de lo que podríamos haber estado si no hubiéramos cortado la conexión. ¡Ése es el poder de la teshuvá!».

---

86. Talmud de Babilonia, Yoma 86b.
87. Talmud de Babilonia, Berachot 34b.

Cuando nos salimos del camino y aparentemente perdemos contacto con nuestra conexión con Dios (nuestro verdadero ser), puede activarse en nosotros un profundo anhelo de reconexión. A menudo, este anhelo es más fuerte que cualquier otra cosa que pudiéramos haber conocido si nunca nos hubiéramos apartado del camino. Estos anhelos del alma, el deseo del alma de regresar a su estado original de conexión, pueden poner a una persona en términos más íntimos con lo divino de lo que podría haber sido si nunca hubiera experimentado el fallo en la conexión. Al igual que la pérdida de un ser querido, dice el rabino Joseph Soloveitchik, el pecado (la pérdida de una conexión con el verdadero ser) nos hace sentir solos y despojados. Así como a menudo no sabemos cuánto necesitamos y amamos a alguien hasta que lo perdemos, en el terreno espiritual no apreciamos lo suficiente nuestro apego a Dios hasta que perdemos nuestro camino y experimentamos la alienación resultante. A través de la teshuvá, se desata en nosotros un profundo anhelo de recuperar nuestra cercanía y conexión originales con Dios. Para la teshuvá ba'al (el que retorna), este anhelo puede ser tan fuerte que lo impulsa más allá del nivel espiritual del tzadik, el que nunca ha abandonado el redil. Según Soloveitchik, la teshuvá ba'al posee una capacidad única: el poder de elevar el pecado. «Un hombre que ha pecado y se ha arrepentido», escribe, «puede ser capaz, si lo demuestra, de utilizar el dinamismo de las fuerzas del mal que lo habían envuelto antes y elevarlas, y hacerlas operar en nombre de las fuerzas del bien».[88]

Este nivel de teshuvá, al que el rabino Soloveitchik se refiere como «arrepentimiento de la redención», tiene el poder de transformar al pecador en santo y de transmutar alquímicamente nuestros peores defectos de carácter en virtudes.

La teshuvá como alquimia espiritual

Este mismo tema se entrelaza a lo largo de los escritos de los maestros jasídicos, pero está más claramente articulado en las enseñanzas del reb Tzaddok Ha'Cohen de Lublin, uno de los pensadores judíos más bri-

---

88. Peli, Soloveitchik on Repentance, pág. 95.

llantes del siglo XIX. Único entre los maestros jasídicos por combinar la brillante erudición talmúdica con una comprensión psicológicamente astuta de la naturaleza humana, el reb Tzaddok habló sobre la teshuvá en relación con el refinamiento del carácter. Al eliminar la noción rabínica de que la teshuvá básica se encuentra en un peldaño más alto que el tzadik que nunca probó el pecado, el reb Tzaddok sugiere que nuestras heridas y déficits pueden llevarnos a nuestro propio camino único de redención.

> Por la misma calidad en la que uno carece o está herido, por esa misma calidad, uno encuentra su fuerza o don único. Los rabinos aludieron a esto en el Talmud (Sanedrín 70a) al interpretar el pasaje «Y ellos (Adán y Eva) cosieron prendas para sí mismos de las hojas de la higuera» (Génesis 3:7). A través de su caída se redimieron. De manera similar, los rabinos aludieron a esta misma noción en el Talmud Yerushalmi (Berajot Cap. 2) cuando dijeron: «El mesías nació el día en que se destruyó el Templo».[89]

Contrariamente a la noción occidental de que el manzano dio el fruto original de la tentación, el midrash citado por el reb Tzaddok nos enseña que fue la higuera. Como Adán y Eva se vistieron con las hojas de la higuera, el midrash razona que el fruto prohibido debe haber sido un higo. Lo mismo que provocó la caída de Adán y Eva los llevaría a su final redención en forma de hoja de higuera.

En mi trabajo clínico frecuentemente encuentro una variante de este tema. A veces, la herida o síntoma central de la gente contiene la semilla de su propia sanación y redención. Jan, por ejemplo, una mujer con la que trabajé, sufrió episodios de depresión relacionados con su experiencia de abandono en la primera infancia. Abandonada de bebé por su madre adolescente, fue criada durante los primeros años de su vida en un orfanato. En nuestro trabajo juntas, Jan comenzó a darse cuenta de que las experiencias dolorosas de su primera infancia también la habían dejado con una capacidad única para la conexión y la intimidad. A partir de su experiencia de crecer sin un sentido de perte-

---

89. Tzidkat Ha'Tzaddik 70, traducción de la propia autora.

nencia, había desarrollado una apreciación especial de la importancia de pertenecer. La amistad y la comunidad se volvieron extremadamente importantes para ella. De hecho, estaba dotada de una habilidad especial para crear un sentido de pertenencia por sí misma dondequiera que iba. Jan tenía amigos en todo el mundo –personas que había conocido en sus viajes y durante su trabajo en el Cuerpo de Paz– con quienes logró mantenerse en contacto. Como resultado de su herida, Jan se dio cuenta del valor emocional de las personas que había en su vida y se comprometió a crear una familia suplente para sí misma con personas de todo el mundo.

Cada uno de nosotros, según el reb Tzaddok, tiene alguna herida única o vulnerabilidad personal que con una aceptación amorosa puede convertirse en el medio por el cual encontremos nuestros mejores dones y posiblemente nuestro propio camino único hacia la iluminación. Pero este tipo de alquimia espiritual es posible, dice, sólo cuando la teshuvá está provocada por el amor en lugar del miedo, porque sólo el amor tiene el poder de reconectarnos con nuestra completitud y con la vida en general. Esta idea está muy en línea con la noción de la psicología contemporánea de que primero debemos amar y aceptar quienes somos ahora, para cambiar o sanar cualquier cosa sobre nosotros mismos. Solamente el amor y la aceptación tienen el poder de proporcionar la curación. La práctica mística del devekut, el apego amoroso a Dios, nos abre a esta posibilidad de curación. En un estado de devekut, el «mal» o el defecto que buscamos erradicar se ilumina, como sugiere el siguiente relato.

Un hombre joven llegó una vez al rabino Yisrael de Rizhin buscando consejo sobre cómo podría romper o superar su «inclinación al mal» (impulso o deseo sexual). Los ojos del rabino se rieron mientras miraba compasivamente al joven y le contestó: «¿Quieres romper tus impulsos? Puedes romperte la espalda o la cadera, pero nunca romperás un impulso, no importa lo mucho que lo intentes. Sin embargo, si rezas y estudias y le sirves a Dios con amor y sinceridad, el mal en tus impulsos desaparecerá por sí mismo. En su lugar quedará una pasión que es pura y santa. Con esta pasión podrás servir a Dios en verdad».

Según el reb Tzaddok, cada uno de nosotros tiene una pasión o vulnerabilidad particular, un punto ciego personal que evoca una gran cantidad de apego y deseo. Esta pasión puede crear un punto ciego en nuestras vidas que nos impedirá ver la vida con claridad. Si no somos conscientes de su influencia sobre nosotros, esta pasión puede llegar a controlarnos. Sin embargo, si encontramos una manera de utilizar esta pasión al servicio de lo divino, la devolvemos a su fuente de santidad. Cuando lo hacemos, nuestra pasión encuentra su expresión más elevada y se convierte en un conducto a través del cual canalizamos la bendición divina. En palabras del reb Tzaddok: «Cada persona tiene una pasión o un deseo únicos y esa misma cosa que evoca la mayor cantidad de apego o deseo es también un recipiente para recibir la bendición de Dios si uno regresa a Dios con todo el corazón».[90]

El impulso libidinoso, por ejemplo, es una fuerza poderosa en nuestras vidas que puede tener una influencia positiva o negativa en nosotros. Si se dirige hacia el servicio divino, este impulso puede alimentar en última instancia nuestra pasión por la santidad y la verdad. Según el reb Tzaddok, *chamido d'oraita*, el amor y la pasión por la Torá y la iluminación espiritual están inextricablemente ligados a nuestra pasión libidinosa. Curiosamente, la palabra hebrea *yetzer*, usada para denotar el impulso libidinoso, proviene de la misma raíz que la palabra para creatividad, *yetzirah* o *yetziratiut*. Todas nuestras pasiones y nuestra creatividad provienen del yetzer. Por medio de la teshuvá, se activa el potencial creativo y enriquecedor del yetzer. En lugar de actuar como un obstáculo en nuestras vidas, alimenta nuestra pasión por la santidad. Lo mismo es cierto para todas nuestras pasiones y deseos. Iluminados por la luz de la teshuvá, cada uno potencialmente trae una bendición única a nuestras vidas.

La historia de Chuck

Reclamar integridad

En mi trabajo de guía espiritual con Chuck, las enseñanzas del reb Tzaddok sobre la teshuvá lo inspiraron para transformar uno de sus

---

90. Tzidkat Ha'Tzaddik 181, traducción de la propia autora.

defectos de carácter más angustiantes –concretamente la falta de honestidad– en una pasión por decir la verdad. Cuando Chuck vino a verme por primera vez, quedó atrapado en una red de mentiras. No es que Chuck fuera maliciosamente deshonesto, sino que se había convertido en un mentiroso compulsivo porque simplemente tenía miedo de decir la verdad a la gente. Lo más preocupante de su falta de honestidad era que se había vuelto habitual; Chuck confesó que a menudo se encontraba contando pequeñas mentiras sobre cosas que en realidad no tenía por qué ocultar.

Como resultado de su falta de honestidad, la vida personal de Chuck se había enredado en nudos. En lugar de enfrentarse a las dificultades que él y su pareja habían tenido durante varios años, se encontró apartándose emocionalmente de la relación y teniendo una aventura con otra mujer. Para cubrir sus huellas, le mintió repetidamente a su pareja sobre su paradero. Chuck reconoció que éste era un patrón en el que había caído muchas veces antes y del cual no estaba orgulloso. Varias amistades y relaciones íntimas se habían derrumbado debido a su falta de honestidad en el pasado. Chuck sabía que tenía que enfrentarse al miedo de decir la verdad o, de lo contrario, seguiría arruinando todas sus relaciones íntimas.

Mientras explorábamos los orígenes de su miedo, Chuck reveló que había crecido en una familia donde la regla tácita en la casa era no decir la verdad. No es que alguien le hubiera dicho que mintiera; es sólo que nadie realmente quería escuchar su verdad. Su madre, que con frecuencia estaba enferma cuando él era un niño, estaba demasiado débil, tanto física como emocionalmente, para interesarse por la vida interior de Chuck. Su padre era un clásico adicto al trabajo que estaba mayormente ausente de la familia. Las pocas veces durante la infancia en las que Chuck había intentado hablar sobre sus verdaderas necesidades y sentimientos, le dijeron que no sabían de qué estaba hablando o que sus sentimientos eran simplemente erróneos. Al sentirse avergonzado de sus necesidades no reconocidas y no satisfechas, Chuck aprendió a callarse y a ocultar a su verdadero yo. Básicamente, aprendió a decir a las personas lo que *ellas* querían escuchar en lugar de la verdad. Pero la estrategia que había ayudado a Chuck a sobrevivir en su infancia ahora estaba causando estragos en su vida como adulto.

No fue fácil para Chuck revelarme este problema porque sentía una tremenda vergüenza por su falta de coraje. En nuestro trabajo juntos, desafié a Chuck a encontrar una manera de transformar esta debilidad personal en una fortaleza. Le sugerí que en lugar de ceder a su temor a decir la verdad, podría comprometerse a ser honesto a toda costa. De sus errores pasados, Chuck sabía de primera mano cómo la falta de honestidad podía destruir una relación valiosa. Más que muchos otros, podía apreciar el valor de decir la verdad.

Aunque reacio al principio, Chuck decidió asumir mi desafío. Decidió tratar de ser honesto a toda costa. Al principio, parecía como si Chuck se volviera honesto casi por completo, diciendo lo que estaba pensando o sintiendo sin tener en cuenta las consecuencias o la adecuación a la situación. Por un tiempo, parecía haber perdido el contacto con todo sentido del tacto y la elección del momento oportuno. Parecía que tenía que hacer esto para superar su tendencia natural a evitar el conflicto. Sin embargo, con el tiempo, Chuck comenzó a discernir cuándo, dónde y cómo decir su verdad. Incluso asistió a algunos talleres para desarrollar mejores habilidades de comunicación y descubrió que se hacía más y más hábil para hablar sin temor. El nuevo regalo de Chuck para decir la verdad le sirvió tanto en el ámbito profesional como en el personal, brindándole mucha satisfacción. Descubrió que su peor defecto, su miedo a comunicar la verdad, lo había obligado a desarrollar un don especial para una comunicación honesta.

La teshuvá y la psicoterapia como viaje en el tiempo

La trascendencia del tiempo —la experiencia temporal de permanecer fuera del flujo del tiempo lineal— ocurre tanto en los estados místicos como en el curso de la psicoterapia. Es una experiencia que parece facilitar la curación en los planos físico, emocional y espiritual. En el terreno espiritual, encontramos que al entrar en contacto con nuestro ser eterno, tocamos un reino más allá del tiempo en el que somos capaces de sanar y transformar el funcionamiento del tiempo. La experiencia de la teshuvá —el retorno a un estado de conexión con la dimensión infinita y eterna de nuestro ser– también implica una especie de viaje temporal inverso, por así decirlo, del futuro al pasado. Como escribe el rabino Joseph Soloveitchik: «El hombre vive a la sombra del pasado, del futuro y del presente simultáneamente». La teshuvá invierte el flujo del tiempo para que «el futuro determine la dirección e indique el camino [mediante la transformación] de las tendencias y modas del pasado».[91] En efecto, el estado superior de conciencia que alcanzamos a través de la teshuvá nos permite volver a poner luz en el tiempo del pecado, iluminando el pasado y permitiéndonos verlo de manera más benigna y creativa.

Porque cuando la teshuvá está inspirada en el amor, obtenemos acceso al poder curativo de yhvh, el Infinito. Este nombre para lo divino –que, como he señalado, es un compuesto de las palabras hebreas *hayah* (era), *hoveh* (es) y *yihiyeh* (será)– nos pone en contacto con un reino más allá del tiempo y el espacio, el reino infinito, en el que nos liberamos del determinismo del tiempo lineal. Por lo tanto, los errores que hemos cometido en el pasado pueden ser recontextualizados por las buenas acciones que podemos lograr en el futuro, y en lugar de que el pasado determine el futuro, el futuro determina y da sentido al pasado.

El rabino Shneur Zalman de Liadí agrega una dimensión más mística a la experiencia de la teshuvá del amor. Él describe la teshuvá del amor como una oportunidad para experimentar el «tiempo antes del tiempo», el tiempo primordial antes de la creación, cuando todas las cosas eran una e ininterrumpidas. Y añade que:

> Cuando el hombre tome esto en serio –que todo el universo está sometido al tiempo, mientras que la totalidad del tiempo no es más que un simple momento ante Dios, que está por encima del tiempo y ante quien no se aplican las divisiones del tiempo–, su corazón arderá en llamas y su alma se disolverá (anhelando) unirse a Él.
>
> Así pues, «la teshuvá precedió al mundo». Esto no quiere decir que existió antes de que el mundo fuera creado; porque si

---

91. Peli, Soloveitchik on Repentance, pág. 95.

no hay mundo, no hay pecado, ni inmoralidad, ni teshuvá. Más bien, esto significa que la teshuvá con una disolución del alma llega más alto que el tiempo y el espacio.[92]

Viajar en el tiempo en la terapia

La psicoterapia también emplea gran variedad de técnicas de «viajar en el tiempo» que facilitan la curación del dolor infantil y los traumas pasados. Generalmente se acepta que la mente inconsciente no está limitada por el tiempo. En el inconsciente, los acontecimientos y las emociones del pasado, incluso el pasado lejano, pueden experimentarse con la misma inmediatez que si estuvieran sucediendo ahora. En la terapia, como en los sueños, el tiempo puede experimentarse como expandido o contraído. (Un fragmento de un sueño que dura sólo unos pocos segundos de tiempo de reloj puede incluir una trama tan gruesa que llevaría horas experimentarlo en la vida real). Usando herramientas como la libre asociación, la visualización guiada o el trance hipnótico, que aprovechan los poderes de la mente inconsciente, los terapeutas pueden guiar a sus clientes hacia un trauma particular o un recuerdo doloroso del pasado. Y cuando el cliente se acerca compasivamente desde el ser adulto sano a los recuerdos de dolor del pasado, la curación comienza a producirse. Al igual que con la teshuvá, el dolor del pasado es tocado y transformado por el amor y la compasión que traemos desde el presente. En efecto, nuestros recuerdos dolorosos del pasado se curan a medida que se recontextualizan por el estado superior de conciencia que hemos alcanzado en el presente.

---

92. Adin Steinsaltz y Josy Eisenberg, The Seven Lights: On the Major Jewish Festivals (Northvale, Nueva Jersey: Jason Aronson, 2000), pág. 58. El rabino Schneur Zalman ofrece esta interpretación en su explicación del pasaje «delante de yhvh serás purificado» (Levítico 16:30), que describe los antiguos ritos de expiación del Yom Kipur. En lugar de leer «delante de yhvh» como referencia a un lugar, lo lee como referencia al tiempo. En otras palabras, «delante de yhvh» significa antes de que incluso Dios existiera. Es un poco alucinante imaginarlo, pero según esta interpretación, antes de que hubiera un mundo, incluso yhvh no existía. Véase Likkutei Torah, Drushim l'Rosh Hashana 61a.

En tales momentos de terapia, los clientes a menudo experimentan un cambio transformador. En lugar de tratar de olvidar el dolor del pasado, sentimos una profunda conexión con todo lo que *somos*, lo que hemos *sido* y en lo que nos *estamos convirtiendo*. En esos momentos estamos completamente unidos con las muchas partes de nosotros mismos. Todas las diferentes voces dentro de nosotros se unen bajo un talit (manto de oración) y dicen: «¡Amén, así sea!». Tales curaciones de transformación ocurren cuando finalmente podemos mirar hacia atrás y ver cómo todo lo que hemos soportado, todo el dolor y el sufrimiento, así como los errores que hemos cometido, nos han llevado a convertirnos en quienes somos hoy. Cuando podemos abrazarlo todo con un sentido de perdón para nosotros mismos y para los demás, y también para Dios, nuestra curación está completa.

Antiguos rituales de arrepentimiento

Según los judíos practicantes, los rituales de arrepentimiento desempeñan un papel importante en el mantenimiento del bienestar emocional y espiritual de toda la comunidad. En particular, los días de arrepentimiento asociados con los Días Temibles cumplen una importante función de sanación comunitaria. En muchos sentidos, estos ritos sagrados de arrepentimiento cumplen una función de curación que es paralela a la de la psicoterapia en nuestras vidas contemporáneas y seculares. De hecho, las personas recurren a la psicoterapia hoy esperando que sustituya a estos ritos religiosos que antes permitían a las personas alcanzar la curación y el perdón.

Todos los años, durante los días que rodean al Rosh Hashannah, el Año Nuevo judío, y al Yom Kipur, el Día de la Expiación, los judíos practicantes participan activamente en el arrepentimiento. Estos días, conocidos como los Diez días de arrepentimiento (*asseret ymai teshuvah*), son un momento para la autorreflexión, para dejar ir la ira y la culpa, y para reparar desavenencias entre personas en la comunidad. También son un momento para centrarse en cómo nuestras vidas se han desviado del rumbo de modo que podamos restablecer nuestra brújula moral y espiritual interior. Y son un momento en el que los judíos se desvían de su camino para pedirse perdón entre ellos y a Dios por las formas en que se han maltratado mutuamente en el último año, de modo que los resentimientos y los conflictos interpersonales no se llevan al nuevo año.

En la antigüedad, la conmemoración de los Días Temibles incluía una serie de ritos chamanísticos realizados por el sumo sacerdote del templo de Jerusalén. El Yom Kipur sirvió esencialmente como una terapia sagrada comunitaria orientada a restaurar la armonía de la persona individual dentro de sí misma y en relación con Dios, sus seres queridos y la comunidad. Ya no realizamos estos ritos sagrados, pero podemos obtener información sobre el poder curativo integrador de la teshuvá al comprender su simbolismo.

El primer rito, conocido como la ofrenda del chivo expiatorio, o *se'ir le'azazel*, implicaba echar a suertes el destino de dos cabras idénticas. Una era elegida para ser sacrificada en el templo de Jerusalén, mientras que la otra era enviada viva al *azazel* (el desierto) después de que el sacerdote confesara y transfiriera todos los pecados de la gente sobre ella.[93] A simple vista puede parecer como si la ofrenda del chivo expiatorio fuera un rito altamente dualista, pero según el comentarista místico y bíblico español del siglo XIII Nahmánides, el chivo expiatorio era en realidad un rito de unificación divina. Al hacer una ofrenda a azazel, o al «otro lado», dice, el sumo sacerdote presentaba un *shochad la'satan*, un regalo o soborno a Satanás.[94]

La intención de esta ofrenda era obtener una bendición de Satanás y así convertir la «acusación» (*kategor*) en una «defensa» (*sanegor*). Por lo tanto, el rito del chivo expiatorio sugiere simbólicamente que en el día más sagrado del año uno debe obtener una bendición incluso de la némesis. Hasta Dios y Satanás deben reparar el daño en Yom Kipur, de modo que nada de lo que existe quede fuera del ámbito del «Uno» divino. Todo lo que está «fuera» debe ser restaurado «dentro», por así decirlo. El desafío espiritual del Yom Kipur es sanar y transformar todos los pecados y errores del pasado para que *todas* las cosas puedan ser restauradas (teshuvá) a su fuente.

---

93. Véase Levítico 16.
94. Véase Comentario de la Torá de Nahmánides sobre Levítico 16:8.

En términos psicológicos, se puede considerar que la unificación de Dios y Satanás simboliza la reintegración de lo que antes estaba separado de la conciencia o relegado, en el sentido junguiano, a la «sombra», aquellas partes del yo que son inaceptables en la imagen consciente de uno mismo. También podríamos ver el acercamiento entre Dios y Satanás como una metáfora de la capacidad psicológica para la integración de lo bueno y lo malo. En la interpretación mística de Nahmánides, el ritual del chivo expiatorio, lejos de desterrar el yo malo del inframundo o azazel, hace lo contrario. A través de este rito, sugiere Nahmánides, intentamos hacer las paces con el lado satánico y «malvado» de nuestra naturaleza. Como suele ser el caso, la interpretación mística del texto es diametralmente opuesta a una lectura literal. Tal y como he señalado, la preocupación del judaísmo no místico por separar el bien del mal se revierte en la visión no dual de la tradición mística de lo divino. En Yom Kipur, el día más sagrado del año, todos estamos invitados a convertirnos en sumos sacerdotes y sacerdotisas y entrar juntos en el lugar santísimo, ese lugar donde todas las cosas son esencialmente una. En este día de unificación, cuando intentamos sanar todas las partes fragmentadas y separadas de nosotros mismos, incluso Dios debe hacer las paces con Satanás, el lado oscuro o destructivo de Dios.

Nahmánides señala que si el rito del chivo expiatorio fuera realizado en cualquier otro día del año, se habría considerado idólatra, ya que normalmente no se permitían ofrendas fuera del templo. Sin embargo, en Yom Kipur, una ofrenda tan «externa» se convierte no sólo en una mitzvá, sino en un rito de unificación divina. Nahmánides concluye que esta transformación de lo que normalmente sería un pecado en una mitzvá insinúa el poder de la teshuvá para transformar nuestros pecados en mérito e iluminar todos los lugares oscuros que hay dentro de nosotros.

Otro de los únicos ritos realizados en Yom Kipur en los tiempos del templo de Jerusalén fue la ofrenda de incienso, o *ketoret*. Este rito se llevaba a cabo diariamente por los sacerdotes en el santuario exterior del templo, pero sólo se realizaba una vez al año, en Yom Kipur, en el lugar santísimo, o *kodesh kodashim*, el santuario más interior del templo de Jerusalén. La representación de este rito, sólo por el sumo sacerdote, era el clímax espiritual del día más sagrado del año. Cuando el sumo sacerdote salía a salvo del kodesh kodashim después de ofrecer el ketoret, toda la comunidad se reunía para celebrar esta feliz fiesta de perdón y unificación a través de la danza y los rituales de apareamiento.[95] En estas celebraciones, se decía que las mujeres tenían que bailar en los viñedos vistiendo ropa blanca «prestada». Este acto de «préstamo» creó un sentido de igualdad económica. Nadie podía parecer estar «por encima» de nadie. Durante este rito de danza, los hombres elegían a sus futuras novias, sin saber si eran ricas o pobres. Este rito de apareamiento se veía como un reflejo terrenal de la reconciliación de la nación israelita con Dios en este día santo de unificación. Esto está muy lejos de la sombría fiesta en la que Yom Kipur se ha convertido con el paso de los siglos desde que el templo fue destruido y los israelitas exiliados de su tierra.[96]

En la tradición mística, el ketoret se entendía como un símbolo de unidad e interconexión dentro de las personas y entre ellas. Según la ley judía, tenía que hacerse con once especias diferentes, incluida la *chelbenah* o gálbano. Aunque la propia chelbenah huele mal, era un ingrediente esencial de la oferta de ketoret de olor dulce, ya que, según la leyenda, cuando la chelbenah se juntaba con los otros diez ingredientes, en realidad agregaba dulzura a la fragancia dulce del ketoret.

La inclusión de la chelbenah en el ketoret sugiere que cuando nos unimos como comunidad, nos perdonamos mutuamente. Incluso los pecadores y los ladrones entre nosotros contribuyen a la perfección y la fragancia del conjunto. En conmemoración de la chelbenah, en la víspera del Yom Kipur antes del canto de la oración de apertura de Kol Nidre, los judíos recitan la siguiente invocación, que da la bienvenida formal a los pecadores que haya entre ellos para que se unan y sean aceptados de nuevo en la comunidad: «Con el permiso de Dios y el permiso de la comunidad nos autorizamos a orar junto a los pecadores».

---

95. A menos que el sumo sacerdote entrara espiritualmente preparado en el sanctasanctórum, su vida corría peligro. Según la tradición rabínica, hubo ocasiones en las que el sumo sacerdote no salió sano y salvo del sanctasanctórum, sino que pereció dentro.

96. Véase la conclusión del Talmud de Jerusalén, Ta'anit, para una descripción de estos alegres ritos de apareamiento.

El pensamiento jasídico también aplica el símbolo de la chelbenah al reino intrapsíquico. Así como la unidad entre todos los judíos, desde los pecadores hasta los santos, es un requisito para lograr la expiación, también, de acuerdo con esta forma de pensar, cada uno de nosotros debe recibir y reintegrar nuestra propia chelbenah interna en el Yom Kipur. En esta interpretación, se toma la chelbenah para simbolizar esa cualidad o parte de nosotros mismos que está menos desarrollada y es menos deseable: nuestra sombra, si lo prefieres. En la medida en que la negamos o rechazamos, esta parte permanece dividida y se convierte en una fuerza de confrontación en nuestras vidas. La inclusión de la chelbenah entre las especies dulces del ketoret nos enseña que debemos integrar nuestras debilidades y vulnerabilidades en la totalidad de nuestro ser. Cuando lo hacemos, pueden realmente añadir potencia y dulzura a nuestras vidas.

En mi propia vida y en mi trabajo como terapeuta, repetidamente he encontrado que esto es cierto. Solamente aceptando profundamente nuestras vulnerabilidades e integrándolas en la totalidad de nuestro ser, podemos transformarlas en fortalezas. Nuestros dones más grandes y nuestras heridas más profundas están inextricablemente unidos. Cuando unificamos nuestro ser, cada parte del yo encuentra su lugar en el contexto del todo. El rabino Kook escribe que al pecar, una persona entra «en el mundo de la fragmentación, y entonces cada ser en particular se mantiene por sí mismo, y el mal es malo en y fuera de sí mismo y es malo y destructivo. Cuando se arrepiente por amor, inmediatamente brilla sobre él la luz del mundo de la unidad, donde todo está integrado en un todo, y en el contexto del todo no hay maldad en absoluto. El mal se une al bien para adornarlo con más atractivo y para realzar su importancia. Así, los errores voluntarios se transforman en virtudes reales».[97]

El mensaje vital de estos dos antiguos ritos del Yom Kipur –el chivo expiatorio y las ofrendas de incienso– es que ninguna parte del yo, ni ningún miembro individual de la comunidad, puede ser separado del todo. Para que podamos llegar a nuestra completitud, todas las partes del ser deben mantenerse juntas como una sola. Y cuando nos unimos

---

97. Bokser, The Lights of Penitance, pág. 85.

como un colectivo, se constata algo más grande que la simple suma de los individuos. Juntos, nos perdonamos mutuamente, ya que a uno de nosotros nos hace falta el otro para compensar, y la debilidad de una persona puede evocar la fuerza de otra. En comunidad, entonces, encontramos nuestra completitud y sanación. En el Yom Kipur, los judíos dejan de verse a sí mismos como personas individuales aisladas para verse como miembros de una red interconectada, una comunidad en la que cada persona asume la responsabilidad de los pecados del colectivo. Este sentido de responsabilidad e interconexión comunitaria se refleja en las oraciones confesionales del Yom Kipur, que siempre se cantan en plural: hemos pecado, hemos robado, hemos odiado, y así sucesivamente.

El Yom Kipur es un momento en el que cada uno de nosotros recoge los pedazos rotos de nuestras vidas –como los antiguos israelitas recogieron los pedazos rotos de las primeras tablas– y tratamos de restablecer un sentido de completitud y coherencia como personas individuales y como comunidad. A pesar de todo lo que se ha roto o destruido a través de nuestros propios errores o por el destino mismo, el Yom Kipur, el día de la unificación, nos da la oportunidad de curarnos y estar completos una vez más.

Meditación sobre el autoperdón

Comienza esta meditación tomándote unos minutos para relajarte y centrarte, utilizando la práctica meditativa que sea mejor para ti o simplemente dedicando tiempo a prestar atención a tu respiración. A lo largo de esta meditación, si te distraes, tan sólo vuelve a centrarte en tu respiración.

Ahora quiero invitarte a abrir tu corazón a la posibilidad de perdonarte a ti mismo, de perdonarte verdadera y totalmente. Observa si puedes respirar en un sentido de amplitud en tu ser, la amplitud de un corazón abierto, un corazón que está dispuesto a amar, aceptar y perdonar.

Todos tenemos partes de nosotros mismos e historias de nuestro pasado de las que nos hemos escondido y nos hemos apartado porque no hemos podido perdonarnos a nosotros mismos. Todos tenemos traumas, humillaciones y pérdidas sin resolver; y muchos de nosotros tenemos un niño interior herido al que hemos expulsado de nuestras vidas y nos hemos visto obligados a vivir escondidos y aislados, exiliados de nuestros corazones.

En este estado de franqueza y amplitud, puede surgir en tu mente una imagen o un recuerdo de tu pasado: un recuerdo o una imagen de ti mismo de un momento en el que estabas profundamente herido, pero no pudiste reconocer y abrazar tu propio dolor con el corazón abierto. Observa si puedes abrazar ese recuerdo o imagen con un corazón lleno de amor, aceptación y perdón. Si surge una imagen de tu propio niño, toma a ese niño en brazos, sostenlo y di: «Te perdono, te perdono. Lamento mucho el dolor y el aislamiento que has tenido que soportar. No fue culpa tuya». Ahora di: «Te perdono» a tu propio niño usando tu nombre («_____, te perdono»).

Cuando le des la bienvenida al niño de vuelta a tu corazón, es posible que también tengas que pedirle perdón por las ocasiones en que no pudiste estar con él en el pasado. Pregúntale al niño qué necesita de ti para *perdonarte*. Déjate recibir el perdón de tu propio niño.

Tómate el tiempo que necesites para aportar alguna resolución o curación a tu recuerdo problemático. Cuando te sientas completo, observa si surge alguna otra imagen o recuerdo, y una vez más mira si puedes abrazar con compasión y perdón lo que surge, dando la bienvenida al recuerdo o imagen con un corazón abierto. Tómate el tiempo que sea necesario para traer también alguna resolución a esta situación.

Ahora reúne todas las diferentes imágenes de ti mismo, fusionando el yo adulto y el niño, uniendo el pasado y el presente en tu corazón; permítete sentir y reconocer cuánto tiene que ver la persona en la que te has convertido con la del pasado. Observa si puedes mirar atrás y reconocer cómo todo lo que ha pasado, incluso tus peores errores, te han llevado a convertirte en lo que eres hoy. Observa si puedes abrazarlo todo con un sentido de perdón para ti y para los demás, y también para Dios.

8

EL MITO DE LA REDENCIÓN MESIÁNICA

La herida que nos sana

Dios crea la curación antes que la enfermedad.

—El Talmud, Megillah 13b

En el mito antiguo y entre muchos pueblos tribales, encontramos que los poderes de curación a menudo se otorgan como un regalo de los dioses a una persona que está herida o vulnerable. En las sociedades chamánicas, por ejemplo, los aspirantes a chamanes suelen sufrir una enfermedad iniciática, experimentando estados extremos de desintegración y sufrimiento personal. De estos ritos de muerte y renacimiento, los chamanes reciben el poder de sanar a otros.

El motivo del sanador herido también aparece en la mitología griega, en la figura paradójica de Quirón el centauro, famoso por su sabiduría y conocimiento de la medicina. Aunque él es una fuente de curación inagotable, el mismo Quirón, de acuerdo con ciertas versiones del mito, sufre una herida incurable al haber resultado accidentalmente perforado por una flecha envenenada lanzada por Hércules. En la figura arquetípica del sanador herido, vemos una y otra vez que se puede acceder a los poderes curativos como resultado de la experiencia de ser herido.

En la tradición judía es el *mashiach*, o Mesías, quien encarna más claramente la imagen arquetípica del sanador herido. Cada una de las figuras míticas asociadas con el linaje mesiánico se presenta como herida, aunque cada una está herida de una manera diferente. Al examinar estas leyendas antiguas y el mito de la redención mesiánica, podemos aprender mucho sobre el proceso de curación, ya que, en última instancia, el Mesías simboliza el poder de curar y levantar todo lo que se ha caído en el mundo.

En la siguiente leyenda talmúdica, la herida del Mesías se retrata literalmente como una herida física:

Un día, el rabino Yehoshua ben Levi meditaba cerca de la entrada a la tumba del rabino Simón Bar Yohai, en Galilea, cuando tuvo una visión mística espontánea en la que se encontró con el profeta Elías. Aprovechó la oportunidad para hacerle a Elías una serie de preguntas importantes, entre otras «¿Cuándo vendrá el Mesías?». En lugar de responder directamente a la pregunta del rabino Yehoshua, Elías le sugirió que fuera y le preguntara directamente al Mesías. El rabino Yehoshua preguntó asombrado dónde encontraría al Mesías y cómo lo reconocería, y entonces Elías le dio instrucciones para que fuera a la entrada de las puertas de Roma y le dijo que allí encontraría al Mesías sentado entre los pobres, los enfermos y los miserables. ¿Cómo diferenciaría al Mesías de los demás? Mientras que todos los demás están ocupados desatando *todas* sus vendas y luego vendándolas de nuevo todas a la vez, el Mesías desatará y volverá a vendar cada herida por separado (de una en una) para estar listo en cualquier momento en caso de que lo llamen para que se revele.

Luego Elías llevó al rabino Yehoshua en una visión mística a las puertas de Roma, donde el rabino se encontraba con el Mesías y le preguntaba cuándo vendría. El Mesías respondió simplemente: «¡Hoy!», tras lo cual Elías explicó que «hoy» se refiere a un pasaje del Salmo 155: «Hoy, si tan sólo escucharas su voz». En otras palabras, el Mesías estaba preparado para revelarse de inmediato si tan sólo estuviéramos listos para recibirlo.[98]

La imagen de un Mesías que se sienta entre los desgraciados y los pobres, cubriendo sus propias heridas, sugiere que los poderes curativos mesiánicos se derivan de una conexión íntima con el sufrimiento. Al igual que con todos los sanadores heridos, los poderes curativos del

---

98. Talmud de Babilonia, Sanedrín 98a.

Mesías se derivan del conocimiento de una herida en la que él participa para siempre. Su compasión por el sufrimiento de la humanidad se deriva de su propia experiencia de sufrimiento.

Esta imagen particular del Mesías tiene un parecido sorprendente con la imagen cristiana de Jesús como el siervo sufriente de Dios. Sin duda, parte del atractivo emocional de la figura de Cristo se debe a la universalidad del sufrimiento humano. Las personas anhelan tener su propio dolor reflejado en un espejo divino. La imagen del Talmud del Mesías como herido y sufriendo sin duda cumple una función similar, reflejando la compasión divina y la empatía por la condición humana.

Sin embargo, en otra serie de leyendas sorprendentes, el Mesías se retrata de una manera que es muy diferente de la representación tradicional del salvador cristiano. En estas leyendas, la herida del Mesías ya no es literal sino familiar, una cuestión de linaje. A lo que me refiero es al motivo muy repetido de los «orígenes impuros» que rodea al nacimiento del rey David, el primer prototipo mesiánico. Muy lejos del mito de la inmaculada concepción de Jesús, el linaje del rey David está lleno de historias de escándalo sexual, incesto y pecado. De acuerdo con las escrituras y la leyenda midrásica, los ancestros de David, tanto maternos como paternos, se involucraron en uniones sexuales ilícitas o al menos cuestionables.[99] No sólo pecaron los ancestros del rey David, sino que él mismo cometió varios pecados graves como rey, incluido el adulterio y el asesinato.[100]

---

99. Por parte materna, el rey David es descendiente de Rut, que era una conversa de la nación moabita, quien, según las Escrituras, descendía de las relaciones incestuosas que Lot había tenido con su hija mayor mientras estaba borracho después de la destrucción de Sodoma y Gomorra (Génesis 19:37). Por parte paterna, el rey David es descendiente de Pérez, quien nació de las relaciones sexuales inconscientes de Yehuda con su nuera, Tamar (Génesis 38:29). Todavía hay otra leyenda más de escándalo sexual relacionada con el nacimiento del rey David. Según esta leyenda, el padre de David, Jesé, tenía la intención de dormir con su criada la noche en que David fue concebido. Cuando la madre de David se enteró de esto por la criada, se introdujo secretamente en la alcoba, para que luego pudieran concebir a David mientras su padre pensaba que estaba durmiendo con la criada ¡en lugar de con su esposa!

100. David comete adulterio con Betsabé y luego se encarga de que el marido de ella, Urías el hitita, sea puesto en la línea del frente en la batalla, donde es asesinado. Véase 2 Samuel 11.

Lo que más llama la atención de las leyendas del rey David es que contrastan con la historia de su predecesor, el rey Saúl, quien, aparte de no obedecer el mandato de Dios en la guerra contra Amalec, no cometió errores. Sin embargo, por el simple error de no ejecutar al rey de Amalec y tomar el botín de guerra, perdió su reinado.[101] Los comentaristas bíblicos preguntan por qué Saúl fue castigado tan severamente por un solo error, mientras que el rey David, que cometió los dos pecados cardinales de adulterio y asesinato, fue perdonado. David no sólo fue perdonado, sino que también fue elegido para convertirse en el prototipo mesiánico a quien se le otorgó el reinado eterno. La respuesta dada por varios comentaristas es que, en lugar de reconocer su error, Saúl se disculpó por ello, mientras que el rey David confesó sus pecados inmediatamente cuando se enfrentó a la reprimenda del profeta Natán. Luego pasó el resto de sus días comprometido en un sincero arrepentimiento, como se refleja en estos versículos del Salmo 51, que escribió: «Sé misericordioso conmigo, Dios, según Tu amor inquebrantable; por tu gran misericordia, borra mis transgresiones. Lávame completamente de mi maldad y límpiame de mi pecado. Porque reconozco mis transgresiones; y mi pecado está siempre delante de mí. Sólo contra Ti he pecado y he hecho lo que es malo ante Tus ojos».

Como el elegido para ser el prototipo mesiánico, el rey David proporciona un modelo en el que el redentor no necesita ser perfecto, pero debe poder enfrentar sus errores con honestidad y humildad. Es la integración del poder con la vulnerabilidad y la santidad con pecaminosidad lo que caracteriza al Mesías judío. Los orígenes impuros y corruptos del Mesías sugieren que para levantar todo lo que ha caído en este mundo, el Mesías debe estar íntimamente conectado con el dolor y el mal que necesitan la redención. Dado que la redención implica la transformación de la oscuridad en luz y de la impureza en santidad, el Mesías mismo debe estar conectado a la impureza. Por lo tanto, sólo un sanador herido/pecador arrepentido puede convertirse en el redentor mesiánico.[102]

---

101. Véase 1 Samuel 15 para una descripción del pecado de Saúl.

102. Un maestro jasídico señaló que la gematría, o valor numérico, de la palabra hebrea para Mesías, mashiach, es 358, igual a la de la palabra nachash, o serpiente. Así, la fuente del mal en el mito bíblico, la serpiente, está conectada a la fuente de la curación, el Mesías.

Los rabinos extendieron esta noción a los líderes en general. En palabras del Talmud, «Uno no debe designar a nadie como líder de una comunidad, a menos que lleve una cesta de reptiles [impuros] a su espalda, de modo que si se vuelve arrogante, se le pueda decir: "Date la vuelta y mira detrás de ti"».[103]

En contraste con nuestros líderes seculares contemporáneos, con su autocrítica hipócrita, los rabinos consideraron que tener esqueletos en el armario familiar o un pasado manchado era una ventaja para los líderes debido a su efecto humillante. Al elegir al pecador arrepentido como prototipo de su redentor, la teología judía adoptó la imperfección en lugar de la perfección como su ideal. Esto contrasta con la cultura estadounidense contemporánea, donde a nuestros líderes rara vez se les da una segunda oportunidad. De hecho, los políticos aprovechan cualquier oportunidad para exponer los errores de sus oponentes, creando una atmósfera en la que es prácticamente imposible para los líderes admitir abiertamente sus fallos y expresar su remordimiento. Sin embargo, es precisamente esta capacidad de admitir los errores de uno y de sufrir la humillación privada y pública que conlleva el arrepentimiento lo que lo capacita para ser un verdadero líder judío.

Otra enseñanza judía extraordinaria, que aparece en numerosas fuentes midrásicas diferentes, sugiere que «el Mesías nació el mismo día en que el templo [de Jerusalén] fue destruido».[104] Esta sentencia, que se decía en referencia a la destrucción del segundo templo de los romanos en los años setenta de la era común, se basa en la noción mística de que la luz más brillante emerge del momento de mayor oscuridad. El símbolo de un redentor que nace en el momento de mayor dolor y pérdida nos enseña que la vida es cíclica, que la muerte y el nacimiento están vinculados, y que a cada final le sigue un nuevo comienzo. Según un relato contado por Martin Buber:

Le preguntaron al rabino Pinhas [de Koretz]: «¿Por qué debería nacer el Mesías en el aniversario de la destrucción del templo,

---

103. Talmud de Babilonia, Yoma 22b. La expresión usada aquí, kupah shel sheratzim, implica que uno se ha hecho impuro por el contacto con criaturas impuras.
104. Talmud de Jerusalén, Berajot 17; Midrash Eicha Raba 1:57

como dice la tradición?». «El fruto», respondió él, «que se siembra en la tierra debe romperse en pedazos para que la espiga de grano brote de él. La fuerza no puede ser resucitada hasta que haya vivido en un profundo secreto. Eliminar una forma para surgir una forma: esto se hace en el estado de la nada pura. En la cáscara del olvido, el poder de la memoria crece. Ése es el poder de la redención. En el día de la destrucción, el poder se encuentra en el fondo de las profundidades y crece. Por eso, en este día, nos sentamos en el suelo. Por eso, en este día, visitamos tumbas. Por eso, en este día, el mesías nace».[105]

Para comprender el significado y el mensaje de sanación profunda que implica esta enseñanza, uno debe recordar el significado espiritual y nacional del templo de Jerusalén en la antigua vida judía. Como mencioné anteriormente (capítulo 3), el templo de Jerusalén fue una fuerza unificadora para el pueblo judío tanto en el sentido práctico como en el místico. Sirvió como un símbolo de la soberanía nacional judía y como un lugar de reunión donde todas las diferentes tribus se reunían en las vacaciones de peregrinación. Su existencia simbolizaba el profundo vínculo de amor entre Dios e Israel y representaba la unión de todos los opuestos: cielo y tierra, masculino y femenino, espíritu y materia. La destrucción del templo marcó un acontecimiento cataclísmico sin igual en la historia del pueblo judío. Hasta el día de hoy, los judíos lloran su destrucción y rezan diariamente por la reconstrucción del templo, que se considera un símbolo de la futura redención.

La creencia de que el redentor y la posibilidad de redención nacen de las cenizas de la destrucción tiene una función terapéutica poderosa. Similar a una técnica hipnótica utilizada en el tratamiento del trauma, este mito crea un vínculo emocional entre la experiencia del trauma devastador y el optimismo último: la esperanza de la redención y el renacimiento. El nacimiento del Mesías el día en que se destruyó el templo constituye lo que el antropólogo cultural Victor Turner llama un arquetipo polar, que une los polos opuestos de destrucción y redención en una sola narración. Al igual que el mito luriano de los recipien-

105. Buber, The Early Masters, pág. 123.

tes rotos, redefinió un acontecimiento que se había experimentado como una catástrofe nacional como un evento que finalmente conduciría a la transformación y renovación. Al hacer esto, proporcionó un renovado sentido de esperanza y fe a un pueblo desilusionado por la derrota y el exilio.

El mito del nacimiento del Mesías en el día de la destrucción del templo se basa en el simbolismo del ciclo lunar, fundamental para todas las religiones basadas en la Diosa. Al igual que a la luna nueva le sigue la noche más oscura de cada mes, la observación de la luna nos enseña que los finales siempre van seguidos de nuevos comienzos. A pesar de su repudio al culto a la Diosa, el judaísmo incorporó muchos de los valores y símbolos espirituales de esta antigua sabiduría femenina. Vemos esto claramente en la figura del Mesías, que se dice que encarna el poder regenerativo de la luna, la capacidad de traer renovación y nuevas esperanzas a toda la humanidad. Los judíos se enorgullecen de ser observadores de la luna, ya que el calendario judío es esencialmente lunar. De hecho, en el ritual mensual de santificar la luna nueva (*kidush ha'chodesh*), los judíos bailan bajo el cielo iluminado por la luna, y mientras saltan hacia arriba y hacia abajo, apuntan a la luna creciente y evocan el recuerdo eterno del primer rey mesiánico: «David, el rey de Israel, vive para siempre».

Motivos mesiánicos en la sanación

En las enseñanzas jasídicas, el Mesías se vio no sólo como un verdadero salvador de la humanidad, sino también como un poder dentro de cada alma que puede lograr la sanación y la transformación. La chispa mesiánica, o *nekudat mashiach*, como se la conoce en hebreo, es lo que nos permite a cada uno de nosotros transformar las difíciles circunstancias de nuestras vidas en algo significativo y sagrado. Se despierta cada vez que descubrimos la fuerza divina de la curación, que se mueve a través de nuestras vidas en los momentos más oscuros.

Cada vez que trabajo con un cliente que sufre una pérdida devastadora o una gran crisis en la vida, estas enseñanzas están presentes en mi corazón. En ciertos puntos del tratamiento, puedo usar el mito del

Mesías como un medio para alentar a los clientes a encontrar las posibilidades de redención ocultas en sus difíciles circunstancias. Sin embargo, el tiempo lo es todo para llevar este tipo de historias de enseñanza al tratamiento. En medio de una tragedia personal, las personas normalmente sólo necesitan sentarse con sus sentimientos de desesperanza y desesperación y sentir nuestra empatía por su dolor y nuestro apoyo por ellos. Nuestra presencia les permite soportar lo insoportable. Sin embargo, llega un momento en que las semillas de la «redención» pueden plantarse con delicadeza, como hice con Sarah, una mujer a quien aconsejé después de que su esposo la abandonara tras veinte años juntos.

Durante el primer año después de su separación, Sarah se llenó de profunda rabia y pena. Ella no podía dejar de sentirse terriblemente traicionada y ofendida. Su fe en sí misma y en Dios había quedado destrozada como resultado del abandono de ella por parte de su esposo, ya que su matrimonio había sido religioso. Después de muchos meses de empatía por su ira, comencé a sentir que Sarah se estaba convirtiendo en prisionera de su propia ira y de sus sentimientos de injusticia. Parecía incapaz de ver su situación de otra manera que no fuera como víctima.

Algo cambió para Sarah, sin embargo, cuando mencioné el simbolismo del nacimiento del Mesías el día en que se destruyó el templo. De alguna manera, esta metáfora en particular parecía tocarla con profundidad, y se sintió especialmente conmovida por la aplicación personal de este mito a su propia situación. Le ofrecía esperanza en lugar de su desesperación e insinuaba cómo este final en su vida podría conducir a un nuevo comienzo. Después de meses de sentirse totalmente devastada, Sarah finalmente comenzó a reconocer que una parte de ella había estado muriendo en el matrimonio y que el final de la relación, sin importar lo doloroso y devastador que hubiera sido, también la estaba permitiendo volver a ser ella misma. Aunque todavía sentía mucho dolor por la ruptura de su familia, comenzó a sentir que en su soledad se estaba reconectando profundamente con su verdadero yo, un ser que, por desgracia, había sacrificado para ser amada.

Durante los siguientes meses de tratamiento, Sarah comenzó a explorar cómo por el matrimonio se había desprendido demasiado de su autonomía y con gran frecuencia había dejado en suspenso sus propios objetivos para mantener la paz. Poco a poco, comenzó a darse cuenta de que su divorcio era un paso necesario para su propia curación, no uno que hubiera elegido conscientemente, sino el que se necesitaba para que ella emergiera a la plenitud de su propio ser.

El entendimiento de Sarah significó que era hora de dejar de lado su ira y comenzar a trabajar en el perdón. Durante este proceso, continué usando la metáfora de la destrucción del templo para reconocer lo trágica que había sido la ruptura, pero también para mostrar cómo se había liberado una fuerza redentora en ella como resultado de aquello. Aunque, como consecuencia de la ruptura Sarah nunca volvería a tener la unidad de su familia nuclear, finalmente se convirtió en la persona que tanto deseaba.

Al igual que Sarah, cada uno de nosotros puede aprender a afrontar los «finales» en nuestras vidas y llegar a un acuerdo con ellos con mucho menos temor y resistencia cuando desarrollamos fe en la semilla redentora que se planta cada vez que arrojamos una piel vieja. Y al identificar temas arquetípicos como la destrucción del templo y el nacimiento del redentor en nuestras vidas personales, aprendemos a ver nuestros propios dramas personales a través de una lente mucho más amplia. Y cuando nuestros dramas personales se ven reflejados en los mitos más grandes, nos sentimos menos solos en nuestro dolor personal, que ahora se convierte en parte del dolor de un universo que se muere y se renueva perpetuamente.

Cuando nos damos cuenta de que este proceso está ocurriendo en toda la existencia en todo momento, desde el nivel macrocósmico hasta el nivel microcósmico, celular, comenzamos a tomar nuestras vidas un poco menos personalmente, en el sentido de que vemos que no somos únicos ni estamos solos en nuestro sufrimiento. Al decir esto, no pretendo descartar la experiencia de los sentimientos dolorosos. Más bien, estoy sugiriendo que cuando vemos nuestras vidas a través de la lente mítica más grande, comenzamos a experimentar nuestras vidas como parte de una matriz de significado mucho mayor en la que cada transición que experimentamos, ya sea una muerte, un divorcio o una enfermedad, puede iniciarnos en los grandes misterios de la vida.

La curación de la adversidad y la enfermedad

Cuando la adversidad y la enfermedad son vistas como una fuerza esencial y vital en el crecimiento y la transformación humana, no sólo como cosas que se deben soportar o superar, se les otorga un papel sagrado en nuestras vidas. El analista junguiano C. Jesse Groesbeck señala en su ensayo «La imagen arquetípica del sanador herido» que «cuando la enfermedad se otorga con tanta dignidad, tiene la inestimable ventaja de que se puede dotar de un poder curativo». La *divina afflictio* [aflicción divina] contiene su propio diagnóstico, terapia y pronóstico siempre que se adopte la actitud correcta hacia ella. El arte de curar se dejaba al divino médico en los tiempos antiguos. Él era la enfermedad y el remedio».[106] Cuando se la considera un rito de iniciación en lugar de una fuerza desfiguradora o incapacitante, cada enfermedad se convierte en un camino hacia una curación particular o un don personal. Si escuchamos profundamente su mensaje en lugar de intentar eliminarlo, la enfermedad puede curarnos en lugar de hacerlo al revés. Quizás esto es lo que sugirieron los antiguos sabios talmúdicos cuando dijeron: «Dios crea la curación antes que la enfermedad».[107]

La noción atemporal de que Dios crea la curación antes que la enfermedad sugiere que cuando necesitamos curarnos de una manera particular, el sanador divino puede provocar síntomas o situaciones que nos obliguen a manifestar ese poder curativo. El resultado deseado es la curación; los medios para la curación, en ciertos momentos, pueden ser una enfermedad u otra crisis no anticipada.

La noción de que lo que nos hiere también puede curarnos se insinúa en varias historias bíblicas. Durante su viaje por el desierto, por ejemplo, los israelitas son atacados y envenenados por serpientes, y Moisés recibe instrucciones de curar a los heridos haciendo una serpiente de bronce para que la observen. Usando una réplica de lo que los hirió para traer curación, Moisés aprende el secreto de la homeopatía, sanando el *igual* a través del *igual*. Incluso el material que Moisés usa

---

106. C. Jesse Groesbeck, «The Archetypal Image of the Wounded Healer», Journal of Analytic Psychology 20 (1975): 122-145.
107. Talmud de Babilonia, Megillah 13b.

para construir la réplica de la serpiente está conectado con la serpiente misma, porque la palabra hebrea para el bronce es *nechoshet*, un juego de palabras sobre la palabra *nachash*, o serpiente.

Y la herida y la curación son una y la misma de otra manera. Como se deja claro en Números 21:6-8, fue Dios quien envió las serpientes y le aconsejó a Moisés sobre cómo curar a las víctimas:

> Entonces el Señor envió serpientes de fuego entre la gente, y mordieron a la gente, de modo que murieron muchos israelitas. Y el pueblo vino a Moisés y le dijo: «Hemos pecado contra ti; ruega al Señor que nos quite las serpientes». Entonces, Moisés oró por el pueblo. Y el Señor le dijo a Moisés: «Haz una serpiente de bronce y métela en un palo, y todo el que sea mordido, cuando lo vea, vivirá».

La noción de que tanto el agente que hiere como el proceso de curación son los mismos sugiere que la enfermedad y la curación provienen de una fuente divina unificada. «Lo que hiere también sana», dijo el antiguo oráculo de Delfos. Y debido a que la enfermedad y la curación están tan profundamente conectadas, nuestros síntomas a menudo se convierten en el camino de nuestra curación.

Se puede encontrar más evidencia de esta noción de enfermedad como curación en la manera en que se forma el sistema inmunológico del niño. El sistema inmune exquisitamente complejo solamente desarrolla la capacidad de combatir la enfermedad a través de la exposición repetida a los gérmenes y la experiencia repetida de la enfermedad. En este sentido, la enfermedad apoya el desarrollo de la salud, es decir, los dos son inseparables. De hecho, la salud no es posible sin la enfermedad. Así, también, en el reino del alma. Ciertos poderes del alma pueden emerger sólo cuando luchamos con la adversidad. Aunque ninguno de nosotros escogería conscientemente estar enfermo, cuando nos sacan de los confines seguros de nuestras vidas ordinarias debido a una enfermedad o trauma, descubrimos nuevas cualidades y fortalezas en nosotros mismos que quizás nunca nos imaginamos poseer.

Siempre que he trabajado con personas que han sufrido un período significativo de enfermedad, todas expresan la sensación de no ser la misma persona que eran antes de la enfermedad. Y casi invariablemente, están llenos de una extraña sensación de gratitud por los cambios que provocó la enfermedad, aunque nunca hubieran elegido conscientemente pasar por eso.

De manera similar, los supervivientes de un trauma que se someten a un tratamiento a menudo encuentran que se sienten más sanos y fuertes que antes del trauma. Parece que en situaciones de estrés extremo, el asalto a nuestros mecanismos de superación característicos nos obliga a cambiar a un nivel más complejo de funcionamiento. En efecto, los acontecimientos traumáticos nos obligan a manifestar nuevos mecanismos de superación y nuevas fortalezas que de otra forma nunca habríamos logrado.[108]

Luchar con los ángeles

La historia bíblica de la lucha de Jacob con el ángel es un ejemplo clásico de curación y bendición que viene después de una experiencia dolorosa. La historia, contada en Génesis 32, tiene lugar en la noche del regreso del exilio de Jacob después de veintidós años lejos de su familia y su tierra natal. Mientras Jacob pasa la noche solo, preparándose para enfrentarse a su hermano separado, Esaú, con quien tiene un doloroso asunto inacabado desde la infancia, es atacado por un hombre (o, en hebreo, *ish*) con quien lucha hasta el amanecer.

La pelea comienza con Jacob luchando contra lo que parece ser un adversario terrenal, pero progresivamente se vuelve más surrealista y sim-

---

108. Esta noción encaja bien con la teoría de las estructuras disipativas formulada por el famoso químico Ilya Prigogine. El principio básico de su teoría es que las estructuras complejas evolucionan hacia una mayor complejidad cuando están expuestas a tensiones extremas o perturbaciones que sacuden el sistema, causando un reordenamiento y una transformación creativos. Es su vulnerabilidad esencial o la apertura a las perturbaciones lo que permite transformar tales estructuras complejas, por lo que, en cierto sentido, su fragilidad es la clave de su crecimiento. En contraste, las estructuras menos vulnerables y más aisladas tienden a resistir el cambio y, como resultado, es probable que se estanquen. Para una exposición de cómo se aplica a la curación la teoría de Prigogine de las estructuras disipativas, véase Larry Dossey, Space, Time, and Medicine (Boulder: Shambhala Publications, 1982), págs. 82-97. (Tiempo, espacio y medicina, Kairós, 2006).

bólica hasta que la lucha exterior de Jacob viene a reflejar su lucha interior, la lucha por hacer las paces con su lado oscuro, la parte de él que siempre proyectó sobre Esaú. Aunque Jacob está herido en su terrible experiencia, finalmente prevalece y es bendecido por su adversario con un nuevo nombre, un nombre espiritual: Israel, o luchador de Dios. Como narra el Génesis, el ángel dijo: «Tu nombre ya no será Jacob sino Israel, porque has luchado con Dios y con el hombre y has prevalecido».

Cuando examinamos la narración bíblica, parece que la transformación del trauma en bendición y del daño en curación se produce cuando Jacob se da cuenta de la naturaleza divina de su adversario, que de hecho no es sólo un hombre, un ish, sino un ángel o un mensajero de Dios. Al darse cuenta de esto, Jacob pone el nombre de *Peniel* –el rostro de Dios– al lugar de su lucha y declara: «Vi a Dios cara a cara y mi alma se salvó».

Todos somos muy parecidos a Jacob en ese sentido, porque al encontrarnos con el rostro de lo divino en nuestras luchas y adversidades es cuando nuestras heridas se convierten en una fuente de bendición. Al descubrir la mano divina que se mueve a través de nuestras vidas y les da forma, descubrimos un significado más profundo de nuestra existencia. Esta restauración del significado es en sí misma una fuente profunda de curación.

Significado sin culpa

En cualquier discusión sobre el significado espiritual de enfermedad o adversidad, es extremadamente importante no atascarse en viejos paradigmas que se basan en un sistema de contabilidad moral de los caminos de Dios. El viejo paradigma, basado en la noción talmúdica de que no hay sufrimiento sin pecado, intentaba justificar todo sufrimiento humano estableciendo una causa y efecto morales, esencialmente culpando a la víctima. Este enfoque apela a la psique primitiva que hay en nosotros que quiere saber que las cosas no son completamente aleatorias y están fuera de control en el universo. Sin embargo, al tratar de ver a Dios como siempre justo y en control, a menudo terminamos culpándonos a nosotros mismos y a los demás injustamente por su destino.

Para cualquier persona que se ocupa de una enfermedad, es importante explorar las posibles conexiones causales entre su enfermedad y cualquier hábito y comportamiento destructivo que esté en su mano cambiar. Las personas necesitan sentirse capacitadas para hacer lo que está bajo su control para afectar su salud de manera positiva. La autorreflexión puede ser una herramienta muy útil, ya que nos permite responsabilizarnos de nuestras acciones y cambiar comportamientos que son claramente autodestructivos. Sin embargo, en la medida en que la vida rara vez es un asunto puramente de causa y efecto, y las personas que están enfermas ya están agobiadas por una culpa excesiva, las teorías demasiado simplistas de la responsabilidad moral no son del todo útiles. Necesitamos equilibrar la opinión de que nuestras mentes y hábitos de salud desempeñan un papel importante en nuestra salud y bienestar con un humilde respeto por el elemento misterioso de la vida. A veces no hay un *por qué*. Incluso el Talmud reconoce que hay momentos en que el sufrimiento no se puede explicar fácilmente. Sugiere que hay una forma de sufrimiento no causal, que se separa de todas las otras formas de sufrimiento. Aconseja a los afligidos: «Si encuentras que el sufrimiento está sobre ti, busca en tus formas. Si has buscado y no has encontrado ningún delito, considera la posibilidad de que estés perdido en el trabajo espiritual o en el estudio de la Torá. Si después de una búsqueda profunda con el alma no puedes encontrar ningún indicio de culpa o falta espiritual, debes saber que tu sufrimiento está sufriendo de amor».[109]

No está del todo claro lo que quiere decir el Talmud con «sufrir de amor». A primera vista parece ser uno de esos clásicos «replanteamientos» rabínicos de la realidad, basado en la idea de que lo que parece malo en la superficie puede enmascarar algo de bondad oculta. Puede parecer que Dios no nos ama cuando sufrimos sin una razón obvia, sin embargo, el Talmud nos dice que tal sufrimiento, por el contrario, puede ser una expresión de amor, ya que a menudo tiene el efecto de acercarnos a Dios. No existe una causalidad operativa en este caso, sino simplemente el fenómeno misterioso de que el sufrimiento tiene el potencial de llevarnos a períodos íntimos con el espíritu. Se puede despertar el amor.

---

109. Talmud de Babilonia, Berachot 5a.

En mi trabajo de terapia, encuentro que cuando las personas se cuelgan de la pregunta de «por qué *me* está pasando esto», invariablemente caen en la autocompasión («*oy veh iz mir!*» – «¡pobre de mí!») o en una autodefensa excesiva («es todo culpa mía»). La pregunta de «¿por qué a mí?» tiende a inducir sentimientos de enojo y frustración, ya que no importa lo mucho que busquemos la razón de nuestro sufrimiento, pues rara vez tiene sentido desde la perspectiva de «justicia». El universo (Dios) es «justo», pero a veces simplemente no lo es. Y cuando no podemos encontrar una buena respuesta a la pregunta de por qué, es fácil perder la fe que tengamos en Dios.

El Talmud, de hecho, cuenta una historia sobre un famoso erudito y místico llamado Elisha ben Abuyah, que perdió su fe cuando vio morir a un hombre mientras realizaba una mitzvá que se considera que prolonga la vida. De acuerdo con la Torá (Deuteronomio 17:6-7): «Si te topas con un nido de pájaros en el camino, en un árbol o en el suelo, ya sean pajaritos o huevos, y la madre está sentada sobre los pajaritos o los huevos, no te lleves a la madre con la descendencia. Deja libre a la madre y llévate los pajaritos para que las cosas sean buenas para ti y tus días se alarguen». Cuando Elisha ben Abuya vio a un hombre morir mientras realizaba esta mitzvá, concluyó que «no hay justicia y no hay juez».[110] Al contarnos este relato, el Talmud parece estar dirigiéndonos a dejar de lado la necesidad de encontrar siempre conexiones directas y causales entre los hechos humanos y la recompensa o el castigo. La vida no siempre va a ser justa, y no merecemos todo lo que nos sucede, ya sea bueno o malo.

Más allá de la causalidad

La perspectiva teleológica

Creo que las preguntas de la teleología, que abordan el fin o propósito final de las cosas, llevan a un discurso mucho más útil sobre el significado que las preguntas de la causalidad. Cuando miramos las cosas

---

110. Talmud de Babilonia, Kidushim 40a.

desde la perspectiva teleológica, comenzamos a hacer preguntas tales como:

- ¿A dónde puede llevarme esta experiencia y quién podría llegar a ser yo como resultado?
- ¿Cómo puedo crecer estando plenamente presente en mi experiencia?
- Qué me está revelando Dios a través de esta revelación particular de la divinidad conocida como enfermedad?

Este enfoque no causal y progresista de la búsqueda de significado elimina el ciclo de autoculpa con el que la mayoría de las personas enfermas ya están sobrecargadas. Me gusta especialmente la última pregunta porque enmarca la enfermedad como un rostro más de Dios. Pero meditar sobre cualquiera de estas preguntas u otras similares y no sobre «por qué a mí» transforma la experiencia de la enfermedad en una experiencia reveladora en lugar de en una excusa más para machacarse a uno mismo. Y cuando vemos que la enfermedad emana de la misma fuente divina a la que acudimos para curarnos, la enfermedad y la curación se convierten en una sola meditación que nos lleva a apreciar la naturaleza no dual de Dios.

En mi trabajo con pacientes con cáncer y personas con problemas médicos y de discapacidad, he encontrado que este enfoque es muy útil. Cuando mi clienta Carol se sometía a radioterapia y quimioterapia para el cáncer de mama, estaba atrapada en un clásico ciclo de autoculpa. Repetidamente decía que sentía como si estuviera siendo castigada por Dios con su enfermedad. Se sentía como si estuviera sucia de alguna manera y se hubiera merecido lo que estaba pasando.

Me di cuenta de que la autoculpa irracional de Carol enmascaraba un dolor infantil no resuelto que estaba resurgiendo en este momento difícil de su vida. Mientras explorábamos esto juntas, Carol reveló que uno de sus tíos había abusado sexualmente de ella cuando era niña. Este abuso se había prolongado a lo largo de muchos años en los que había pasado bastante tiempo en casa de su tío. Durante la infancia de Carol, sus padres habían estado tan preocupados por sus propias dificultades que ella nunca sintió que pudiera atraer su atención hacia sus necesidades, por lo que nunca les había mencionado el abuso. Con todo, Carol creció viéndose a sí misma como una carga para los demás y no se sentía con derecho a que sus propias necesidades fueran satisfechas.

Al ver su enfermedad como un castigo de Dios, un signo de su indignidad, Carol parecía estar fusionando su experiencia infantil de abandono y abuso con su experiencia de ser una paciente de cáncer. En la mente de Carol, Dios se había convertido en una extensión de sus cuidadores negligentes; su cáncer era la prueba de que ella no era digna de ser amada. Este tipo de fusión inconsciente de la experiencia de Dios con la imagen interna de los padres y los primeros cuidadores es una forma en que la fe comúnmente se distorsiona.

Le sugerí a Carol que en lugar de ver su cáncer como un castigo de Dios, ella podría abrirse a la posibilidad de que Dios estuviera allí con ella en su enfermedad, abrazándola con compasión. Esta noción tuvo un efecto radical en Carol. En lugar de sentirse castigada por Dios con su dolencia, comenzó a ver cómo su enfermedad la conectaba con Dios. También la estaba llevando a conectarse con partes de su ser que nunca había tocado. Con mucho entusiasmo, Carol se unió a un grupo de apoyo espiritual y comenzó lentamente a dejar que otros participaran de su soledad y vergüenza. También comenzó a asistir a clases de meditación y arte, y se encontró expresando partes de sí misma que no habían sido tocadas desde la infancia. Cuando Carol dejó de lado la vergüenza asociada con ser paciente de cáncer, comenzó a permitir que otros la apoyaran en los momentos difíciles que afrontaba. Por primera vez en su vida, Carol sintió un profundo sentido de conexión con Dios, su yo central y su comunidad, todo como resultado de su enfermedad.

Los efectos secundarios de los tratamientos de radiación que Carol estaba recibiendo seguían apareciendo. La fatiga que experimentaba en los días y semanas posteriores a los tratamientos era difícil de soportar. Carol también experimentaba los tratamientos de radiación como humillantes y me pidió que la ayudara a diseñar una meditación espiritualmente edificante que pudiera usar durante y después de los tratamientos. Juntas creamos la práctica de imaginar que la radiación era un conducto de la luz divina de sanación. Durante los tratamientos, ella cerraba los ojos y simplemente se imaginaba que estaba en la presencia incondicionalmente amorosa de la Shejiná, la divina femenina. En lugar de centrarse en el poder destructivo de la radiación, imaginaba que era una manifestación de la radiante luz y amor de la Shejiná. Al mismo tiempo, se imaginaba a sí misma rodeada por todos sus amigos y por la comunidad, viéndolos como personas que la apoyaban y le enviaban su amorosa energía para la curación.

En los días posteriores a cada tratamiento de radioterapia, Carol se sentía cómoda envolviéndose en un talit (mantó de oración) y concentrándose una vez más en la misma meditación. Carol se encuentra actualmente en remisión completa de su cáncer, y se ha dedicado a ayudar a otras mujeres que están lidiando con el cáncer y las enfermedades crónicas.

Meditación sobre la integración de las fortalezas y las debilidades

Tómate unos minutos para relajarte y centrarte. Ahora trata de ponerte en contacto con tus mayores fortalezas como persona al considerar preguntas como las siguientes:

- ¿Cuáles son tus recursos espirituales/emocionales más poderosos?
- ¿En qué estás excepcionalmente dotado?
- ¿Qué es lo que otras personas consideran especial de ti?

Tómate un momento para sentir aprecio por los dones personales y las bendiciones que posees.

Ahora trata de abrir tu corazón también a tu propia sensación de herida y vulnerabilidad, a las formas en que te has sentido herido, abandonado, no amado o insuficiente. Trata de abrir completamente tu corazón a tu yo herido.

A medida que experimentas al mismo tiempo tus fortalezas y vulnerabilidades, puedes mantener a todo tu ser en un abrazo amoroso.

Observa si puedes comenzar a reconocer cómo están conectadas tus fortalezas y debilidades, derivadas de una fuente común. Descubrir esta conexión puede llevar a un profundo sentido de autoaceptación y perdón a uno mismo. Observa si puedes ofrecer un agradecimiento por todo, tanto por lo amargo como por lo dulce.

Sólo al abrirnos completamente,
permitiendo a nuestro corazón y a todo nuestro ser
abrirse una y otra vez,
más allá de lo que creíamos posible,
se revela la joya irrompible:
el amor merecido por ser ella misma,
el diamante radiante que siempre hemos sido.
Al amar, amar verdaderamente cada aspecto
de quienes somos,
nace una risa inexplicable
desde el más profundo dolor,
emerge una canción exquisita
del grito más aterrador,
se despierta el niño más tierno,
a través del odioso asesino,
se revela nuestra santidad más pura
por nuestra voluntad de abrazar
lo que más nos asusta
y encontramos inesperadamente el tesoro
donde menos esperamos que esté.
A menudo en la parte más repudiada
de quienes somos.

—Rashani, «Una y otra vez»

9

PASAR DEL JUICIO A LA COMPASIÓN

Grandes son los justos porque transforman el juicio en
misericordia.

—MIDRASH BEREISHIT RABA 33:3

Al principio, Dios pensó en crear el mundo a través de la cualidad
del juicio (din), pero al darse cuenta de que el mundo no podía
soportar este nivel, Dios añadió la calidad de la compasión
(rajamim).

—MIDRASH BEREISHIT RABA 12:15

Un viernes por la mañana, un grupo de jasídicos se dirigió a la ciudad de Lublin para pasar el Sabbat con su maestro, el legendario vidente reb Yaacov Yitzhak, también conocido como el Vidente de Lublin. El reb David de Lelov, cuyo profundo amor por los animales le valió la reputación de talentoso susurrador de caballos, estaba entre este grupo de discípulos. Después de encontrar varios obstáculos y retrasos en su camino, el grupo llegó el viernes por la tarde justo cuando el sol estaba a punto de ponerse. Temiendo que llegarían tarde a las oraciones del Sabbat y se perdieran las sagradas enseñanzas del vidente, el grupo abandonó apresuradamente su caballo y su carruaje y corrieron a la sinagoga, todos los que eran, excepto el reb David. Cuando el vidente se dio cuenta de que el reb David no había aparecido, envió a los demás a buscarlo. ¿Dónde lo encontraron? En la caballeriza, alimentando a los caballos. Cuando le preguntaron qué estaba haciendo allí, él respondió que todos los demás se habían escapado sin pensar en alimentar y dar de beber a los caballos, que estaban cansados del arduo viaje, y por eso se había quedado atrás para hacer precisamente eso.

El reb David fue un jasídico en el verdadero sentido de la palabra, un amante de lo divino, y su amor por Dios se expresó a través de su profunda compasión por todas las criaturas y todos los seres vivos. Estaba absolutamente claro para el reb David que al observar la mitzvá de *tzaar ba'alei chaim*, el mandamiento de prevenir el sufrimiento de los animales, obtendría más cercanía con Dios que buscando la elevación espiritual en la sinagoga. El reb David comprendió que es en la expresión de compasión –el amor y el cuidado que brindamos a todos los seres vivos– donde encontramos la presencia divina; en última instancia, la compasión, o *rajamim*, como se le llama en hebreo, es la esencia misma de Dios.

El misticismo judío enseña que nos acercamos a Dios sólo cuando «caminamos en los caminos de Dios», es decir, cuando encarnamos la calidad divina de la compasión. En el siguiente midrash, los trece atributos de la misericordia divina revelados a Moisés en el monte Sinaí forman el patrón para la práctica de la compasión:

> «¿Caminar en todos Sus caminos?»: (Deut. 11:22). ¿Cuáles son los caminos del Santo? «Un Dios compasivo y misericordioso, lento para la ira, abundante en bondad y fidelidad, extendiendo la bondad a la milésima generación, perdonando la iniquidad, la transgresión y el pecado» (Ex. 34:6). Esto significa que al igual que Dios es amable y compasivo, tú también debes ser amable y compasivo... Así como Dios da gratuitamente a todos, tú también debes dar libremente a todos. De la misma manera que Dios ama, así debes amar tú también.[111]

El desarrollo espiritual, según los rabinos, se mide por la cantidad de compasión que encarnamos. Vemos esto en las leyendas que rodean el desarrollo espiritual de Moisés. Según la leyenda, el primer encuentro de Moisés con Dios se produce cuando su compasión por uno de los animales de su rebaño lo lleva al sitio de la zarza ardiente. Persi-

---

111. Midrash Sifre, Deut. 49.

guiendo a uno de sus rebaños, Moisés encuentra a la criatura vulnerable bebiendo de un arroyo al pie del monte Sinaí. Cuando su corazón se dirige a esta criatura, recibe su iniciación profética. El midrash explica que «el Santo de la Bendición vio que Moisés era amable y compasivo; [y] que él era el tipo de pastor que sacrificaría su propia vida para salvar a uno del rebaño de Dios. Porque incluso si una de sus ovejas se adentrara en Midian, Moisés iría a rescatarla».[112]

En su tratado ético-místico, *The Palm Tree of Deborah (La palmera de Débora)*, el rabino Moshe Cordovero del siglo xvi define la compasión como el deseo de buscar el bienestar de todas las criaturas. Enseña que la compasión es el cumplimiento máximo del mandamiento de amar al prójimo como a uno mismo, el imperativo místico de experimentar la interconexión de todo ser. Cordovero nos urge a:

> Hacer el bien a quien necesite de tu bondad… Deberías desear el bienestar de tu prójimo, observando su buena fortuna con benevolencia. Deja que su honor sea tan valioso para ti como el tuyo, porque tú y tu prójimo sois lo mismo. Por eso se nos manda: «Ama a tu prójimo como a ti mismo…».
>
> Deja que tu compasión se extienda a todas las criaturas, sin despreciar ni destruir a ninguna de ellas. Porque la sabiduría se extiende sobre todas las cosas creadas: mineral, vegetal, animal y humano. Cada uno fue creado en la sabiduría. No arranques de su raíz nada que crezca, a menos que sea necesario.[113]

A través de la compasión, escribe Cordovero, no sólo llegamos a parecernos a Dios, sino que en realidad tenemos el poder de abrir el flujo de la compasión divina en el universo. Al cambiar el habitual «como arriba, abajo» a «como abajo, arriba», Cordovero sugiere que nuestras acciones aquí en la tierra influyen en los cielos porque Dios necesita nuestra misericordia para manifestar plenamente la divina misericordia. «Así como te comportas abajo», escribe Cordovero, «así eres digno de abrir la calidad sublime correspondiente arriba. Exactamente

---

112. Midrash Shmot Raba 2.
113. Matt, The Essential Kabbalah, p. 84. (La cábala esencial).

como te comportas, así emana desde arriba. Tú haces que esa cualidad brille en el mundo».[114]

Curiosamente, la palabra hebrea *rajamim* proviene de la misma raíz de tres letras que la palabra *rechem*, útero, lo que sugiere que la compasión nos hace parecer un útero, lo que alimenta la vida. Con compasión permitimos que todas las cosas crezcan en su forma más bella y completa. Sin embargo, para ser verdaderos alimentadores de la vida y el crecimiento, nuestra compasión debe volverse flexible, como el propio útero, permitiéndonos expandirnos o contraernos según sea necesario; porque a veces la compasión requiere que extendamos nuestros límites y nos entreguemos a nosotros mismos, y en ocasiones requiere que nos contengamos y nos abstengamos de dar.

Para convertirse en un conducto para el flujo de la compasión divina, muchos de los maestros jasídicos hicieron de la conciencia compasiva el foco central de su práctica de sanación espiritual. Ellos enseñaron que cada día de nuestras vidas, tenemos muchas oportunidades para ver las cosas, ya sea desde la perspectiva del juicio –*din* o compasión– rajamim. Cuando vemos la realidad desde la perspectiva del din, nuestra visión puede ser objetivamente correcta desde una perspectiva absoluta, pero a menudo nos falta el punto de todo, que es que toda la vida necesita curación y solución, y somos parte del proceso. Cuando vemos la vida a través de la lente de rajamim, con los ojos llenos de amor y compasión, nos convertimos en sanadores y tenemos la capacidad de moldear la realidad de una manera positiva. En última instancia, nuestra compasión y amor tienen el poder de traer curación.

Encontrar el bien

Entre los maestros jasídicos, el rabino Levi Yitzhak de Berditchev, también conocido como Levi-Yitzhak Derbaremdiger el misericordioso, destaca como el que verdaderamente perfeccionó la práctica de la conciencia compasiva. Levi Yitzhak fue un maestro legendario del «buen ojo» que podía otorgar bendiciones al ver lo bueno en los demás.

---

114. Ibíd.

Un cuento clásico de Levi Yitzhak describe una conversación que tuvo con un cierto judío que se encontró comiendo en público en *Tisha B'av*, el día del ayuno ritual que conmemora la destrucción del templo sagrado en Jerusalén. Levi Yitzhak le dijo al hombre: «Seguramente te has olvidado de que es Tisha B'av». «No», respondió el hombre descaradamente, «sé que lo es». «Entonces seguramente no te has dado cuenta de que se nos ordena ayunar en Tisha B'av». «No, sé que se supone que debemos ayunar», dijo el hombre. Levi Yitzhak le contestó: «Quizás estés enfermo y el ayuno pondría en peligro tu salud». «No, rabino», respondió el hombre. «Estoy bastante sano, gracias. Que haya muchos en Israel así como yo soy». En ese momento, Levi Yitzhak miró al cielo y dijo: «Maestro del universo, mira desde el cielo y ve quién es como tu pueblo de Israel, una nación santa. ¡Un judío prefiere declararse pecador que permitir que una palabra falsa escape de sus labios!».[115]

En otra ocasión, Levi Yitzhak se dirigía a la sinagoga para los servicios tradicionales del *selichot* en la víspera del Año Nuevo judío cuando un repentino aguacero les obligó a él y a su asistente personal a buscar refugio bajo el toldo de una taberna. El asistente miró por la ventana y vio a un grupo de judíos festejando, bebiendo y divirtiéndose. Cada vez más impaciente, instó a Levi Yitzhak a ver por sí mismo que estos judíos se comportaban mal cuando deberían haber estado en la sinagoga orando a Dios para que los perdonara. En lugar de mirar, Levi Yitzhak reprendió a su asistente diciendo: «Está prohibido encontrar faltas en los hijos de Israel. Seguramente están recitando las bendiciones para comer y beber. Que Dios bendiga a estos santos judíos». El asistente, sintiéndose todavía crítico, miró una vez más dentro de la taberna y escuchó a dos judíos contándose los robos que habían cometido. Le contó esto al rebe, esperando finalmente convencerlo de su maldad. Al negarse a verlos más que como personas justas, Levi Yitzhak exclamó: «Si eso es así, son judíos verdaderamente santos, porque están confesando sus pecados ante Rosh Hashannah. Como sabes, nadie es más justo que el que se arrepiente».[116]

---

115. S. Dresner, The World of a Hasidic Master: Levi Yitzhak of Berditchev (Nueva York: Shapolsky Publishers, 1986), pág. 64.

116. Philip Goodman, The Rosh Hashanah Anthology (Filadelfia: The Jewish Publication Society of America, 1971), pág. 168.

Al elegir enfocarse selectivamente en lo bueno de los demás, Levi Yitzhak estaba encarnando el *midat ha'rachamim*, el atributo divino de la compasión. Esta práctica de enfocarse en lo bueno de cada persona fue desarrollada todavía más por el rabino Najman de Breslav. A partir de su trabajo como sanador de almas, aprendió que cuando nos enfocamos selectivamente en los pequeños fragmentos de bien que existen en cada persona, permitimos que esos fragmentos de bien se expandan y superen lentamente al mal. Al elegir enfocarse en lo que es correcto en las personas en lugar de en lo que está mal, tenemos el poder de elevarlos. Esto, según el rabino Najman, es lo que querían transmitir los rabinos cuando dijeron que siempre debemos «inclinar las escalas de juicio hacia el lado de la misericordia» y juzgar a cada persona como *pura* (literalmente, *meritoria*),[117] como se describe en las enseñanzas recopiladas del rabino Najman, *Likutey Moharan*:

> Has de saber que uno debe juzgar a cada persona de manera tal que incline la escala de juicio para que valga la pena; incluso de alguien que es malo. Uno debe buscar y encontrar algún pequeño aspecto de bondad en él y juzgarlo favorablemente [*lekaf zechut*]. A través de esto, inclinas su escala hacia el bien y le permites hacer teshuvá. Esto es lo que se entiende en el pasaje [Salmo 37] «En un momento no habrá mal y cuando mires el lugar donde estaba el mal [rasha], ya no estará allí». El pasaje nos enseña a inclinar la escala de juicio hacia la dirección del mérito… Incluso si ves que es malo, debes buscar algo de bondad, alguna área en la que no sea malo… Y también hay que encontrar esto en uno mismo.[118]

La expresión hebrea *zechut*, que el rabino Najman usa para indicar la inclinación de las escalas hacia el lado del mérito, también sugiere pureza: *zach*. Inclinar las escalas hacia zechut es concentrarse intencionadamente en la esencia que es más pura en cada persona, ver el poten-

---

117. La base de esta enseñanza es un dicho de Mishné, Pirkay Avot 1:6: «Uno debe juzgar meritoriamente a cada persona».
118. Likutey Moharan II 282 (traducción de la propia autora).

cial más elevado y más sagrado de la persona, su ser divino esencial, ese lugar profundo que no está afectado por los síntomas o las defensas problemáticas. El mismo desafío sirve para nosotros mismos, dice el rabino Najman. Tenemos que ser compasivos con nosotros mismos y conectarnos con nuestra bondad y puridad internas para poder levantarnos de cualquier estado caído en el que podamos encontrarnos.

La enseñanza del rabino Najman es en realidad una poderosa técnica de terapia que podemos usar en nuestra vida diaria, así como en nuestro trabajo como sanadores. La forma en que nos vemos tiene una profunda influencia en el desarrollo de cada uno. Al ver la bondad y la completitud de los demás, incluso cuando son incapaces de verlo en sí mismos, abrimos el espacio para que se conviertan en lo que realmente deben ser.

Si tuviéramos que aplicar la enseñanza del rabino Najman a la terapia, podríamos comenzar a pensar de manera diferente sobre cómo ayudar a las personas a sanar. En lugar de enfocarnos en lo que está mal en las personas, podemos comenzar a enfocarnos en lo que está correcto en ellas. Con demasiada frecuencia, la terapia es ineficaz porque se enfoca demasiado en los problemas y síntomas de las personas al tiempo que ignora sus fortalezas y capacidades únicas.

El propio rabino Najman aplicó su práctica de centrarse selectivamente en el bien como tratamiento para la depresión y la melancolía. Comprendió intuitivamente que la depresión puede distorsionar la percepción que las personas tienen de sí mismas y de sus vidas de tal manera que se enfocan demasiado en lo negativo. De hecho, cuando estamos deprimidos, tendemos a magnificar lo malo y olvidamos todas las partes buenas de nosotros mismos, hasta el punto de que lo malo abruma a lo bueno. Al obligarnos a reconocer los pequeños beneficios que existen, desafiamos de manera efectiva nuestras propias percepciones distorsionadas. Reconocer lo bueno, por pequeño que sea, nos ayuda a recuperar el sentido del equilibrio y la perspectiva. El rabino Najman sugiere:

> Debemos intentar en todo momento ser felices y distanciarnos de la depresión. Incluso si miramos dentro y no encontramos nada bueno... Ésta es la obra del *«ba'al davar»* (el maligno) que

desea hundirnos en la depresión y la amarga oscuridad, Dios no lo quiera. Está prohibido caer en esto. Debemos buscar y encontrar algo bueno en nosotros. ¿Cómo es posible que no hayamos hecho alguna mitzvá o buena acción en toda nuestra vida? Debemos encontrar un punto bueno en nosotros mismos para restaurar el sentido de la vida y para encontrar la alegría... Debemos continuar buscando más cosas buenas, incluso si las partes buenas se mezclan con otras muy malas. Aun así, debemos extraer el punto bueno y reunir todos los puntos buenos.[119]

Desafortunadamente, muchos de nosotros pasamos mucho más tiempo sentados en un juicio severo (din) que en practicar la compasión (rajamim) o el perdón. Estamos más preocupados por lo que está mal en nosotros mismos y en los demás que por lo que está bien. Nos obsesionamos con nuestras propias imperfecciones y estamos listos para criticar a nuestros amigos, familiares y socios cuando no cumplen nuestras expectativas. ¡Cuando nos quedamos atrapados en nuestra «vida de jueces», la vida comienza a parecer una serie interminable de decepciones! Y cuando juzgamos implacablemente y encontramos faltas en nosotros mismos y en los demás, desgraciadamente por lo general terminamos empeorando los problemas que creemos que estamos tratando de remediar.

Las amistades y las relaciones, por ejemplo, frecuentemente se rompen porque gastamos demasiado tiempo y energía concentrándonos en lo que está mal en ellos y lo que les falta en lugar de construir a partir de lo que está correcto en ellos. Si constantemente les decimos a nuestros socios lo que están haciendo mal, les hacemos perder la confianza en sí mismos y comienzan a sentirse inadecuados. Lo mismo con la educación. Los maestros que pasan demasiado tiempo castigando la mala conducta, en lugar de reforzar la buena conducta, encuentran que cada vez es más difícil controlar a sus alumnos. La sensación de fracaso tiende a reforzarse con el fracaso continuo. En cambio, si los maestros les dan a los estudiantes una respuesta positiva, recordándoles lo que han hecho bien en lugar de lo que han hecho mal, desarrollarán

---

119. Ibíd.

la confianza de los estudiantes en sí mismos. Al sentirse más seguros de que pueden tener éxito, los niños se motivan para tratar de hacerlo lo mejor posible.

Recapacitarnos para ser amorosos y compasivos con nosotros mismos y con los demás en lugar de juzgar y criticar no siempre es tan fácil cuando hemos crecido en entornos domésticos críticos. Por desgracia, a muchos de nosotros nos han enseñado a ser absolutamente despiadados con nosotros mismos y, por extensión, somos duros con los demás. Nunca sabemos cuándo darnos un descanso y decir «*dayeinu*», ¡es suficiente! ¡*genuk*! Sin embargo, con la práctica y la atención plena, podemos aprender a atraparnos cuando nos quedamos atascados en nuestras mentes de juicio/crítica y a redirigirnos con amor para centrarnos en el bien.

Compasión en momentos de enfermedad o discapacidad

No hay otro momento en el que la autocompasión sea más crucial que cuando luchamos con una enfermedad o discapacidad. Rebeca, una mujer de mediana edad con la que trabajé durante varios años, me enseñó algunas lecciones profundas sobre la importancia de la compasión para aquellos que luchan contra la enfermedad. Rebeca comenzó la terapia después de sufrir una enfermedad autoinmune que restringió en gran medida su energía y su capacidad para funcionar. Hubo muchos días en que Rebeca apenas podía salir de la cama, y mucho menos trabajar o hacer recados. Después de haber trabajado a tiempo completo durante toda su vida adulta como maestra y administradora, Rebeca se enfrentaba, por primera vez, a la aterradora posibilidad de que ya no pudiera mantenerse por sí misma. Rebeca ya sufría de toda la vida episodios de depresión y ansiedad, y tenía muy poca autoestima. Su dolencia actual sólo empeoraba las cosas.

Como tantos otros individuos deprimidos, Rebeca se vio atrapada en un ciclo doloroso de autoculpa y autocastigo. En lugar de encontrar una manera de consolarse cuando estaba con un dolor debilitante, se castigaba emocionalmente por no poder funcionar. Los sentimientos de Rebeca de autoodio y falta de valor inevitablemente dieron como resultado el empeoramiento de sus síntomas físicos, lo que a su vez la hizo sentir aún peor acerca de sí misma.

Al haber sido víctima de abuso emocional severo y crónico durante su infancia, Rebeca había interiorizado un coro de voces internas viciosas que estaban listas para derrotarla en cada momento. Sin importar lo que hiciera o lo mucho que lo intentara, las voces estaban listas para atacarla, como parecía estar haciendo su propio sistema inmunológico. Aunque intenté ayudar a Rebeca de todas las maneras que sabía a ser más amable y compasiva consigo misma, nada en mi bolsa de trucos de terapeuta parecía ayudar. Cuando los intentos repetidos de tratar su depresión con medicamentos fracasaron, me di cuenta de que iba a tener que abordar el tratamiento de una manera poco convencional.

Como Rebeca me había buscado como terapeuta debido a mi orientación espiritual judía, decidí comenzar a utilizar más libremente la sabiduría de la tradición mística judía en nuestro trabajo. Cuando comencé a hablar con Rebeca sobre su relación con Dios, descubrí que ella tenía una vida espiritual interior profunda y rica, pero sus nociones de Dios estaban confundidas por la superposición dolorosa del trauma infantil. Su imagen de Dios, en efecto, se había confundido y fusionado con las imágenes interiorizadas de sus padres. Como resultado, ella estaba experimentando su enfermedad como un castigo de Dios y como evidencia de su indignidad básica. Esta actitud se hizo eco de lo que sus padres le decían cuando abusaban de ella: que merecía ser castigada porque era mala.

En terapia, trabajé con Rebeca en el desarrollo de una práctica meditativa en la que se imaginaba a sí misma a través de los ojos de Dios —ojos de bondad amorosa— en lugar de a través de los ojos crueles y críticos de sus padres. Mi intención era ayudar a Rebeca a obtener una nueva perspectiva sobre su situación, basada en el amor propio y la autoaceptación en lugar de en la culpa propia. Esta simple práctica fue tremendamente curativa para Rebeca, provocando un cambio radical en su experiencia de sí misma. En lugar de verse constantemente como sus críticos y sentenciosos padres la habían visto, se abrió paso a experimentar las dimensiones perdurables y eternas de su ser, esa parte de sí misma que no estaba definida por lo que hacía o cómo se veía o funcionaba su cuerpo en cualquier día específico. En lugar de verse a sí misma como una mercancía dañada, comenzó a experimentarse a sí misma como una amada chispa de lo divino.

En el transcurso de varias sesiones, presenté a Rebeca parte del folclore místico de la Shejiná, la figura mítica de la cábala asociada con el lado femenino e incondicionalmente amoroso de Dios. Mi esperanza al introducir estas leyendas en la terapia de Rebeca era que esta imagen poderosa y amorosa de lo divino pudiera ofrecer un antídoto contra las voces críticas y negativas de sus padres, que ella había interiorizado.

La Shejiná está representada en la leyenda talmúdica como un espíritu maternal, profundamente compasivo, que se exilia con sus hijos (el pueblo judío) y deambula en sus andanzas, sufriendo empáticamente junto con ellos en todos sus problemas y calvarios. La Shejiná a menudo se presenta como una presencia amorosa que viene a ayudar a todos los necesitados. Se dice que visita y consuela a los enfermos y que flota sobre las cabezas de quienes están enfermos y postrados en cama.

En el mito cabalístico, la Shejiná se convirtió en una verdadera figura de la Diosa cuya función psicológica parecía ser equilibrar las características de juicio excesivamente punitivas del Dios patriarcal solitario de la Biblia. Ella aparece en numerosas leyendas defendiendo ferozmente a Israel de la ira de Dios. Como símbolo religioso, la Shejiná reintegró los aspectos femeninos amorosos y reprimidos de Dios que de alguna manera habían perdido las generaciones anteriores.[120]

La noción de que la Shejiná está especialmente presente y disponible para nosotros en tiempos de enfermedad y angustia personal fue particularmente útil para Rebeca. Rebeca aprendió a meditar sobre la compasión divina, envuelta en un talit (mantón de oración), que simboliza el abrazo amoroso y protector de la Shejiná. Esta práctica le permitió sentir más compasión hacia sí misma, particularmente cuando se sentía desanimada por sus síntomas dolorosos y, a menudo, debilitantes.

Experimentar a Dios como la amorosa y compasiva Shejiná ha ayudado a Rebeca a diferenciar entre los ecos de las voces críticas de sus

---

120. Para un análisis más profundo del desarrollo del concepto de la Shejiná en el pensamiento místico judío, véase a Rafael Patai, The Hebrew Goddess (Nueva York: Avon Books, 1967).

padres y los de la voz verdaderamente amorosa de Dios dentro de su corazón. En lugar de enojarse consigo misma cuando tiene dolor, Rebeca ha aprendido a abrazarse y a darse apoyo con amor, modelándose a sí misma como la Shejiná, que abraza con amor a todos los que sufren.

Con el tiempo, Rebeca ha comenzado a honrar su enfermedad como reveladora –como un rostro de lo divino– y como un lugar de encuentro entre ella y Dios. También ha reconocido que su enfermedad no sólo había sido el catalizador de su despertar espiritual, sino que también, de una manera extraña y paradójica, la estaba curando; durante el tiempo que Rebeca estaba bien, siempre estaba enganchada al juego de intentar satisfacer las demandas irrazonables de sus voces críticas internas. Sin embargo, sin importar lo mucho que intentara complacerlos, nunca sentía que fuera lo suficientemente buena. Sólo comenzó a curarse en el amor propio incondicional cuando su enfermedad la obligó a dejar de jugar el juego del amor propio condicional.

Aunque Rebeca no ha silenciado completamente sus voces internas críticas, ha desarrollado la capacidad de cambiar el canal al convertirse en un canal para lo divino. A través de la oración y la práctica espiritual, ha podido romper muchos patrones intratables y contraproducentes que, estoy convencida, la terapia convencional por sí sola no podría haber cambiado. Lo más importante es que la autoimagen negativa de Rebeca se ha curado a medida que comienza a verse y experimentarse a sí misma en relación con el infinito. La condición física de Rebeca no ha cambiado, pero ha encontrado una manera de vivir compasiva y con gracia con las enfermedades que sufre. En lugar de ser algo por lo que está constantemente enfadada consigo misma y con el universo, su enfermedad se ha convertido en el camino que lleva hacia Dios, aunque no sea fácil.

Cambios en la actitud espiritual

En la tradición espiritual judía, encontramos que, como Rebeca, muchos de los grandes sabios y profetas tuvieron que superar sus duras tendencias críticas antes de que pudieran llegar a sus poderes curativos. El reb Zusha de Hannopil, por ejemplo, que se hizo famoso por su capacidad para curar espiritualmente incluso a las personas más perversas, no empezó teniendo poderes curativos. Como lo describe la siguiente historia, obtuvo sus poderes curativos solamente después de que se diera cuenta de lo destructivas que podrían ser sus tendencias de juicio.

Un día, el reb Zusha fue a la casa de estudio de su maestro, el Maguid de Mezeritch. Cuando entró, vio a un hombre tratando de convencer al Maguid para que se asociara con él en un negocio. Al ser vidente, Zusha vio que este hombre tenía un largo historial de implicaciones en tratos deshonestos y estafas de negocios. Sin dudarlo, el reb Zusha soltó esta información al Maguid, lo que provocó que el hombre se fuera totalmente avergonzado. El reb Zusha se arrepintió inmediatamente de lo que había hecho. Se dio cuenta de que al criticar al hombre y señalarle sus faltas, lo había avergonzado, y al hacerlo, no le había abierto las puertas de la curación y el arrepentimiento.

Al haber presenciado el incidente, Maguid, como el sabio maestro y sanador que era, comprendió que los poderes psíquicos de Zusha se estaban interponiendo en su trabajo como sanador. Y así, el Maguid lo bendijo, pidiéndole que a partir de ese día Zusha sólo pudiera ver lo *bueno* en los demás, incluso si hacían algo malo delante de sus ojos. Y a partir de ese día, el reb Zusha se volvió ciego a lo malo de los demás. Incluso si alguien pecaba delante de sus ojos, sólo veía lo bueno de esa persona, y cualquier acción mala que Zusha viera realizada por otra persona la experimentaba como si fuera su propia fechoría.[121]

La práctica de Zusha de asumir las malas acciones de los demás puede parecer un poco extrema, pero para el tzaddik, todo lo que se hace consciente está allí con el propósito de curar y arreglar. Para curar a otros, el tzaddik debe unirse primero a ellos identificándose con sus defectos. Luego, al arreglar las evidencias sutiles de esos defectos dentro de sí mismo, el tzadik abre las puertas del arrepentimiento y la curación tanto para él como para la persona que necesita sanación. En cierto sentido, el tzaddik se convierte en un pararrayos para *midat ha'din* (el atributo divino del juicio) al tomar los juicios sobre sí mismo mientras extiende el rajamim a otros.

---

121. Buber, The Early Masters, pág. 237.

Alguna versión de este proceso de identificación continúa presente en todos los sanadores. Para curar a alguien más, los sanadores deben ser capaces de empatizar y conectarse con el dolor o problema que buscan curar en otro. Ser de verdaderamente empático exige que uno toque de continuo su propio depósito de dolor para sentir el dolor de los demás. En este sentido, la empatía nos obliga a trabajar continuamente para curarnos y arreglarnos a medida que nos identificamos y nos unimos a otros con dolor. En última instancia, nuestra capacidad para conectarnos y sentir empatía y compasión por los demás es nuestra herramienta de sanación más poderosa.

Hay un dicho en el tratado ético *Pirkay Avot* (Ética de los padres) que dice que uno no debe juzgar a otra persona a menos que haya estado en el mismo lugar que esa persona.[122] El Baal Shem Tov entendió este dicho como una sugerencia de que si nos encontramos juzgando a otros, es probable que *estemos* en el mismo lugar que ellos. De hecho, los defectos que encontramos más perturbadores en otros normalmente existen dentro de nosotros. De lo contrario, no los habríamos notado ni reconocido.

Debido a que experimentan toda la realidad como interconectada, los *tzaddikim* (plural para *tzaddik*) saben que si son testigos o experimentan algo, están, de alguna manera sutil, conectados a ello. Por lo tanto, si un pecado o defecto de carácter ha sido traído a su conciencia a través de las acciones de otro, es para despertarlos a la necesidad de arreglar esa característica dentro de ellos mismos y no juzgar la característica en la otra persona. La identificación del tzadik con los pecados o defectos de otra persona a menudo era muy sutil, como la resonancia que un instrumento musical puede evocar cuando su propia vibración hace que una nota similar vibre en otro instrumento que está cerca.

Cambios en el semblante divino

En la imaginación rabínica, no somos sólo nosotros quienes debemos luchar para superar nuestras propias tendencias de juicio; incluso a

---

122. Mishné, Pirkay Avot 2:4.

Dios se lo representa luchando para permitir que la compasión divina supere el juicio divino. Según el Talmud, Dios ora: «Que Mi voluntad sea que Mi misericordia reprima Mi ira, y que Mi atributo de misericordia domine todos Mis otros atributos, para que pueda conducirme con Mis hijos con misericordia, y que trate con ellos, no de acuerdo con la estricta letra de la ley [pero que haga por ellos más de lo que se han ganado legítimamente]».[123] Tal vez sea una pequeña proyección de nuestra parte imaginar que Dios lucha con sus propios atributos tanto como nosotros, pero según la leyenda judía, la lucha de Dios para vencer el atributo de juicio (midat ha'din) se remonta al Génesis, donde el desarrollo de la creación se describe como una danza dinámica entre las cualidades divinas del juicio y la compasión: din y rajamim.[124] El primer pasaje del Génesis sugiere que la creación es iniciada por Elohim, el nombre asociado con *geburáh*, juicio divino: «En el principio, *Elohim* creó los cielos y la tierra» (Génesis 1:1). De hecho, como enseña la cábala, la creación comenzó con un acto de geburáh divino cuando el Ein Sof (Infinito Uno) retiró su luz para dejar espacio para que exista un mundo finito y limitado.

Aunque Elohim inicia la creación, cuando analizamos más a fondo el texto del Génesis, encontramos que se añade otro nombre –yhvh–: «Ésta es la historia de la creación del cielo y la tierra. El día en que *yhvh*-Elohim creó la tierra y el cielo» (Génesis 2:4). Al comentar sobre la discrepancia de este nombre, el midrash sugiere: «Al principio, Dios pensó en crear el mundo a través de la cualidad (verdad/juicio), pero al darse cuenta de que el mundo no podía soportar este nivel, Dios agregó la calidad de rajamim (compasión)».[125]

Este midrash puede ser un poco confuso si se toma demasiado literalmente. No es que Dios haya cambiado de opinión o de corazón, sino que el proceso de creación involucró una mezcla de las energías de yhvh y Elohim, de amor y límites, de rajamim y din. Las formas finitas

---

123. Ibn Chaviv, Ein Yaacov: The Ethical and Inspirational Teachings of the Talmud, trad. A. Y. Finkel (Northvale, Nueva Jersey: Jason Aronson, 1999), pág. 12.

124. Midrash Bereishit Raba 12:15.

125. Citado en Nilton Bonder, The Kabbalah of Envy: Transforming Hatred, Anger, and Other Negative Emotions (Boston: Shambhala Publications, 1997), pág. 173. (La Kabbalah de la envidia, Escuelas de Misterios, 2007).

y multitudinarias creadas por Elohim existen sólo para revelar el amor y la unidad del Infinito Uno atemporal. Estos dos nombres realmente coexisten y se equilibran entre sí como aspectos complementarios de la realidad yin-yang que son interdependientes e inseparables. Si observamos la relación dinámica entre Elohim y yhvh desde la perspectiva de la física moderna, podríamos decir que mientras Elohim crea continuamente estructura y forma, yhvh se caracteriza por la libertad absoluta y el caos de las partículas subatómicas, que aparentemente no obedecen reglas. Mientras que Elohim opera de acuerdo con las leyes lineales y deterministas de la naturaleza, yhvh existe en un nivel de realidad donde la causalidad ya no opera.

Los rabinos enseñaron que, en cualquier momento dado, tenemos el poder de cambiar la relación figura-fondo entre estos dos aspectos de lo divino. En el lenguaje cabalístico, tenemos la capacidad de «endulzar los juicios». Cuando nos abrimos a la conciencia del amor y la compasión de yhvh, Elohim se hace a un lado, por así decirlo, dejando espacio para que ocurra lo imprevisible e incluso milagroso, porque los límites y las leyes kármicas de la justicia incrustadas en la creación por Elohim existen solamente como una puerta de entrada a través de la cual se puede revelar el amor ilimitado del Infinito. La responsabilidad de abrir el telón sobre la realidad finita y revelar este amor recae en nosotros. De esto es esencialmente de lo que se trata la sanación espiritual judía: concretamente, de permitir que las fuerzas de din sean superadas por las fuerzas de rajamim.

Cada uno de nosotros puede participar en este trabajo de curación de *hamtaka* (endulzamiento) simplemente manteniendo nuestros corazones abiertos cuando nos encontramos con situaciones duras o dolorosas. Nuestra compasión, entonces, tiene el poder de mitigar las fuerzas del din que encontramos. Por ejemplo, cuando damos apoyo y cuidamos amorosamente a quienes están enfermos o sufriendo, endulzamos una experiencia que de otra manera sería dura e insoportable (din).

De manera similar, cuando encontramos una manera de transformar situaciones de enojo y discordia entre personas en conexiones armoniosas y amorosas, endulzamos los juicios. Hay una historia sobre el rebe de Talno, que una vez pasaba por una ciudad de un rebe rival cuando un jasídico de ese rebe le arrojó una piedra para hacerle saber que no era bienvenido en su ciudad. En lugar de enojarse con su agresor, el rebe de Talno se estiró y atrapó la piedra, manteniéndola como un recordatorio preciado del amor y la devoción de un jasídico por su rebe. En lugar de centrarse en los aspectos hostiles del comportamiento del lanzador de piedras, el rebe de Talno endulzó los juicios al encontrar las chispas de la luz, la bondad oculta en lo que de otro modo se consideraría un acto agresivo. Al hacer esto, él también dispersó cualquier juicio severo que pudiera haber descendido del cielo como resultado de las acciones injustas del jasídico.

De manera similar, Levi Yitzhak de Berditchev se negó a enojarse cuando la esposa de uno de los *mitnagdim* –un grupo de judíos religiosos que se oponían con vehemencia al movimiento jasídico– arrojó todo el contenido de un cubo de basura sobre su cabeza mientras caminaba por un mercado. En cambio, fue a la sinagoga y le dijo a Dios: «No te enfades con ella, Señor, no es su culpa. Pobre mujer, sólo desea complacer a su marido. ¿Puedes culparla por eso?».[126]

Hacer este tipo de trabajo de sanación espiritual puede no ser adecuado para todos, ya que exige un grado inusual de autotrascendencia, así como una habilidad para no tomar la vida de forma demasiado personal. Y, claramente, hay ocasiones en las que puede no ser apropiado o recomendable intentar este tipo de trabajo. Si, por ejemplo, alguien nos está haciendo daño o se está aprovechando de nosotros, puede ser necesario imponernos y establecer límites firmes con esa persona antes de que trabajemos para trascender nuestros sentimientos.

Sin embargo, existen muchas situaciones en nuestra vida cotidiana en las que tenemos el poder de «endulzar» las cosas, particularmente en relación con nuestros propios juicios duros sobre nosotros mismos y los demás. También tenemos muchas oportunidades para transformar intercambios verbales enfadados y agresivos en intercambios respetuosos y amorosos. Tenemos el poder de establecer el tono de los conflictos para que nuestro discurso con los demás se caracterice por la compasión y la empatía mutuas. Y, en última instancia, cuando logramos transformar relaciones potencialmente contenciosas en intercambios mutuamente empáticos, abrimos el flujo del divino rajamim en nues-

---

126. Elie Wiesel, *Souls on Fire* (Nueva York: Random House, 1972), pág. 96.

tras propias vidas. Porque, como dijeron los rabinos, «de acuerdo con la calidad que uno utiliza para tratar con los demás, con esa misma calidad se trata a uno».[127]

Los Días Temibles como paradigma curativo

Cada año, durante los Días Temibles, los judíos participan en ritos de perdón y expiación que se dirigen a la comunidad y tienen como objetivo cambiar las energías cósmicas del «juicio» a la «compasión». El ciclo comienza en Rosh Hashannah, el Año Nuevo judío, y culmina diez días después en Yom Kipur, el Día de la Expiación. Estos diez días, conocidos como asseret y'mai teshuvah (Diez días de arrepentimiento) son un momento para la autorreflexión y la realineación espiritual. En Rosh Hashannah, el drama de la creación se recrea de manera ritual. Para hacerlo todavía más inquietante, los sonidos más misteriosos y místicos del shofar, o cuerno de carnero, acompañan el Año Nuevo judío, y el tiempo se renueva a medida que la liturgia proclama: «¡Hoy se concibe el mundo!». El sonido del shofar, que se asemeja al sonido de una persona que llora y se lamenta, está destinado a despertarnos de nuestro sueño espiritual. Al llorar como una mujer en el trabajo del parto, el shofar nos invita a darnos a luz para que podamos comenzar de nuevo, como un recién nacido, libres del residuo kármico del pasado.

De acuerdo con la cábala, el shofar –que en realidad tiene la forma de un canal de parto, estrecho en un extremo y ancho en el otro– simboliza el movimiento que intentamos realizar dentro de nosotros (y en el cosmos en general) desde el espacio restringido del din, o juicio, al estado expansivo de rajamim, la compasión y el perdón. Antes de que suene el shofar, se canta un pasaje del Salmo 118 que sugiere este movimiento: «Desde lo estrecho te llamo a ti; contéstame en la amplitud divina».

El poder del shofar para efectuar un cambio de din a rajamim en los reinos divino y humano se basa en su capacidad para abrir incluso el

---

127. En hebreo, «Bamidah she'adam moded, bah modedin lo». Este dicho aparece en numerosos textos, incluido el Talmud de Babilonia, Megillah 12b, Sota 8b; Midrash Bereishit Raba 9:13.

corazón más atrincherado. Y por eso, los rabinos de antaño a menudo hacían grandes esfuerzos para encontrar un soplador de shofar que fuera verdaderamente justo y espiritualmente experto en este arte curativo. Una vez al año, el Baal Shem Tov se dedicaba a preparar a su discípulo el rabino Wolf Kitzis para que tocara el shofar, instruyéndole sobre todas las intenciones y meditaciones santas de los diversos nombres divinos derribados por la cábala. El rabino Wolf escribió cuidadosamente estas meditaciones en un pedazo de papel, que se guardó en su bolsillo para usarlas antes de tocar el shofar. Cuando llegó el increíble momento, el rabino Wolf buscó en sus bolsillos, pero no pudo encontrar la nota, ya que se había caído de su bolsillo en su camino hacia la sinagoga. Lamentando tener que tocar el shofar sin las meditaciones sagradas que le habían enseñado, el reb Wolf se derrumbó y lloró con un corazón humillado.

Después de las oraciones, el Baal Shem Tov le dijo: «En el palacio de un rey hay muchas habitaciones y cada puerta tiene su propia llave particular. Pero hay una herramienta que puede abrir *todas* las puertas y es el hacha. Las meditaciones cabalísticas son las llaves de las puertas de los mundos superiores, donde cada puerta requiere su propia meditación particular. Pero un corazón quebrantado y humillado puede reventar todas las puertas y todos los palacios celestiales. Tus lágrimas de hoy hicieron justamente eso».[128]

Durante los Días Temibles intentamos asaltar las puertas del cielo derribando los muros que nos mantienen separados de nuestro ser más íntimo, nuestro propio corazón. Movidos por el grito evocador del shofar, nos abrimos a ese lugar dentro de nosotros que es amable, compasivo y perdonador. Y a medida que hacemos ese cambio dentro de nosotros mismos de din a rajamim, dicen los rabinos, permitimos que Dios se mueva «del trono del juicio a un trono de misericordia».

Los Días Temibles proporcionan un modelo importante para toda la sanación judía, que en última instancia se trata de cambiar la vida hacia la energía expansiva del amor. Los judíos, por supuesto, tienen que hacer esto por falta de dirección. Los Días Temibles están estructu-

---

128. He basado mi narración en la versión del relato original del rabino Yerachmiel Tillis de su boletín de correspondencia de Internet de Ascent of Safed.

rados de modo que cambiamos hacia el rajamim, apoyándonos primero en la calidad del din. Al Rosh Hashannah, que celebra la creación del mundo, también se le considera un día de juicio, *Yom ha'Din*, un momento para una profunda búsqueda del alma y del arrepentimiento, para realinearnos moral y espiritualmente con nuestro potencial más alto. Rosh Hashannah es, en última instancia, un momento para el reconocimiento personal con el midat ha'din (el atributo divino del juicio y de la perfección). Sin embargo, al apoyarse en la calidad del din de Rosh Hashannah, se cree que realizamos un movimiento opuesto en lo divino, lo que hace que Dios cambie de un trono de juicio a un trono de misericordia. Cuando nos imponemos conscientemente el midat ha'in en nosotros, Dios (Elohim) se libera para manifestar misericordia (yhvh). Una analogía útil para este proceso es la relación padre-hijo. Cuando un niño comete un error y se siente arrepentido, por sí mismo, por haber cometido el error, a menudo es innecesario que el padre le imponga una disciplina. En cambio, el padre puede sentirse inclinado a decirle al niño algo así como: «Está bien. Te perdono. No te sientas tan mal, porque ya has aprendido mucho de tu error». Como el niño en este ejemplo, usamos la calidad del din de Rosh Hashannah para juzgarnos y hacer los cambios necesarios en nuestro ser. Este uso constructivo del din, el juicio, nos permite llegar a ser dignos de ser perdonados y absueltos por Dios (y por nosotros mismos) en Yom Kipur.

El Yom Kipur es el clímax de los Diez días de arrepentimiento, cuando nos abrimos al rostro divino del amor. Mientras cantamos los trece atributos de compasión divina que forman el estribillo de la liturgia de Yom Kipur, imaginamos a Dios sentado en un trono de compasión. Estos trece atributos, conocidos como *shlosh esray midot rachamim*, fueron revelados a Moisés en el monte Sinaí después del pecado del becerro de oro. Tras perder la paciencia con la gente y romper las primeras tablas, Moisés le suplica a Dios que le enseñe cómo ser un líder más paciente y compasivo. Cuando Moisés le dice a Dios: «Muéstrame tus caminos» (Éxodo 33:13), le está pidiendo orientación espiritual sobre cómo puede superar su propia impaciencia y enfado con la gente. Uno también siente que al mismo tiempo que Moisés está tratando de entender su papel como líder, también está tratando de ayudar a Dios a recordar la naturaleza compasiva y perdonadora de Dios.

Y, de hecho, a medida que Dios revela los atributos divinos de compasión a Moisés, Dios perdona simultáneamente a los israelitas por el pecado del becerro de oro. De este modo, a través de su deseo de comprender y encarnar la compasión divina, Moisés logra influir en el reino celestial, produciendo el cambio necesario del juicio a la compasión en el rostro divino.

No es tan fácil medir o documentar hasta qué punto nuestros propios pensamientos, oraciones y acciones realmente influyen en el reino celestial. Sin embargo, está claro que la energía que distribuimos en el mundo tiende a evocar una vibración simpática similar. Mientras que nuestro juicio de los demás tiende a provocar un juicio hacia nosotros, nuestra compasión a menudo invita a recibir una respuesta amorosa a cambio. Nuestras vidas externas frecuentemente vienen a reflejar nuestras vidas internas. Esto es quizás lo que el autor del Zohar estaba sugiriendo cuando escribió que nuestro arrepentimiento y realineación con la voluntad divina ayuda a evocar la misericordia en el reino supremo: «Una vez, cuando el rabino Abba estaba estudiando con el rabino Shimon, le dijo: "He preguntado muchas veces sobre el significado [espiritual] del shofar, pero nunca he recibido una respuesta satisfactoria". El rabino Shimon respondió: "Cuando el shofar supremo —el que contiene la iluminación de todo— se elimina y no alumbra a la gente, entonces se despierta el juicio [divino]. Pero cuando las personas [se arrepienten] y se alinean con la voluntad divina al escuchar el sonido del shofar desde abajo, los sonidos ascienden a lo alto para despertar el shofar de la misericordia. Como resultado, se elimina el juicio"».[129]

El Libro de Jonás

Una lección de la divina misericordia

El tema de la compasión divina se vuelve a revisar el Día de la Expiación cuando se lee el Libro de Jonás durante las oraciones de la tarde. El Libro de Jonás cuenta la historia de un profeta reticente. Si bien

---

129. Zohar, Emor 99a–100a.

Moisés era un experto en realizar la intermediación exigida a los profetas (llevar a la gente a arrepentirse y al mismo tiempo convencer a Dios para que perdonara), Jonás no estaba dispuesto a realizar esta tarea. De hecho, Jonás era tan reacio a llevar a cabo su llamamiento profético que tontamente intenta huir del rostro de Dios, como lo revelan las primeras líneas del Libro de Jonás:

> La palabra de yhvh vino a Jonás, el hijo de Amitai (Verdad) diciendo: «Levántate y ve a Nínive, la gran ciudad, y proclama el juicio sobre ella, porque su maldad ha venido ante Mí». Y Jonás se levantó para huir a Tarshish de la cara de yhvh y bajó a Jaffe y encontró un barco.

La firme negativa inicial de Jonás a realizar su misión profética al pueblo de Nínive es bastante enigmática. Si bien las escrituras no ofrecen una explicación directa de su comportamiento, los comentaristas dan una variedad de posibles interpretaciones. En el nivel más literal, parece que Jonás no quiere convertirse en un catalizador que ayude al pueblo de Nínive a arrepentirse. ¿Por qué? Algunos comentaristas sugieren que Jonás huye porque Nínive es la capital de Asiria y Jonás sabe proféticamente que los asirios más tarde invadirán la tierra de Israel y desterrarán al reino del norte de Israel. Cualquiera que sea la razón por la que huye, Jonás se siente tan convencido de su posición que prefiere morir antes que dejar que la gente de Nínive tenga la oportunidad de arrepentirse y ser perdonada. Y al huir de su llamamiento profético, Jonás se niega a ser utilizado como instrumento de los planes de Dios. Pero a medida que Jonás aprende, es imposible huir del destino y de la llamada divina.

Según otra interpretación de la intransigencia de Jonás, él simplemente no cree en el perdón y la compasión divinos. Está más preocupado por el «honor de Dios» que por la difícil situación de la humanidad, y preferiría ver al Juez de toda la tierra juzgar a los impíos en lugar de darles una segunda oportunidad. Esta posición se refleja en sus últimas críticas a Dios cuando finalmente va a Nínive y el pueblo inmediatamente atiende su petición. En lugar de regocijarse con la eficacia de su voz profética, Jonás, enfadado, critica a Dios por ser misericordioso y paciente. Como dice Jonás 4:2:

Jonás estaba muy disgustado y afligido y oró a yhvh diciendo: «Oh, Dios, no es esto exactamente lo que dije cuando todavía estaba en mi propio suelo. Ésta es la razón por la que hui a Tarsis, porque sabía que Tú eres un Dios amable y compasivo, lento para la ira, abundante en la bondad y transigente en el castigo».

Los mismos atributos de compasión y misericordia que Dios reveló a Moisés en el monte Sinaí se convierten en quejas airadas en boca de este profeta. No puede soportar el hecho de que Dios es «amable y compasivo», «lento para la ira», «abundante en la bondad y transigente en el castigo». En lugar de invocar estos atributos como una oración en nombre de la humanidad, Jonás los escupe como uvas agrias.

A modo de protesta, Jonás procede a acampar en las afueras de la ciudad de Nínive y espera a ver qué sucede. Es como si él tuviera la esperanza de que tal vez el pueblo regresara a sus malos caminos y Dios aún los castigara, o al menos Jonás tendría la oportunidad de decirle a Dios: «Te lo dije» cuando la gente de Nínive vuelva a sus malos caminos. Sin embargo, esto no es lo que sucedió. Dios le enseña a Jonás una lección muy personal en sus propias carnes sobre la necesidad universal de la compasión divina.

De acuerdo con el texto, yhvh-Elohim provoca que un *kikayon*, una planta de calabaza, brote durante la noche para proteger a Jonás del sol abrasador del desierto y del viento.[130] Como se relata en Jonás 4:6, Jonás se alegra por el kikayon, aunque no expresa ninguna gratitud por este acto de gracia no ganado. Elohim entonces invita a un gusano a destruir el kikayon y trae un viento cálido del desierto. A medida que el kikayon se marchita, Jonás queda vulnerable a los elementos y sufre un golpe de calor. Jonás se enfada repentinamente y pide una vez más morir, esta vez no por celo ideológico sino por su propia pérdida de comodidad. Jonás da por sentadas la misericordia y la gracia de Dios y está profundamente angustiado cuando se retira. Como para burlarse del profeta demasiado celoso, las escrituras describen la indignación de Jonás por el kikayon

---

130. Es interesante observar los diferentes nombres de Dios que se usan en el texto hebreo, ya que reflejan los diferentes aspectos de la divinidad que se revelaron a Jonás a través de las acciones de Dios.

en ruinas usando una expresión similar a la utilizada por su indignación por el perdón de Dios a Nínive. Al hacerlo, el texto destaca la profunda brecha entre la indignación de Jonás y su propia vulnerabilidad humana. El Libro de Jonás termina luego enigmáticamente, con Dios haciéndole al profeta una pregunta retórica que señala la gran distancia entre la compasión de Dios y la comprensión humana. yhvh dijo: «Sentiste compasión por una calabaza por la cual no trabajaste y a la cual no criaste, que se materializó de la noche a la mañana y pereció de la noche a la mañana. Y yo, ¿no debería sentir compasión por Nínive, la gran ciudad, en la que hay más de ciento veinte mil personas que no distinguen su mano derecha de su izquierda, y también muchas bestias?».

Como no queda claro en el texto si Jonás aprendió o no la lección de Dios, el midrash intenta responder esa pregunta. De acuerdo con el midrash, Jonás se siente realmente humillado por su experiencia, y al reflexionar sobre su experiencia con el kikayon, reconoce la necesidad universal de rajamim: «En ese momento [Jonás] se cayó de bruces y dijo [a Dios]: "Conduce tu mundo según tu atributo de compasión, como está escrito: la compasión y el perdón pertenecen a yhvh, nuestro Dios" (Daniel 9:9)».[131]

Cuando leemos el Libro de Jonás en el Día de la Expiación, nos damos cuenta de que todos somos un poco como Jonás: hipócritas, desagradecidos y extremadamente vulnerables. Si bien esperamos que Dios sea compasivo con nosotros, no siempre estamos listos para extender nuestra compasión a los demás. Y, desafortunadamente, al igual que Jonás, rara vez aprendemos la importancia de la compasión sin soportar las dificultades y el dolor en nuestras propias vidas.

Sufrimiento y compasión

El siguiente relato sobre el rabino Yehudah Hanasi, el famoso erudito y redactor del siglo II del Mishné (tradición oral), describe cómo fue transformado por años de sufrimiento personal de un personaje sin corazón a un ser profundamente compasivo. Según el relato, el rabino

---

131. Midrash Yalkut Shimoni, Jonás 551.

Yehudah sufrió un terrible síndrome de dolor durante trece años. El inicio de sus síntomas dolorosos coincidió con cierto incidente, al igual que la remisión de sus síntomas.

Un día, el rabino Yehudah estaba en un matadero cuando un becerro que fue llevado a la matanza se separó y escondió su cabeza bajo la falda del rabino Yehudah, como si estuviera aterrorizado. La respuesta del rabino Yehudah al becerro fue: «Ve, porque para eso fuiste creado». En respuesta a su cruel reacción ante el asustado becerro, se decidió en el cielo que el rabino Yehudah tendría que aprender compasión de la manera más difícil: a través de su propio sufrimiento.

Desde ese mismo día, según el Talmud, el rabino Yehudah se vio afectado por una horrible y crónica dolencia de cálculos renales. Su dolor al ir al baño fue tan severo que sus vecinos sincronizaron la alimentación de sus animales más ruidosos con aquellas ocasiones en las que el rabino Yehudah iba al baño, esperando que sus mugidos ahogaran sus desgarradores gritos.

Un día, trece años después, el rabino Yehudah presenció cómo su asistenta echaba sin piedad de la casa a escobazos a un gato, algunos dicen que a una comadreja. Él le suplicó: «Sé amable con él, porque la misericordia de Dios está en todas sus obras» (Salmos 145:9). En ese mismo instante, el Talmud nos dice que los dolorosos síntomas del rabino Yehudah disminuyeron, y su propia compasión despertó la compasión de la corte celestial.

La inesperada desaparición de los dolorosos síntomas físicos del rabino Yehudah coincidió con su curación espiritual en la compasión. Este gran erudito, que conocía todos los pasajes secretos de la Torá y de la ley, desconocía los caminos del corazón hasta que su propio sufrimiento despertó su compasión. Después de trece años de dolor implacable, el rabino Yehudah ya no juzgó si la criatura que estaba frente a él merecía misericordia o no. Su corazón estaba simplemente abierto.[132] Si vamos más allá del relato literal, tal vez el Talmud está sugiriendo que en el nivel más profundo somos sanados solamente cuando nuestros corazones se abren de par en par y nos convertimos en canales para la misericordia de Dios.

---

132. Talmud de Babilonia, Baba Metzia 85a.

Meditación

Encontrar el asiento de la compasión

El símbolo de los dos tronos divinos y el cambio de Dios desde el asiento del juicio al asiento de la compasión son poderosas imágenes de sanación, que se pueden clamar en cualquier momento, no sólo en los Días Temibles. Cada vez que sientas que estás atrapado en un lugar de juicio, ya sea tuyo o de otra persona, intenta imaginar cómo sería si te apartaras de la posición de juzgar y vieras a la misma persona o situación desde la perspectiva de rajamim. Puedes intentar practicar esto como una meditación en la que visualices estas dos cualidades, el juicio y la compasión, literalmente como dos asientos. Imagínate que te levantas y te alejas de ese asiento de juicio y te sientas en un asiento de compasión. Cuando te veas sentado en el asiento de la compasión, deja ir los juicios y permite que tu corazón se abra de par en par. Siente el calor que te llena cuando te abrazas a ti mismo y a toda la vida desde un lugar de misericordia y compasión.

Después de practicar esta meditación diariamente por un tiempo, observa si puedes mantenerla durante un día entero. Te sorprenderás de cuántas oportunidades hay en el curso de un día normal para pasar de una posición de juicio a una de compasión.

Meditación de Shejiná

Abrirse al amor incondicional

Tómate el tiempo que necesites para relajarte y centrarte, prestando mucha atención a tu respiración o *neshima*, permitiendo que te conectes con tu neshama o alma. Con cada respiración que tomes, siente cómo estás estimulando el cuerpo a través de la respiración. Con cada respiración, siente cómo estás tejiendo conductos de conexión entre los diferentes niveles de tu ser.

Ahora imagina que estás sentado en presencia de un ser luminoso, un ser de luz y amor puros, un ser en cuya presencia te sientes completa e incondicionalmente amado y aceptado por todo lo que eres. (Si eso es difícil de imaginar, intenta evocar la imagen de alguien que conoces que te haya enseñado el significado del amor incondicional. Si no ha habido una persona así en tu vida, intenta imaginarla).

A medida que continúas meditando, permítete experimentar lo que se siente al ser visto y abrazado con amor por la Shejiná, el divino femenino. Trata de dejar de lado la forma en que normalmente te ves a ti mismo y permite que las voces críticas y en proceso de juicio se callen. Cuando te abras a estar en presencia de la Shejiná, déjate sentir profundamente amado y aceptado por todo lo que eres.

A medida que regresas lenta y suavemente a tu conciencia normal, observa cómo puedes sentirte diferente respecto a ti mismo o los problemas con los que te enfrentas en tu vida actual. Intenta escribir en un diario tus experiencias durante y después de esta meditación.

PARTE 3

SHELEIMUT

Completitud e integración

No es una coincidencia que la palabra raíz de todo, salud, sanar,
santo, sea hale (como en sano y robusto). Si somos sanados,
nos volvemos completos; somos fuertes y sanos; somos santos.

—MADELINE L'ENGLE

10

LA COMPLETITUD Y LA PARADOJA DE LA SANACIÓN

Hay dos tipos de verdad. En lo superficial, lo opuesto a una declaración verdadera es falso. En lo más profundo, lo opuesto a una declaración verdadera es igualmente cierto.

—NEILS BOHR

Crecí pensando que sólo los judíos sabían de los poderes curativos de la sopa de pollo. Así que un día me sorprendió escuchar una emisora de radio que informaba sobre los resultados de un concurso multicultural para el mejor conocimiento sobre la sopa de pollo. En este concurso en particular, la sopa de pollo judía se llevó el primer premio por la astuta percepción del cocinero de que la sopa de pollo es «buena para ti, pero mala para el pollo». Esa línea se quedó en mi mente durante años como una personificación de la mente judía. Para bien o para mal, los judíos siempre miran las cosas desde múltiples puntos de vista. Nada es simple para los judíos.

El misticismo judío nos enseña cómo recorrer un camino intermedio que encuentra el punto de equilibrio de cada una de las muchas contradicciones de la vida. Para evitar cualquiera de las soluciones o los problemas complicados de la vida, el pensamiento judío encuentra que las nociones contradictorias pueden coexistir dentro de una verdad más amplia. Cuando se registraron siglos de discurso rabínico en el Talmud, por ejemplo, se incluyeron *todas* las opiniones y argumentos de los sabios, no sólo las de aquellos cuyas palabras concuerdan con la ley judía. Aunque la ley judía se alió con las opiniones de la academia del rabino Hillel, las perspectivas opuestas de la academia del rabino Shamai aún se consideraban como una enseñanza sagrada. De hecho, se dijo que una voz celestial había resuelto las décadas de debate entre estas dos academias rabínicas al proclamar que las opiniones de ambas academias «son palabras del Dios vivo».[133]

La tolerancia judía hacia la contradicción y la ambigüedad es bastante evidente en el humor judío. Me recuerda la historia de dos judíos que acuden a su rabino para mediar en un conflicto. El primer hombre presenta su caso, y el rabino dice: «Tienes razón». Luego, el segundo hombre presenta su caso y nuevamente el rabino le responde: «Tienes razón». En este punto, la esposa del rabino grita: «Pero, rabino, ¿cómo pueden estar ambos en lo cierto?». A lo que él contesta: «¡Tú también tienes razón!».

La inclinación judía por la contradicción y la paradoja también se refleja en el propio idioma hebreo. Una cosa fascinante de muchas palabras hebreas es que pueden implicar tanto una cosa como su opuesta. Por ejemplo, la palabra para extraño, *nochri*, proviene de la misma raíz (*nun-kaf-resh*) que la palabra para reconocimiento, *hakara*. Paradójicamente, el extraño es alguien que carece de reconocimiento. Y una vez que reciba el reconocimiento, dejará de ser un extraño.[134]

De manera similar, la raíz hebrea *jet-tet-alef*, que generalmente implica pecado (*jet*), también se puede usar para referirse a la purificación del pecado, como se encuentra en el noveno verso del Salmo 51, que dice: «Purifícame [*te 'chateini*] con hisopo y seré purificado». El hecho de que tantas palabras hebreas combinen significados opuestos sugiere que el idioma hebreo en sí está basado en una cosmovisión que considera que todos los opuestos y polaridades están profundamente conectados a una fuente unificada. En el estudio de la Torá, cuando una palabra hebrea tiene significados ambiguos, todos los significados de la palabra deben tenerse en cuenta, incluso si se contradicen entre sí, ya que la verdad es esencialmente multicapa y con frecuencia es contradictoria. Las palabras hebreas parecen seguir el principio de la física

---

133. Talmud de Babilonia, Eruvin 13b.
134. En Rut 2:10 ambos significados de esta raíz aparecen en el mismo verso: «¿Por qué he hallado gracia en tus ojos para que me reconocieras [le'hakireini] y soy una extraña [nochriah]?».

donde, como sugirió Neils Bohr, una gran verdad es aquella cuyo opuesto también es verdadero.

El razonamiento dialéctico se encuentra en el núcleo del pensamiento judío; y la paradoja es una de las características fundamentales de la doctrina cabalística. Todo en este mundo, según la cábala, se revela esencialmente a través de su manifestación opuesta: la cábala entiende que el desarrollo de Dios a través de la creación es un proceso paradójico, porque la divinidad se *revela* a través de un proceso de *ocultamiento*, o tzimtzum; la unidad se revela a través de la multiplicidad; y la nada divina (ayin) se realiza a través de la existencia de «algo» (yesh). De manera similar, la existencia del mal hace posible la revelación de la bondad, mientras que la oscuridad presta luz a su luminosidad.

En terapia, encontramos que la capacidad de reconocer y entender la complejidad y la naturaleza paradójica de la vida y de las personas es, de hecho, uno de los componentes cruciales de la completitud psicológica. Esta capacidad, junto con la capacidad de integrar los buenos y malos sentimientos sobre nosotros mismos y los demás, está en el centro de la maduración emocional. Sin estas capacidades, la vida puede ser una montaña rusa salvaje, alternando entre estados de sentimientos buenos y malos.

Sin embargo, muchas personas sufren la incapacidad de vivir con la paradoja y la contradicción. Están atrapados en un universo donde se experimentan diferentes estados de sentimiento como mutuamente excluyentes. Para experimentar algún sentimiento, tienen que cortar o negar todos los demás sentimientos que parecen estar en contradicción. Este pensamiento en blanco y negro, de razonamiento simple, deja poco espacio para los muchos tonos de gris que caracterizan nuestra existencia diaria. Como resultado, estas personas a menudo se sienten amenazadas por las relaciones íntimas y otras situaciones que generan emociones mezcladas o exigen flexibilidad emocional. Tal y como sabe cualquiera que haya sido íntimo, las personas que más amamos y admiramos pueden, a veces, decepcionarnos y hacernos daño. Poder perdonar y seguir amando y confiando en nuestros íntimos exige que tengamos la capacidad de aferrarnos a nuestro amor incluso cuando estamos enfadados, de recordar lo bueno incluso cuando las cosas están mal y, lo más importante, de ver a las personas (a nosotros mismos también) como seres *enteros*, en todas sus fortalezas y debilidades.

La educación occidental, con su base en las leyes formales de la lógica y la linealidad, tiene una desafortunada tendencia a reforzar el pensamiento de uno u otro. Nos enseñan que las cosas son verdaderas o falsas, buenas o malas. Estamos capacitados para ganar argumentos en un debate en lugar de llegar a una solución de compromiso o consenso. La idea sorprendente de que la verdad puede ser de varias capas, impredecible y contradictoria generalmente no es parte del pensamiento occidental. Es nuestra no aceptación de la paradoja lo que conduce a tanta confusión en nuestras vidas personales e interpersonales.

Nuestra incapacidad para ver la vida en todos sus matices de gris también contribuye al estancamiento político. Cuando los políticos representan al mundo como «chicos buenos» y «chicos malos» en lugar de considerar los muchos factores complicados que hacen que nuestros «enemigos» nos odien, reforzamos una mentalidad de «nosotros-ellos» que nos lleva a la guerra. La verdad es que, a veces, los malos y los buenos son los mismos. Y si pudiéramos comenzar a ver nuestra propia contribución a los problemas mundiales, podríamos encontrar una manera de resolver nuestros conflictos internacionales sin recurrir a la violencia.

Una parte importante de muchas prácticas espirituales judías implica crear armonía entre nociones contradictorias o equilibrio entre energías opuestas. Para sanar el alma, uno debe ser capaz de integrar y contener las fuerzas opuestas que existen en nosotros dentro de un campo más amplio y unificado del ser. Dentro de este campo de Dios es donde encontramos la amplitud en la cual todos los opuestos pueden unirse. Dios es, en última instancia, la unión de todos los opuestos. Escribe el rabino del siglo xix Aaron ha'Levi Horowitz de Staroselye: «El propósito completo de la creación y la interconexión de todos los mundos... es revelar Su completitud exactamente desde su opuesto... Porque el principio básico de la completitud es que dentro del Uno pueden estar integrados incluso los contrarios opuestos».[135]

---

135. A. H. Horowitz de Staroselye, Avodat ha'Levi, Va-Yehi 69a (Jerusalén, 1972).

Vivimos en un mundo de tan gran fragmentación y particularización que todos anhelamos profundamente algo que pueda hacer que
nuestras vidas rotas se sientan más completas y unificadas. El misticismo judío y la práctica espiritual ofrecen precisamente eso: una forma
de experimentar la vida desde la perspectiva de la unidad, o yichud.
Ésta es probablemente una de las razones por las que la cábala es tan
popular hoy en día. La capacidad de sentirse cómodo con la contradicción y celebrar las numerosas paradojas de la vida es clave para la comprensión de la cábala de la curación, ya que siempre vivimos en dos
mundos al mismo tiempo: este mundo de realidad finita y el mundo
del espíritu, donde ninguna de las leyes del plano material parece existir. Existimos como cuerpo y como alma. Somos seres finitos limitados
por el tiempo y el lugar, pero simultáneamente estamos conectados con
el infinito. Somos individuos separados y únicos, pero también estamos profundamente interconectados, existiendo dentro de una unidad
inefable en la que se disuelve toda nuestra particularidad.

Las prácticas espirituales judías nos permiten vivir como ciudadanos de los mundos superior e inferior. En este mundo inferior, donde
la multiplicidad y la polaridad son la regla, sanamos en la completitud,
o sheleimut, al convertirnos en recipientes que pueden contener opuestos. La curación, desde la perspectiva del mundo superior, se trata de
abrirnos a la experiencia del yichud, o unificación, al aprovechar el
reino en el que la dualidad deja de existir. Estas dos cualidades, sheleimut y yichud, operan sinérgicamente en toda la curación cabalística.
Al haber experimentado el yichud, o unidad, podemos tolerar mejor la
paradoja porque habremos encontrado el todo que conecta las muchas
partes dispares. Y al alcanzar el sheleimut (completitud e integración
psicológica), somos más capaces de aferrarnos y aplicar los conocimientos que obtenemos de la experiencia de la unidad en nuestras vidas reales.

Desafortunadamente, muchos buscadores espirituales intentan ascender en la escala espiritual sin mirar lo suficientemente adentro como
para prepararse para ser recipientes enteros. De hecho, muchas personas usan la espiritualidad como una defensa contra la dolorosa complejidad de la vida. El rebe de Kotzk, conocido por sus frases concisas y su
compromiso absoluto con la verdad, advirtió a sus seguidores que no

usaran la espiritualidad para evitar tratar los problemas psicológicos, diciendo: «Si una persona mira los cielos antes de mirar dentro de sí misma, se podría caer en la trampa de un cazador».[136] Me gustaría agregar a la advertencia del rebe de Kotzk que cuando carecemos de completitud psicológica, nuestras experiencias espirituales, aunque quizás sean momentáneamente satisfactorias, tienden a mantener partes no integradas y desconectadas de nuestra experiencia. Por lo tanto, un primer paso importante en el viaje de la curación implica el desarrollo del sheleimut.

Sheleimut

En el misticismo judío, se entiende que la completitud es esencialmente paradójica. La palabra hebrea para completitud, *sheleimut*, que proviene de la misma raíz hebrea (*shin-lámed-mem*) que *shalom* (paz), no se ve como una condición estática sino como la interacción dinámica de los opuestos que se equilibran entre sí. Las mismas letras en la raíz común *shin-lámed-mem* sugieren que la completitud implica el equilibrio de las fuerzas polares, porque la primera letra, *shin*, significa fuego, mientras que la última letra, *mem*, significa agua. Cuando el agua y el fuego, símbolos de la creación y la destrucción, coexisten en equilibrio, encontramos la completitud y la paz. En este sentido, la paz y la completitud existen paradójicamente cuando los opuestos están contenidos dentro de un recipiente unificador.

Una noción similar aparece en *Sefer Bahir* (el Libro de la Iluminación), una de las primeras obras cabalísticas conocidas, publicada por primera vez en el siglo XII en la Provenza. Según el *Sefer Bahir*, las primeras y últimas letras de la palabra *shalom* –*shin* y *mem*– simbolizan a la pareja angelical Miguel y Gabriel, cuyas esencias se oponen entre sí. Miguel, el ángel de la bondad amorosa, está asociado con la letra *mem*, que significa agua (*mayim*), mientras que Gabriel, el ángel del juicio y los límites estrictos, está asociado con la letra *shin*, que significa fuego

---

136. Simcha Raz, The Sayings of Menahem Mendel of Kotsk (Northvale, Nueva Jersey: Jason Aronson, 1995), pág. 2.

(*esh*). El pasaje litúrgico «el que crea paz [shalom] en los cielos hace la paz entre nosotros» (Job 25:2) alude a los esfuerzos de Dios para hacer la paz entre estos dos ángeles con energías opuestas.[137] Podemos extrapolar de esta enseñanza que la completitud (sheleimut) implica el equilibrio dinámico de tendencias opuestas que existen dentro de cada uno de nosotros.

En la Biblia, Jacob es el único personaje que se describe como convertido en *shaleim*, entero.[138] Pero este título no se le confiere hasta que experimenta un profundo proceso de transformación interior. En este proceso, Jacob debe ir más allá de su conocido y limitado sentido de sí mismo y encontrar una manera de incorporar su sombra: las partes rechazadas y repudiadas de sí mismo que ha proyectado sobre su hermano Esaú. También debe pasar de ser el hombre sencillo y honesto que era en su juventud a convertirse en una figura mucho más compleja y paradójica.

En su juventud, se describe a Jacob como un hombre sencillo y sincero, un *ish tam* (Génesis 25:27). A diferencia de su hermano Esaú, que ha adquirido la astucia y la duplicidad del cazador, el «corazón y la boca de Jacob son congruentes», según Rashi.[139] No hay contradicción ni tensión entre su experiencia interior y su expresión externa. Y al haber llevado una vida protegida, Jacob también es algo ingenuo. A diferencia de su hermano, que es prototípicamente masculino en su apariencia (es peludo) y en sus acciones (es un cazador y un amante de la naturaleza), Jacob «habita en las tiendas», cerca de su madre y de las mujeres. Mientras que Esaú es el favorito de su padre, «Rebeca ama a Jacob» (Génesis 25:28) y lo ve como el heredero espiritual más digno del legado de su padre. Y así, cuando Rebeca escucha que Isaac planea darle a Esaú la bendición especial del *be'chor*, o primer varón, ella comienza a planear una manera para que Jacob «robe» la bendición de su hermano.

---

137. Aryeh Kaplan, The Bahir Illumination (York Beach, Maine: Samuel Weiser, 1979), pág. 21.

138. Después de luchar con el ángel y hacer las paces con su hermano Esaú, la Torá dice que Jacob «vino a [la ciudad de] Siquem [Nablus] entero [shaleim]» (Génesis 33:18).

139. En el pasaje «un hombre sencillo (ish tam) que habita en tiendas» (Génesis 25:27), Rashi dice: «K'libo kein piv», lo que significa que el corazón y la boca de Jacob eran congruentes.

Éste es el punto en el relato bíblico donde Jacob comienza a cambiar su antigua identidad como un hombre sencillo y sincero para abordar algunos de los aspectos más complejos del carácter de su hermano. Bajo las instrucciones de su madre, Jacob se oculta disfrazándose con la ropa de piel de animal de su hermano. Hace esto para parecer «peludo» y para «oler» como su hermano, para engañar a su padre y hacerle creer que él es Esaú. Rebeca prepara un banquete de sabrosas carnes que saben a venado de Esaú, y con esta farsa, Jacob pretende ser su hermano para recibir la bendición del primogénito. Sin embargo, tan pronto como Jacob comienza a hacerse pasar por su hermano, su identidad comienza a expandirse para tomar parte de la astucia característica de Esaú. Al hacerlo así, comienza el proceso de incorporar su sombra.

Después de robar la bendición de su hermano, la vida de Jacob, como la había conocido hasta entonces, se desmorona. Ya no puede volver a vivir en paz «en las tiendas» como antes. En lugar de eso, se ve obligado a huir de por vida e irse al exilio, por lo que Esaú planea matarlo en venganza. Forzado a dejar la comodidad y la seguridad de su familia y su tierra natal, Jacob debe aprender a sobrevivir en el exilio como un forastero, como otro. El «paraíso» de su juventud es reemplazado por un viaje a la «paradoja» en el que aprenderá a estar completo al soportar la angustia, y logrará un sentido de integridad al lidiar con la desintegración y la fragmentación.

Todo comienza cuando Jacob se enamora de Raquel y le invitan a la casa de su padre. El padre de Raquel, Labán, que también es el tío materno de Jacob, es un poco canalla. Al tratar con Labán, Jacob encuentra la horma de su zapato en cuanto a la astucia y debe aprender a sobrevivir con su ingenio. Ha de ser verdaderamente astuto, ya que su tío lo estafará y se aprovechará de él repetidamente. Después de trabajar durante siete largos años para obtener la mano de Raquel en matrimonio, Jacob es engañado en su noche de bodas, cuando descubre que Labán había puesto a Lea bajo el dosel del matrimonio en lugar de a Raquel. Por más extraordinario que pueda parecer, Jacob no se da cuenta de esto hasta la mañana siguiente, cuando se despierta y encuentra a Lea en su cama. (¡Evidentemente, las mujeres de esa época llevaban un modesto velo en sus bodas!). Cuando Jacob se enfrenta a su suegro acerca de esta traición, se le dice que no habría sido apropiado casar a la más joven antes que a la mayor. No queda claro por qué Labán no le había dicho esto a Jacob anteriormente, pero de acuerdo con las lecturas místicas de la historia, el matrimonio inconsciente de Jacob con Lea estaba predestinado. El que engañó a su propio hermano estaba destinado a convertirse en víctima del engaño. De hecho, el engaño de Jacob al robar la bendición de su hermano se vuelve a plantear en él «medida por medida» cuando, sin saberlo, se casa con Lea. Así como Isaac bendice a Jacob sin darse cuenta de a quién está bendiciendo, Jacob se casa con Lea sin ser consciente de con quién se está casando.

Aunque a Jacob finalmente se le permite casarse con Raquel a cambio de otros siete años de trabajo, las cosas nunca serán lo mismo que había soñado. La vida de Jacob estará inevitablemente fragmentada y fracturada por las rivalidades y tensiones que se desarrollaron entre sus dos esposas y su descendencia.

Pero la unión no intencional de Jacob con Lea también tiene un significado adicional. De acuerdo con el rabino Mordecai Yosef de Izbitz, autor de *Beis Yaacov*, la unión de Jacob con Lea vino del «mundo oculto» (*alma d'itkasia*), un reino que está más allá de la conciencia consciente.[140] En contraste, el matrimonio de Jacob con Raquel era del «mundo revelado» (*alma d'itgalia*), el reino de la mente consciente. Aunque estas frases en arameo provienen del Zohar, la obra magna de la cábala del siglo XIII, parecen corresponder con la noción de Freud de la mente consciente e inconsciente: el alma d'itgalia es la mente consciente, y el alma d'itkasia, la mente inconsciente. De la misma manera que la belleza de Raquel era evidente, el amor de Jacob por ella era evidente para él. La conexión de Jacob con Lea, por otro lado, es mucho más oculta y misteriosa, al igual que su belleza era más sutil y oculta que la de su hermana. En Génesis 29:17, la Torá trata de contrastar su belleza, «y los ojos de Lea eran tiernos; y Raquel era hermosa en su apariencia y hermosa de contemplar». Sin embargo, el viaje de Jacob hacia la completitud implica navegar por estos dos tipos de amor: por el del amor por una pareja que él ha elegido conscientemente, así como por el del amor por una pareja que entra a su vida en oposición a sus deseos conscientes.

---

140. Mordecai Yosef of Izbitz, Beis Ya'acov, Parashat Va'yeitzei 1.

En el midrash, el matrimonio de Jacob con Lea se ve como parte del «paquete» de haber usurpado el derecho de nacimiento y la bendición de su hermano. Lea, sugiere el midrash, estaba conectada con Esaú y estaba destinada a casarse con él. Cuando Jacob robó sus bendiciones, también se convirtió en heredero de este aspecto del destino de su hermano.[141] En su estilo singularmente metafórico, este midrash nos está enseñando acerca del trabajo interno de integrar la sombra. Cuando Jacob incorporó los aspectos más complejos del carácter de Esaú en su propio ser, quedó informado de un tipo más profundo de autoconocimiento. Su unión con Lea simboliza este conocimiento más profundo.

El matrimonio de Jacob con Lea también tiene un significado espiritual adicional. Según el rabino Mordecai Yosef, esta historia nos enseña que a veces las cosas más elevadas y sagradas de nuestras vidas se producen desde un lugar que está por encima y más allá de nuestra elección consciente. El significado y la bendición inherentes a ellos a menudo se ocultan inicialmente de nuestra conciencia. Así ocurre también con la sombra, esa parte de nosotros mismos que rechazamos conscientemente. Para estar completos, debemos aprender a aceptar e incorporar este aspecto de nuestro ser en nuestra imagen consciente de nosotros mismos. Jacob inicialmente está resentido y menosprecia a Lea, ya que inicialmente no puede apreciar el valor de su hermano Esaú. Sin embargo, con el tiempo, llega a amar a Lea y aprecia su belleza, ya que se da cuenta de que su belleza es más sutil y oculta que la de su hermana. La (pro)creatividad de la unión de Jacob con Lea se revela a través de sus muchos descendientes, y es el hijo de Lea, Judá, quien se convierte en el líder elegido de las tribus, y es el progenitor del linaje mesiánico. A veces, esas mismas cosas que entran en nuestras vidas no de acuerdo con nuestra elección *consciente* o deseo consciente resultan portadoras de las mayores bendiciones.

---

141. El hecho de que Lea hubiera sido el alma gemela prevista de Esaú aparece en el siguiente midrash citado por Rashi en su comentario sobre Génesis 29:17: «"Y los ojos de Lea estaban sensibles". Ella pensó que era su destino estar [casada] con Esaú. Y [por eso sus ojos estaban sensibles, porque] estaba [constantemente] llorando... Todos decían: "Rebeca tiene dos hijos y Labán tiene dos hijas. El mayor [está destinado] para la mayor y el más joven [está destinado] para la más joven"». Las lágrimas de Lea sobre su destino sugieren que todos podemos cambiar nuestro destino a través del poder de la teshuvá.

En su transformación de *temimut* a sheleimut, de la sinceridad a la completitud y la autenticidad, Jacob debe expandirse más allá del reino de lo conocido y cierto (alma d'itgalia) y aventurarse hacia el reino desconocido y complejo del inconsciente (alma d'itkasia). Debe descubrir el bien que se oculta en aquellos aspectos de su destino y carácter que inicialmente rechaza. También debe aprender a equilibrar su deseo de verdad y simplicidad con la realidad de vivir en un mundo de dualidad y duplicidad. En lugar de vivir en armonía con *la* mujer que elige conscientemente, debe aprender a navegar por las complejidades de una familia bifurcada. Con dos esposas que son hermanas y rivales, más doce hijos (y una hija) que habitualmente están en conflicto entre sí, Jacob debe hacer las paces con la imperfección y la fragmentación. Sin embargo, de alguna manera, al dominar todas estas dificultades y al encontrar una manera de integrar todas las fuerzas opuestas dentro de su propio ser, Jacob llega al sheleimut, a la completitud.[142]

En la cábala, Jacob también se asoció con el atributo divino de la verdad, *emet*. Puede parecer irónico que el personaje bíblico que más luchó con el engaño y la falta de honradez se convirtió, para los místicos, en un símbolo de la verdad. Sin embargo, la frase de Miqueas 7:20 «dale la verdad a Jacob» se abrió camino en la liturgia semanal del Sabbat por la tarde.[143] En el clímax del Sabbat, cuando se dice que el espíritu de Jacob está presente, una bendición de completitud desciende sobre todos los que guardan el Sabbat. Al haber aprendido las consecuencias dolorosas de la deshonestidad, Jacob se convirtió en un *ish emet*, un hombre de verdad.

En última instancia, el viaje de curación de Jacob proporciona un paradigma para todos nosotros, quienes, según el *Sefat Emet*, debemos aprender a vivir con integridad en este mundo de ilusiones, el *alma d'shikra*. Al igual que Jacob, todos debemos tener en cuenta la ilusión

---

142. Para una información más completa de la transformación interna de Jacob, véase Aviva G. Zornberg, Genesis: The Beginning of Desire (Filadelfia: The Jewish Publication Society, 1995), págs. 144-179.

143. Esta frase, que en hebreo es «titen emet l'yaacov», aparece en la oración de la tarde del Sabbath «uva le'tzion go'el». Originalmente aparece en Miqueas 7:20.

de multiplicidad y separación para llegar a la verdad de la unidad de Dios.[144]

Las sefirot

Un modelo integrado para la completitud

La importancia de aprender a equilibrar las polaridades en la búsqueda de la completitud se refleja en la doctrina de la cábala de las diez sefirot, los atributos divinos con los que la divinidad crea e interactúa continuamente con la creación. Las sefirot describen el proceso de despliegue divino o emanación: cómo el Infinito, a través de un proceso dialéctico, se vistió con la multiplicidad de formas finitas o recipientes. También pueden entenderse como una escalera de subida mediante la cual la humanidad puede llegar a identificarse con el creador. Al aprender a emular a las sefirot, llegamos a encarnar los atributos divinos de la completitud. Las sefirot se organizan como energías emparejadas –una principalmente generativa (masculina) y la otra principalmente receptiva (femenina)– que se encuentran en una relación equilibrada entre sí, con un punto medio entre ellas para integrarlas.[145]

Por ejemplo, en el sistema de las sefirot, *jesed*, la misericordia, está equilibrada por geburáh, la habilidad divina de establecer límites. Tanto la jesed como la geburáh son esenciales para la completitud. El amor sin límites y el discernimiento proporcionados por la geburáh puede dar mala información e incluso ser destructivo. El tipo de problemas que resultan de amar y dar a un niño sin establecer límites son una clara evidencia de la necesidad de tal equilibrio. Pero de maneras mucho más sutiles, todas las energías amorosas necesitan límites dentro de los cuales puedan expresarse; porque cuando la jesed no tiene límites, puede llevar a su opuesto. Del mismo modo, si geburáh no está moderada por la jesed, puede llevar a la crueldad y al juicio.

---

144. Yehudah Aryeh Leib, Sefat Emet, Parashat Toldot.
145. Para una descripción detallada de la sefirot, véase David S. Ariel, The Mystic Quest: An Introduction to Jewish Mysticism (Nueva York: Schocken Books, 1988).

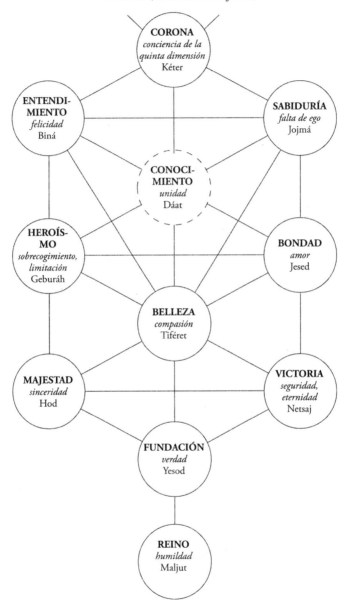

Fe simple (*la cabeza desconocida*)
Placer (*la cabeza de la nada*)
Voluntad (*la cabeza del infinito*)

CORONA
conciencia de la quinta dimensión
Kéter

ENTENDI-MIENTO
felicidad
Biná

SABIDURÍA
falta de ego
Jojmá

CONOCI-MIENTO
unidad
Dáat

HEROÍS-MO
sobrecogimiento, limitación
Geburáh

BONDAD
amor
Jesed

BELLEZA
compasión
Tiféret

MAJESTAD
sinceridad
Hod

VICTORIA
seguridad, eternidad
Netsaj

FUNDACIÓN
verdad
Yesod

REINO
humildad
Maljut

Las diez sefirot y su fuerza interior vital de experiencia

Extraído con permiso de: *Kabbalah and Consciousness*, de Allen Afterman
(Nueva York: The Sheep Meadow Press, 1992).

De acuerdo con la cábala, el punto medio que se encuentra entre las sefirot jesed y geburáh está asociado con la calidad de rajamim, o compasión. *Rajamim*, que, como hemos visto, proviene de la misma raíz hebrea que *rechem*, o útero, representa el equilibrio perfecto de amor y límites. Al igual que el útero, cuya sabiduría reside en su capacidad de expandirse y contraerse adecuadamente para sostener la vida, rajamim es el lugar donde la energía expansiva del amor encuentra su expresión perfecta basada en las verdaderas necesidades de un receptor digno, no sólo en las necesidades del que da. Es un amor que ni ahoga ni despoja. Es un amor que es flexible, que se expresa a veces diciendo sí y otras veces diciendo no. Rajamim no es un término medio estático, sino la flexibilidad para expandirse y contraerse. No es tibio, sino frío o caliente, según lo que requiera la situación.

En la cábala, Jacob no sólo se identifica con la verdad; también está asociado con la *séfiras* (plural de *sefirot*) de rajamim. Como resultado de su viaje de autointegración y sanación, Jacob se convierte en alguien que puede moverse libremente entre los polos de jesed y geburáh, respondiendo a cada situación de la vida según lo requiera. A diferencia de su padre, Isaac, que estaba muy asociado con la calidad introvertida y moderada de geburáh, y a diferencia de su abuelo Abraham, que tendía hacia el extremo de jesed y la extroversión, Jacob encontró el punto de equilibrio de rajamim. Estas séfiras también se conocen como *tifferet*, o belleza, en la cábala, porque donde existe un verdadero equilibrio entre los opuestos, existe la belleza.

Jesed y geburáh en la terapia

En innumerables ocasiones, la sabiduría paradójica de las sefirot me ha guiado tanto en mi vida personal como en mi trabajo como terapeuta. Para aquellos de nosotros que a menudo quedamos atrapados entre necesidades conflictivas y tendencias internas, el sistema sefirótico ofrece un modelo integrado para la completitud.

Hace algunos años, aconsejé a una mujer llamada Susan que estaba experimentando problemas en todas sus relaciones. Susan tenía un desequilibrio clásico de jesed-geburáh: era incapaz de equilibrar sus sentimientos de amor y enfado. Como resultado, sus niveles de auto-estima fluctuaban enormemente, y sus interacciones con amigos y familiares oscilaban entre los extremos de la entrega desinteresada y los arrebatos de enfado o de retirada. Se esforzaba a brazo partido tratando de satisfacer las muchas necesidades y demandas de su familia, amigos y comunidad, y nunca se detenía para tomarse un tiempo para sí misma. Luego, periódicamente, Susan se agotaba hasta el punto de desmoronarse, y comenzaba a gritarle a todo y a toda la gente, o se encerraba en su habitación durante horas. Durante estos episodios, se sentía atrapada en malos sentimientos, tanto sobre ella misma como sobre los demás. Y a medida que Susan pasó de ser una sirvienta dispuesta a despotricar como una loca, sus hijos comenzaron a sentirse terriblemente mal con ellos mismos, mientras que su esposo estaba sorprendido y asustado por los arrebatos de Susan. No tenía ni idea de que su esposa había estado acumulando tanto resentimiento hasta que fue demasiado tarde.

Los problemas de Susan se debieron a su incapacidad para poner límites a su naturaleza básicamente amorosa y expansiva y a su dificultad para integrar las emociones mezcladas. Los aspectos contradictorios de su naturaleza estaban básicamente en guerra los unos con los otros. La imagen que tenía de sí misma como una persona amorosa y generosa le impedía decir no a los demás, incluso cuando lo necesitaba. Y cuando Susan no podía estar a la altura de sus propias expectativas poco realistas, sus sentimientos acerca de sí misma caían en picado en el cubo de la basura, arrastrando a los que más amaba.

Cuando aconsejé a Susan, usé el simbolismo de las sefirot para darle una nueva forma de entender su problema. Al haber crecido en una gran familia judía ortodoxa donde el dar desinteresado era el ideal (y algo así como un mecanismo de supervivencia), Susan nunca había desarrollado un sentido saludable de los límites personales. Solamente experimentó sus límites después de haber sido empujada a traspasarlos. Sin embargo, establecer límites no era algo que pudiera hacer sin sentirse egoísta e injusta. No obstante, después de aprender sobre la necesidad de equilibrar la jesed con la geburáh, Susan comenzó a apreciar cómo estas energías son interdependientes y que se necesitan y se apoyan mutuamente. Poco a poco, comenzó a darse cuenta de que la cualidad para poner límites de la geburáh no tenía por qué negar su naturaleza esencialmente amorosa, y comenzó a encontrar formas para establecer límites con comodidad con sus seres queridos. Al ver la geburáh como un equivalente esencial para la jesed, Susan aprendió a ser más equilibrada.

Se dio cuenta de que al retirarse de vez en cuando podía evitar enfadarse con sus allegados. Aprender a reconocer el momento en que necesitaba manifestar la geburáh para tomarse el tiempo para sí misma, y hacerlo sin sentirse culpable, ayudó a Susan a ser más equilibrada. También necesitaba ajustar su ideal de ego –el estándar en el que se apoyaba– para adaptarse a su verdadero yo, que descubrió que era una persona con necesidades propias y alguien que se preocupaba por las necesidades de los demás.

De diversas formas, el dilema de Susan es el mismo en el que todos estamos atrapados. Nuestras polaridades internas pueden ser diferentes a las de ella, sin embargo, cuando aprendemos a verlas como partes de un todo, podemos vivir nuestras vidas con mayor armonía y equilibrio, dando a cada tendencia su expresión necesaria.

Meditación en Sheleimut

La siguiente meditación tiene como objetivo ayudarte a desarrollar sheleimut: la capacidad de mantener y contener fuerzas opuestas dentro de nosotros mismos.

Tómate unos minutos para relajarte y centrarte, anclando tu conciencia en tu respiración. Respira lenta y profundamente, inspirando relajación y energía de curación, y exhalando lo que necesites dejar ir ahora mismo para estar completamente presente.

Mientras continúas prestando atención a tu respiración, imagina que con cada inhalación estás respirando una exhalación divina. Y cuando exhalas, envía tu exhalación a su fuente en lo divino.

Ahora imagina que en tu mano derecha tienes la energía de jesed, la bondad amorosa. Siente el flujo expansivo de amor que afirma tu vida, la alegría de decir SÍ a la vida. Ancla esta energía en tu mano derecha para que esté ahí cuando la necesites.

Imagina que en tu mano izquierda tienes el poder de geburáh, la capacidad de limitar el flujo externo de energía. Siente tu poder para decir no y establecer límites cuando sea necesario, y tu capacidad para canalizar tu amor de forma selectiva. Siente el poder de la profunda introversión, de mantener tu energía y atención hacia dentro. Ancla esta energía en tu mano izquierda para que esté ahí cuando la necesites.

Ahora estás manteniendo juntas las energías de jesed y geburáh, al mismo tiempo, en tu ser. Siente cómo las energías que fluyen hacia dentro y hacia fuera bailan juntas dentro de ti. Conviértete en shaleim, un recipiente de completitud, un recipiente que puede contener opuestos.

A medida que continúas con esta meditación, observa si puedes traer otras polaridades con las que luchas en tu conciencia en este momento: introversión/extroversión, masculino/femenino, pensamiento/sentimiento, unicidad/separación, particularidad/universalidad, etc. Mira si puedes aferrarte a estas diferentes polaridades a la vez.

Ahora observa si puedes aferrarte simultáneamente a tus buenos y malos sentimientos acerca de alguien o algo colocando tus buenos sentimientos en una mano y tus malos sentimientos en la otra. Permítete experimentar la mezcla y complejidad de tus emociones, y al hacer esto, siente tu capacidad de ser completo.

11

ENCONTRAR A DIOS
EN TODAS LAS COSAS

El no dualismo y la capacidad psicológica para la integración

No hay nada fuera de mí. Yo soy yhvh y no hay nada más. Formar la luz y crear la oscuridad; hacer shalom [paz] y crear el mal. Soy yhvh (el infinito) quien hace todo esto.

—Isaías 45:6-7

Cuando te entrenas para escuchar la voz de Dios en todo, alcanzas la quintaesencia del espíritu humano.

—Rabino Abraham Isaac Kook

En la tradición judía hay muchas historias sobre los problemas que pueden ser causados por la piedad ingenua. La siguiente historia, sobre un piadoso tonto, o *hasid shoteh*, está adaptada de un cuento que escuché una vez. Se burla de aquellos que toman su fe en Dios demasiado literalmente y señala los peligros de la fe ingenua.

Una gran tormenta se acercaba una vez a la ciudad donde vivía Yosela. Como las nubes de la tormenta oscurecían el cielo, el hombre del tiempo instó a todos a salir de la ciudad, pero Yosela dijo: «No me preocuparé, Dios me salvará». La mañana de la tormenta, la policía recorrió el vecindario con un camión con altavoces para pedirles a todos una vez más que evacuaran. Yosela dijo de nuevo: «No me preocuparé, Dios me salvará». Cuando amainó el aguacero de la tormenta y había tres centímetros de agua en la calle, vino un camión de bomberos para rescatar a Yosela, pero él les dijo: «No se preocupen, Dios me salvará». El agua subió más alto. Llegó un camión de la Policía Nacional para rescatar a Yosela, pero él les dijo una vez más: «No se preocupen, Dios me salvará». El agua ascendió un poco más y Yosela se vio forzado a subir al piso de arriba de su casa. Cuando vino un bote para rescatarlo, le dijo a la gente que estaba en el bote: «No se preocupen, Dios me salvará». El agua subió todavía más, y Yosela se vio obligado a trepar al tejado. Finalmente, un helicóptero vino a rescatarlo, pero gritó a la gente del helicóptero: «No se preocupen, Dios me salvará». Cuando el agua cubrió totalmente la casa, Yosela finalmente se ahogó. Al llegar al cielo, le dijo a Dios: «He sido tu fiel servidor desde que nací. ¿Por qué no me salvaste?». Dios respondió: «Primero te envié un camión de bomberos, luego a la Policía Nacional, luego un bote y luego un helicóptero. ¡Qué más quieres de mí!».

Me gusta esta historia porque capta una enseñanza central del misticismo judío, concretamente que se puede encontrar a Dios en *todas* las cosas, desde las tormentas que nos amenazan hasta los muchos agentes de rescate y salvamento que nos envían cuando estamos en problemas. Desafortunadamente, todos somos un poco parecidos a Yosela, el ingenuo jasídico de esta historia, en que esperamos obstinadamente que Dios aparezca como una versión del todopoderoso, Dios del cielo y buen padre que podamos haber deseado en nuestras fantasías infantiles. Desafortunadamente, tales nociones de Dios dualistas y pasadas de moda interfieren con nuestra capacidad de percibir la presencia real de lo divino en nuestras vidas. Si nuestra fe se basa en la ingenua expectativa de que Dios aparezca de forma trascendente y maravillosa, es probable que perdamos nuestra fe cuando experimentemos las dimensiones difíciles y más oscuras de la vida.

Sin embargo, precisamente durante los tiempos oscuros de la crisis personal es cuando más necesitamos la fe. Sea lo que sea lo que nos lleve a la búsqueda espiritual como adultos, para desarrollar una relación madura con lo divino debemos profundizar en nuestra comprensión de Dios y la fe. Lo que podemos haber aprendido en la escuela dominical o incluso en yeshiva a menudo no responde a nuestras preguntas más profundas sobre la vida, ya que gran parte del discurso judío tradicional está atascado en una comprensión dualista de Dios: la creencia de que Dios está de alguna manera separado de nosotros o separado de cualquier cosa.

La conclusión es que la forma en que entendemos a Dios afecta a la manera en que nos entendemos a nosotros mismos y a la vida misma. En cierto sentido, nos convertimos en el Dios que diseñamos. Al abarcar un entendimiento no dual de lo divino, la cábala nos enseña a encarnar una perspectiva unificada en la que los aspectos diferentes y, a menudo, contradictorios de la realidad podrían verse como partes de un todo. Tal y como veremos, esta visión apoya el desarrollo de mecanismos sanos de afrontamiento psicológico, como la capacidad de reciprocidad, tolerancia, integración y empatía. En contraste, cuando concebimos a Dios como algo bueno, trascendente o separado de nosotros, reforzamos sin saberlo la ilusión de dualidad, y los dualismos de todo tipo refuerzan el uso de mecanismos primitivos de afrontamiento psicológico, como la división y la proyección, que pueden ser extremadamente destructivos.

La división es un mecanismo de defensa que se origina en nuestra primera infancia, cuando experimentamos cada momento de la realidad como algo en sí mismo. Sin la experiencia mediadora del pensamiento y la memoria, los bebés menores de dos años tienden a experimentar la realidad de una manera fragmentada, de todo o nada, ya sea poderosamente maravilloso o poderosamente terrible. Si alguna vez has pasado mucho tiempo con un niño pequeño, es probable que hayas notado cómo sus estados de ánimo tienden a cambiar con rapidez. En un momento pueden estar completamente en paz, mientras que al siguiente pueden estallar en lágrimas, sólo para ser seguidos un momento después por la risa y la alegría.

Si bien los estados de ánimo que cambian con rapidez son perfectamente normales en los niños pequeños, cuando de adultos utilizamos la división como un mecanismo de defensa (¡un medio para evitar el dolor!) estamos regresando a esta etapa más primitiva del desarrollo. Esencialmente, cuando usamos la división, distorsionamos la realidad al separar una *parte* de la realidad del *todo*. Su uso durante la edad adulta puede llevar a muchos resultados destructivos, como veremos en un momento.

En un desarrollo normal y saludable, los niños superan la tendencia a utilizar la división al adquirir dos capacidades psicológicas cruciales: la constancia del objeto y la capacidad de integración. Margaret Mahler, una pensadora psicoanalítica de la escuela de pensamiento contemporánea conocida como teoría de las relaciones objetales, fue la primera en describir este proceso, al que se refirió como separación-individuación. Mahler sugiere que a la edad de dos años, a medida que los niños comienzan a comprender que están *separados* de sus cuidadores, enfrentan el desafío del desarrollo de lograr la «constancia del objeto»: la capacidad de recordar que sus cuidadores aún existen y los aman incluso cuando están ausentes o están frustrando temporalmente los deseos de los niños. Sin la constancia de los objetos, la experiencia de separación o frustración provoca una ansiedad intensa e insoportable. La constancia del objeto, entonces, permite a los niños tolerar la ansiedad que conlleva la separación y la individuación. Con él, pueden aprender a equilibrar su necesidad de un adulto confiable con su creciente sentido de autonomía e independencia.

La creciente conciencia del niño de su autonomía y separación de los demás también coincide con otro desafío del desarrollo: aprender a reconciliar las emociones contradictorias del amor y el odio. La capacidad de integración, como se denomina en la teoría de las relaciones objetales, nos permite abarcar un sentido más amplio y más multidimensional del mundo, en el que podemos a la vez mantenernos en buenas y malas imágenes y sentimientos sobre nosotros mismos y los demás. La integración es esencial para mantener relaciones íntimas, ya que nos permite recordar nuestro amor incluso cuando nos sentimos heridos o enojados, y nos permite ver a los demás como personas completas con fortalezas y debilidades. La integración también hace que los altibajos de la vida sean más soportables, ya que nos ayuda a recordar el panorama general.

Cuando de adultos usamos la división como un mecanismo de defensa, tendemos a ver las cosas en blanco y negro, con pocos tonos de gris. Al confundir la parte con el conjunto, experimentamos estados emocionales que son todos buenos o malos, sin un término medio emocional. Podemos volvernos extremadamente deprimidos o enfurecidos porque hemos señalado algo malo en nosotros mismos o en otros y nos hemos centrado en ello como si fuera la historia completa. Y si tomamos decisiones importantes en la vida mientras estamos en un estado dividido, es probable que tomemos malas decisiones porque nuestras decisiones se basarán solamente en un fragmento de toda la verdad.

Por ejemplo, en un estado dividido podemos decir o hacer cosas extremadamente destructivas que pueden minar una amistad o relación perfectamente buena. Nuestra incapacidad para recordar nuestros sentimientos «buenos» cuando estamos frustrados o enfadados puede hacer que exageremos nuestros sentimientos «malos».

La división también lleva al uso de otros mecanismos de defensa primitivos, como la proyección, ya que cuando tener un sentimiento nos hace sentir mal con nosotros mismos, es más probable que queramos deshacernos de él proyectándolo sobre otros. En casos extremos, este proceso de desautorización puede llevarnos a devaluar o incluso demonizar a otros. Vemos este proceso en acción en muchas tradiciones religiosas fundamentalistas que usan la proyección y la división para eliminar a Dios de toda oscuridad y maldad. Al intentar construir un Dios que es «todo bueno» y «todo luz», tienen que proyectar el mal y la oscuridad en algún «otro» identificable (Satanás u otro chivo expiatorio), que luego puede ser odiado y destruido. Gran parte del sufrimiento humano debe su existencia a la prevalencia de la división y la proyección, que, lamentablemente, están autorizadas y reforzadas por muchas tradiciones religiosas fundamentalistas.

Si bien la capacidad de integración nos permite vernos a nosotros mismos y a los demás como seres completos, la conciencia no dual nos permite experimentar la unidad y la completitud de Dios. Desde una perspectiva no dual, nada existe fuera de Dios, por lo que todas las cosas —incluso el mal, la muerte y el sufrimiento— pueden experimentarse como parte de una unidad mayor. Las experiencias espirituales no duales apoyan el uso de mecanismos de afrontamiento psicológico de nivel superior, como la integración, así como la empatía, la tolerancia y la aceptación. La comprensión de que Dios y la vida son tremendamente misteriosos y llenos de paradojas nos permite apreciar que los opuestos coexisten y son partes de un todo que contiene tanto lo bueno como lo malo. La existencia del mal o del sufrimiento no debe considerarse como una negación de la existencia de Dios. De hecho, en la leyenda judía, incluso Satanás se caracteriza como uno más de los ángeles o mensajeros de Dios, uno que en última instancia cumple un papel útil en el esquema divino más amplio de las cosas, ya que el papel de Satanás como tentador y tramposo nos ofrece la oportunidad de ejercer nuestro libre albedrío para elegir lo bueno sobre lo malo.

Incluso el mal, según la cábala, es un aspecto de Dios, porque nada existe fuera de Dios. Como lo sugiere el mito de la cosmología de Luria, el bien y el mal se han entrelazado en un intrincado nudo desde el principio, cuando la luz infinita de Dios tuvo que ser velada para que se formara un universo finito y encarnado. La creación misma de este reino finito requería el tzimtzum, u ocultamiento de la unidad infinita de Dios y su encubrimiento en el dualismo dinámico de una creación *aparentemente* separada y apartada del Creador. Si no fuera por este tzimtzum, la luz del infinito nos destruiría con su brillo. Paradójicamente, vivimos en un mundo en el que el amor y la bondad de Dios sólo se pueden revelar a través de un cierto grado de ocultamiento. Y debido a este ocultamiento, surge el mal. Sin embargo, como los místicos nos enseñan, el mal no tiene existencia independiente; más bien, su existencia es parte de la revelación del ser infinito de Dios.

A pesar de las ventajas psicológicas de la conciencia no dual, existe el peligro de aceptar la creencia de que todo es parte de la divinidad, concretamente, que podemos volvernos pasivos ante el sufrimiento o el mal humano. Al mismo tiempo que la conciencia mística nos enseña a ver el mal como un aspecto de la divinidad, también se nos manda luchar contra el mal y corregir los males del mundo. Paradójicamente, todo puede estar en las manos de Dios, pero en última instancia, Dios usa nuestras manos para arreglar las cosas y traer justicia a este mundo. En otras palabras, el no dualismo no es excusa para la pasividad. De hecho, el judaísmo enseña que, en relación con el sufrimiento de los demás, debemos actuar como si no hubiera Dios.

Por ejemplo, cuando nos encontramos con una persona pobre, en lugar de decirnos a nosotros mismos que debe ser la voluntad de Dios que sea pobre o que Dios proveerá al pobre –ya sea hombre o mujer–, se nos manda actuar como si no hubiera Dios y solamente nosotros somos responsables de ayudar a esa persona.

En contraposición a la posición mística que ve todo como parte de la divinidad, el enfoque normativo del judaísmo es hacer distinciones morales y juicios éticos. La capacidad de separar el bien del mal (o el kosher del no kosher) es una parte esencial de ser un judío, y se nos ordena asumir la responsabilidad de sanar el sufrimiento y el mal que nos rodean. Sin embargo, al mismo tiempo, la perspectiva mística nos desafía a experimentar la perfección de todo lo que es, porque todo es una manifestación del Divino Uno. Lo más importante para el propósito de nuestra exposición es que la perspectiva no dual nos desafía a experimentar nuestro *propio* sufrimiento como un rostro de lo divino, ya que no hay nada fuera de Dios.

Entender el mal

El problema de la existencia del mal, según la leyenda bíblica, se remonta a Adán y Eva, que fueron expulsados del Jardín del Edén por comer del árbol del conocimiento del bien y del mal, o *etz ha'daat*. Se dice que cuando Adán y Eva comieron el fruto del árbol del conocimiento, nacieron la conciencia y la capacidad del mal. Aunque de una lectura literal del mito del Edén parece sugerir una comprensión más bien dualista de «bien» y «mal» en la cábala, este mito se entiende desde una perspectiva no dual.

La palabra hebrea que se usa en la Biblia para denotar «conocimiento» es *dáat*. Esta misma palabra, que se utiliza para describir el «árbol del conocimiento», también se emplea en las escrituras para connotar la unión y las relaciones conyugales.[146] De hecho, *dáat* es la palabra que se usa en todo el Libro de Génesis para implicar la unión sexual. Así pues, se puede entender también que *etz has'adtavevra'ra* –el árbol del conocimiento del bien y del mal– significa el árbol de la *unión* del bien

---

146. Las escrituras dicen «Adán conoció a su esposa Eva» (Génesis 4:1) para indicar que tuvo relaciones sexuales con ella. La Biblia también usa el mismo verbo –va'yeida, de la palabra hebrea para el conocimiento– para describir las relaciones conyugales entre muchas otras parejas bíblicas.

y el mal. Como escribió el rabino Jaim de Volozhin, cabalista del siglo XIX, el hecho de que Adán y Eva comieran del fruto prohibido simboliza la inevitable mezcla de bien y mal que fue el resultado de la creación. Como escribió el rabino Jaim:

> Las fuerzas del mal se mezclaron dentro [de Adán], y de la misma manera también en todos los mundos. Y éste es el significado del árbol del conocimiento [dáat] del bien y el mal —que se unieron y se mezclaron dentro de él [Adán] y en todos los mundos—, el bien y el mal juntos —en realidad, uno dentro del otro—, porque el significado de «dáat» es unión, como se conoce en el conocimiento esotérico.[147]

Por lo tanto, parece que comer del árbol del conocimiento no conduce simplemente a una conciencia, o conocimiento, del bien y al mal, sino a una difuminación de los límites entre los dos. Desde que Adán y Eva tomaron *etz ha'daat*, el bien y el mal se han mezclado para que no haya nada de una naturaleza sagrada que no esté acompañado por cierta medida de su opuesto.

Según este entendimiento, el hecho de que Adán y Eva comieran el fruto prohibido no era tanto un pecado sino una etapa inevitable del desarrollo humano y cósmico. Es paralela a la experiencia que todos atravesamos a medida que crecemos y damos nuestros propios pasos hacia la separación y la individuación. El destierro del jardín de la unicidad es inevitable para todos los seres encarnados, ya que cada uno de nosotros debe luchar con la separación y la soledad en cuanto abandonamos el vientre de nuestra madre y nos convertimos en seres separados y únicos. Con cada paso que tomamos hacia la individuación, nosotros también participamos del fruto prohibido.

Es desafortunado que una lectura literal de la Biblia retrate el acto de autoafirmación de Adán y Eva como pecaminoso y punible con el destierro del jardín y el aislamiento de Dios. Tal interpretación literal pinta una imagen dualista de lo correcto y lo incorrecto. De hecho, los

---

147. Chaim of Velozin, Nefesh Ha'Chayim. Esta cita es del comentario sobre Gate One, capítulo 6.

padres que actúan tan punitivamente como lo hace Dios cuando sus hijos afirman su independencia habitualmente siembran las semillas de trastornos emocionales que tardan muchos años en resolverse. En lugar de eso, los niños necesitan sentir el apoyo de sus padres y la aceptación de sus pasos hacia la autoafirmación y la autodefinición.

Fue esta lectura excesivamente dualista del mito del Edén la que la cábala intentó replantearse en su mito de creación alternativa, ya que en el mito de los recipientes rotos, Dios viene a compartir la responsabilidad de haber creado un universo defectuoso en el que la imperfección y el potencial del mal están entrelazados en el tejido mismo de la creación. Parece que cada vez que el mito o la práctica judía resulta demasiado dualista, la cábala ofrece otra perspectiva más integrada.

Entonces, ¿por qué todo esto tiene que ser tan problemático? Claramente, la intención de Dios era crear un universo en el que la particularización y la individuación entraran en juego. Aquí es donde entra el árbol de la vida.

El árbol de la vida

La unidad que integra todas las polaridades

Si bien el mito del Edén parece centrarse casi exclusivamente en el árbol del conocimiento del bien y del mal, había otro árbol en el paraíso: el árbol de la vida. Mientras que a Adán y Eva se les prohibió comer el fruto del árbol del conocimiento, nada se dice acerca del fruto del árbol de la vida. Sin embargo, hay un midrash que sugiere que si Adán y Eva hubieran esperado sólo unas horas más –hasta el comienzo del Sabbat–, podrían haber comido del fruto del árbol del conocimiento sin problema al comerlo junto con el fruto del árbol de la vida.

En contraste con el árbol del conocimiento que es la fuente de todas las dualidades, el árbol de la vida simboliza la unidad de todo ser. A menudo se representa como un árbol invertido cuyas raíces crecen en el cielo y cuyas ramas contienen toda la existencia. En el Sabbat, el día de descanso judío, la humanidad tiene la oportunidad de comer del árbol de la vida, de experimentar la vida desde la perspectiva de la unicidad. En el Sabbat, dicen los maestros jasídicos, la creación se restaura a sus raíces en la unicidad divina, ya que al abstenerse de «hacer» en el Sabbat, volvemos a la base de todo «ser». La palabra hebrea para Sabbat, o Shabat, proviene de la raíz *shav*, lo que significa regresar o ser restaurado. En el Sabbat, a cada uno de nosotros se nos da la oportunidad de regresar al jardín del paraíso, por así decirlo, para que podamos ser alimentados por el árbol de la vida.

Al sugerir que Adán y Eva podrían haber comido del fruto de los dos árboles si tan sólo hubieran esperado hasta el Sabbat, el midrash nos está enseñando acerca del objetivo mismo de la creación. De hecho, es un mensaje para todos nosotros: que al vincular nuestra necesidad de autoafirmación y separación (el árbol del conocimiento) con la conciencia de nuestra inseparabilidad de todo ser (el árbol de la vida), alcanzamos lo que se puede describir como conciencia mesiánica, en la que la unidad y la dualidad bailan armoniosamente, cada una reflejando a la otra como otra manifestación de la Unidad.

Debido a que comieron el fruto del árbol del conocimiento por sí mismo, Adán y Eva confundieron una parte de la realidad con la totalidad, separando la unidad paradójica de todas las cosas, que son a la vez una y separadas. Cuando separamos estas dos energías interdependientes (unicidad y separación), somos exiliados del jardín y de nuestra verdadera naturaleza. La curación consiste en encontrar nuestro camino de regreso al árbol de la vida, a la unidad que integra todas las polaridades. Se trata de encontrar una manera de disfrutar los frutos de nuestra diferenciación junto con los frutos de nuestra conexión con todo ser.

Muchas prácticas espirituales judías cumplen una función de sanación precisamente porque tienen como objetivo reincorporarse y reequilibrar las polaridades esenciales de la vida. Por ejemplo, la redacción de la liturgia diaria nos recuerda que la vida es una mezcla de luz y oscuridad, buena y mala. Según el Talmud, debemos «mencionar las características del día durante la noche y las características de la noche durante el día».[148] En las oraciones de la mañana le decimos a Dios: «Formas luz y creas oscuridad, haces paz y creas todo», y en las oracio-

---

148. Talmud de Babilonia, Berachot 11b.

nes de la tarde, decimos: «Creas el día y la noche, disipas la luz frente a la oscuridad y la oscuridad frente a la luz… Cambias el día y traes la noche, y divides entre el día y la noche, Dios de la bóveda celestial es su nombre». La unión constante de la luz con la oscuridad dentro de la liturgia judía cumple una función integradora y de sanación que nos enseña a recordar el todo del que emanan las diferentes partes de la realidad.

El misticismo judío nos enseña que las cosas no siempre son lo que parecen al estar en la superficie. La realidad y la verdad siempre tienen múltiples capas, y los límites entre lo que es bueno y lo que es malo no siempre son tan claros. Lo que puede parecer malo en la superficie puede resultar paradójicamente bueno y viceversa. Esta apreciación de que la realidad tiene múltiples capas se expresa en un famoso midrash que intenta explicar la diferencia entre «bueno» (*tov*) y «muy bueno» (*tov me'od*) en las reflexiones de Dios sobre los diferentes aspectos de la creación:

Rabí Huna dijo: «He aquí que era bueno» [Génesis 1:4]. Esto se refiere a la buena fortuna. «He aquí que era muy bueno» [Génesis 1:31]. Esto se refiere al sufrimiento. Puede parecer extraño que el sufrimiento sea visto como *muy* bueno. Sin embargo, las personas experimentan la vida en el mundo venidero solamente a través de la experiencia del sufrimiento… «He aquí que era bueno»; se refiere a la inclinación al bien [altruismo humano]. «He aquí que era muy bueno»; se refiere a la inclinación al mal [el impulso libidinoso que se ve como el origen del egoísmo humano].[149]

La difuminación intencional del rabino Huna de los límites entre lo que normalmente consideramos bueno y lo que solemos considerar malo es un intento de mostrarnos que lo bueno y lo malo están tan profundamente entrelazados que no se pueden separar. Los males necesarios como la muerte, el sufrimiento, la enfermedad y el deseo humano son parte de un todo más grande que es esencialmente muy

---

149. Midrash Bereishit Raba 9.

bueno. Estas cosas cuya bondad no es tan evidente no sólo son *buenas*, sino *muy buenas* porque contienen una bondad mucho más misteriosa, oculta y paradójica que las cosas cuya bondad es más obvia.

La difuminación de los distintos límites entre lo que es bueno y lo que es malo es evidente no sólo en la cábala, sino también en el mundo natural, donde ninguna sustancia natural es completamente buena o mala. De hecho, lo que es bueno para nosotros a veces también puede ser malo para nosotros. Por ejemplo, el colesterol se presenta en dos formas: una que es principalmente buena (HDL) y otra que es principalmente mala (LDL). Sin embargo, incluso el llamado colesterol malo es necesario y fundamental para el crecimiento celular. De hecho, sin esta «cosa mala», morirías. De manera similar, los eicosanoides, que sirven como el pegamento que mantiene unido al cuerpo humano, operan en pares que funcionan en oposición entre sí. Aunque los eicosanoides son producidos por todas las células vivas del cuerpo, son difíciles de aislar; sin embargo, son los últimos reguladores de la función celular. Un buen equilibrio de sus acciones opuestas es la clave para una buena salud, mientras que el desequilibrio conduce a la enfermedad. Por ejemplo, los llamados eicosanoides buenos previenen la acumulación de plaquetas en las células sanguíneas, mientras que los llamados eicosanoides malos promueven la acumulación. Demasiada acumulación puede llevar a coágulos de sangre que pueden causar ataques cardíacos o derrames cerebrales; si hay muy pocos eicosanoides promotores de coágulos, podrías morir desangrado cuando te cortes. La salud óptima implica el equilibrio dinámico de los eicosanoides buenos y malos.

En la fisiología humana y en el mundo natural, el pensamiento de vanguardia define la salud óptima como el equilibrio dinámico de los elementos buenos y malos, no la erradicación de algo que es totalmente «malo». Ninguna sustancia natural es completamente buena o totalmente mala y muy poco de algo «malo» puede ser tan peligroso como mucho de algo bueno. La naturaleza, esencialmente, busca el equilibrio. Esta mezcla de fuerzas buenas y malas en la naturaleza es, quizás, la manifestación de *etz ha'daat* –el árbol de la mezcla del bien y del mal– en el ámbito físico.

Como en la naturaleza en su conjunto, también hay un equilibrio de luz y oscuridad y de bondad y maldad dentro de cada uno de nosotros.

De hecho, los rabinos de antaño creían que las grandes almas generalmente tienen que luchar con grandes fuerzas del mal. Como uno de los maestros talmúdicos dijo una vez: «Una persona que es más grande que otra también tendrá una mayor "inclinación al mal"».[150] En este dicho rabínico popular, la «inclinación al mal», o *yetzer ha'ra*, se refiere al impulso libidinoso o al impulso sexual. Aunque se menciona como malo, el yetzer ha'ra nunca fue visto como verdaderamente malo en el pensamiento judío, porque sin él los rabinos reconocían que no habría pasión ni impulso para crear o procrear. El yetzer, sin embargo, debe mantenerse controlado y correctamente canalizado. De lo contrario, puede controlarnos y hacer que actuemos de manera egoísta y destructiva.

Varias comunidades espirituales diferentes han tenido que ocuparse de grandes maestros, rabinos y gurús que fueron víctimas de su yetzer ha'ra. Abundan las historias de líderes que han abusado de su autoridad espiritual y han actuado como depredadores sexuales. Hace algunos años, se supo que uno de los amados maestros judíos de mi generación, alguien que tenía una tremenda influencia sobre un gran número de personas, había sido un mujeriego. Siempre había habido rumores sobre su conducta sexual inapropiada con las mujeres, pero después de su muerte salieron a la luz tantísimas historias de éstas que simplemente se convirtió en un problema demasiado grande como para ignorarlo. Como había sido una de las figuras más importantes e influyentes de mi propio desarrollo espiritual, me fascinó la evolución del proceso. Básicamente, sus seguidores se dividieron en dos bandos. Un gran número de sus seguidores más devotos simplemente se negaron a creer las acusaciones. Su extrema idealización de este maestro hizo imposible que incorporaran sus malas acciones y su «sombra» a la imagen general que tenían de él. Al mismo tiempo, otros se desilusionaron completamente con las historias que surgieron, y se embarcaron en una campaña para manchar su reputación y desacreditar todas sus enseñanzas y trabajos.

En mi propia comunidad me encontré en el centro de un conflicto tormentoso que amenazaba con separar a la comunidad entre aquellos que se manifestaban en contra de este maestro y aquellos que abogaban por una respuesta más mesurada e indulgente. Para mí, el desafío pare-

150. Talmud de Babilonia, Succah 52a.

cía claro. Necesitábamos mantener una imagen integrada de este maestro como santo y como pecador, todo junto como uno solo. Parecía importante enfrentar con honestidad el comportamiento desmedido de este maestro con las mujeres. Necesitábamos hablar abiertamente sobre estos asuntos tan dolorosos y expresar nuestro sentimiento de desilusión. Aquellas que habían sido víctimas nos necesitaban para escuchar su dolor, y teníamos que tomar medidas para asegurarnos de que este tipo de abuso de autoridad espiritual no volviera a ocurrir en nuestra comunidad. Sin embargo, al conocer de primera mano el profundo amor, la sabiduría y la generosidad de espíritu que poseía este maestro, también parecía importante que el enorme legado de enseñanzas espirituales y las buenas obras que este rabino había dejado atrás no fuera sometido a un rechazo total.

Mientras trabajaba con personas de la comunidad que luchaban con estos problemas, llegué a apreciar profundamente cómo la capacidad de integración es crucial para enfrentar las situaciones más complejas y confusas de la vida, aquellas en las que el bien y el mal más grandes parecen estar mezclados todo en uno. Vi esta situación desafortunada como una oportunidad para que aprendiéramos que las grandes almas tienen el potencial de hacer grandes malas acciones si no lidian con su propia oscuridad interior, y que podemos ser lo suficientemente amplios dentro de nuestro propio ser para aferrarnos a la mezcla de lo bueno y lo malo tanto en nosotros como en los demás.

Cultivar la ecuanimidad y la fe en tiempos de dolor

El rabino Yaacov Yosef de Polonoye, el maestro escriba del Baal Shem Tov, enseñó que «en cada dolor hay una chispa sagrada de Dios, pero está oculta con muchas vestimentas. Cuando una persona se enfoca en el hecho de que Dios está presente incluso en el dolor, se quita la vestimenta y el dolor se desvanece».[151] Al comparar la esencia de Dios con

---

151. Yaacov Yosef of Polonoye, Toldoth Ya'akov Yosef, Parashat Va'Yechi 39a, traducción de la propia autora.

la de un caracol, Yaacov Yosef también escribió que al igual que la vestimenta o concha del caracol lo contienen y forman parte de él, también las vestimentas de lo divino forman parte de su esencia. El sufrimiento, según Yaacov Yosef, es una de las vestimentas divinas. En la tradición mística, el trabajo de tikkun, o curación, , tiene que ver con encontrar y revelar las chispas divinas de luz que se encuentran dispersas en toda la creación y están escondidas en los lugares más improbables, incluido el dolor propiamente dicho.

La palabra hebrea para vestimenta, *beged*, también connota traición, *bagad*. Como todas las vestimentas esconden lo que hay debajo de ellas, potencialmente traicionan la verdad, mientras que quitar una vestimenta revela la verdad. A menudo nos sentimos traicionados por Dios cuando tenemos dolor porque nuestro sufrimiento tiene una tendencia a eclipsar o esconder el amor de Dios. Cuando encontramos una manera de conectarnos con Dios a pesar de nuestro dolor, nos despojamos tanto de la vestimenta como de nuestro sentido de traición. Y cuando la vestimenta de nuestro sufrimiento se convierte en un vehículo de nuestro despertar o sanación espiritual, en realidad redimimos las chispas de la divinidad que están contenidas en ella. Sin embargo, todos sabemos que cuando tenemos dolor, es difícil acceder a la conciencia no dual. Podemos dar la bienvenida a Dios como nuestro sanador, pero generalmente luchamos para encontrar a Dios en nuestro dolor o enfermedad. De hecho, el dolor y el sufrimiento a menudo hacen que nuestro universo se contraiga y nos aprisione en un doloroso sentimiento de aislamiento y separación de los demás. Pensamos en Dios cuando tenemos dolor cada vez que nos sentimos injustamente señalados y castigados por Él. Nuestro sufrimiento durante los tiempos difíciles de la vida también puede verse intensificado por la creencia de que no debemos estar sufriendo, de que de alguna manera estamos fallando en la vida cuando estamos tristes o enfermos o las cosas simplemente nos van mal.

La actitud general de la medicina occidental hacia la enfermedad no ayuda en nada. En su guerra contra la muerte y la enfermedad, la medicina occidental refuerza una actitud dualista y adversa hacia la enfermedad y el sufrimiento. Al centrarse exclusivamente en la eliminación de los síntomas, no cumple con el papel sagrado de la enfermedad en nuestras vidas. Afortunadamente, esto está empezando a cambiar desde que el pensamiento holístico ha comenzado a influir en la práctica de la medicina.

El misticismo judío enseña que cuando aceptamos que el dolor es una parte inevitable de la vida, un rostro de Dios, nuestro sufrimiento realmente disminuye. A medida que superamos nuestro hábito de juzgar y categorizar nuestras experiencias como «buenas» o «malas», aceptables o vergonzosas, éxitos o fracasos, podemos experimentar las vicisitudes de la vida como partes de un todo divino que incluye todas las cosas, así como sus opuestas. Nuestra fe madura cuando podemos encontrar a Dios en todo lo que experimentamos, en lo crudo y doloroso, así como en los aspectos felices y buenos de nuestra vida.

Se dice que el reb Zusha de Hannopil, uno de los amados maestros más queridos, vivió muchas pruebas y tribulaciones, y sin embargo siempre mantuvo una fe profunda en el amor de Dios. Se cuenta una historia sobre un jasídico que fue al Maguid de Mezeritch y le pidió ayuda para resolver sus muchos problemas personales. Quería saber cómo podría estar a la altura de la enseñanza de que uno debe tanto alabar y agradecer a Dios por el sufrimiento como por el bienestar, recibirlo con la misma alegría y ecuanimidad. El Maguid respondió diciéndole al jasídico que fuera al Beit Midrash, la yeshiva donde estudió el reb Zusha, y le preguntara a él. El jasídico fue y encontró al reb Zusha sentado con la ropa raída y sucia, como si no hubiera comido en días. Cuando le preguntó al reb Zusha su duda sobre el sufrimiento, el reb Zusha respondió: «Definitivamente has venido a la persona equivocada. Deberías ir a preguntar a alguien que no sea yo, porque nunca he experimentado el sufrimiento». Asombrado al escuchar la respuesta del reb Zusha mientras veía claramente lo pobre y descuidado que estaba, el jasídico se fue sabiendo lo que era aceptar el sufrimiento con amor.[152]

El reb Zusha estaba tan conectado con el amor y la unidad de Dios que no le prestó mucha atención a su propio sufrimiento y privación. Para él no había «vestimentas» de traición. Pero para aquellos de nosotros que carecemos de la profunda fe y humildad que poseía Zusha, no

---

152. Buber, *The Early Masters*, págs. 237-238.

es tan fácil. Sin embargo, podemos comenzar a disminuir nuestro sufrimiento al acercarnos a la vida con menos juicios y dualismos.

Depresión

Abrazar los tiempos oscuros

La frase de Isaías citada al comienzo de este capítulo, «formar la luz y crear la oscuridad; hacer la paz y crear el mal», apunta a una visión de lo divino que encarna todas las fuerzas de la luz y de la oscuridad, tanto la creadora como la destructiva. La poderosa proclamación de Isaías de la no dualidad de Dios fue, desafortunadamente, saneada por los rabinos, quienes, al editar este verso para la liturgia, reemplazaron la frase «crear el mal» con el eufemismo «crear todas las cosas».[153] Supongo que los rabinos temían que las palabras de Isaías fueran mal interpretadas de alguna manera. Quizás la imagen que Isaías tenía de Dios se parecía demasiado a una de las deidades del amor y la guerra del Oriente Próximo o al dios hindú Shiva, a quien se considera creador y destructor. Sin embargo, al tratar de excluir el mal del dominio de Dios, el judaísmo rabínico, sin saberlo, reforzó la división del bien y el mal en dominios claramente separados. Este sutil acto de edición también privó al judaísmo de la imagen potente e integradora de la divinidad que, afortunadamente, está resurgiendo en el discurso religioso de hoy.

¿Por qué afortunadamente? Desde un punto de vista psicológico, es mucho más fácil lidiar con las vicisitudes de la vida cuando nuestra noción de lo divino se expande para incluir tanto la oscuridad como la luz. Cuando dejamos de dividir la vida en dos categorías distintas que etiquetamos como buenas o malas, también es más fácil aceptar nuestro propio dolor y vulnerabilidad.

Gran parte de lo que sucede en la terapia consiste en ayudar a las personas a aceptar y soportar sus sentimientos dolorosos. Irónicamente, para muchos, los síntomas dolorosos que los llevaron al tratamiento

---

153. Esta revisión se analiza en el Talmud, Berachot 11b.

surgieron en respuesta a su evitación del dolor. Al comienzo del tratamiento, las personas a menudo tienen la fantasía de que la terapia de alguna manera eliminará su dolor y exorcizará a sus heridos seres. Por lo general, se sienten decepcionados cuando sugiero que para curarse, deberán aprender a abrazar y expresar su dolor más plenamente, en lugar de intentar deshacerse de él. Nos volvemos completos solamente mediante la integración de *todo* lo que somos, incluidas las partes heridas y lastimadas. A medida que superamos nuestra aversión al dolor y desarrollamos una aceptación saludable e incluso curiosidad por lo que estamos experimentando, nuestros síntomas no sólo nos revelan información importante, sino que, de hecho, comienzan a curarnos a un nivel más profundo.

La depresión, por ejemplo, implica una serie de síntomas dolorosos que surgen cuando hemos apartado partes del yo. La depresión puede deberse a un dolor reprimido por una pérdida que nunca lamentamos o puede surgir cuando hemos perdido el contacto con una parte esencial de nuestro yo central. La depresión también puede ser el resultado de la ira que hemos reprimido y hemos vuelto contra nosotros mismos. Los síntomas de la depresión a menudo sirven para retrasarnos y redirigir nuestra atención del mundo exterior a nuestro ser interior, de modo que podamos centrarnos en la autocuración y la integración. Cuando se atiende con cuidado y compasión, la depresión puede llevarnos a recuperar lo que necesitamos para estar completos.

Judith, una mujer que sufría de depresión severa tras el final de una relación, descubrió el papel curativo de la depresión en nuestro trabajo en conjunto. Cuando empecé a trabajar con Judith, estaba tan deprimida que apenas podía levantarse por la mañana. Sentí que Judith estaba muy enojada con su expareja por haberse dado por vencido tan fácilmente en la relación cuando las cosas se pusieron difíciles entre ellos. Judith, sin embargo, no estaba conscientemente en contacto con esta ira; en cambio, parecía estar dirigiendo su ira hacia sí misma al culparse y regañarse constantemente por el fin de la relación. La autoflagelación de Judith también se extendía hacia los síntomas de su depresión. Ella siempre había sido una mujer tan activa y productiva que no podía perdonarse a sí misma estar tan deprimida e improductiva. No poder funcionar la hacía sentirse inútil.

La actitud de desprecio de Judith pareció agregar combustible al fuego de su depresión. Cuanto más se enfadaba consigo misma, más empeoraban sus síntomas. Sabía que Judith no podría superar su depresión hasta que adoptara una actitud más compasiva y de aceptación hacia ella. En repetidas ocasiones la alenté a que fuera amable consigo misma para que no se castigara por estar deprimida. Pero no conseguí que captara lo que le estaba diciendo hasta que le sugerí que comenzara a honrar y atender a su depresión como si fuera una revelación sagrada.

Cuando comenzó a pensar en su depresión como una revelación sagrada, Judith dejó de estar tan enfadada consigo misma y en cambio sintió curiosidad por saber qué podría estar aprendiendo de la depresión. Comenzó a notar que ciertos recuerdos y sentimientos de la infancia se hacían accesibles para ella a medida que la depresión le permitía descender a otro nivel de su ser, uno que por lo general se desconectaba cuando podía funcionar de manera óptima en el mundo exterior. En particular, Judith comenzó a conectar con la forma en que otra pérdida traumática, una de su niñez, se sumaba a su actual experiencia de pérdida. La madre de Judith enfermó y murió repentinamente cuando ella tenía trece años. En ese momento, carecía de los medios emocionales para lidiar con este trauma porque nadie la ayudó a llorar la pérdida. Y en ausencia de la comodidad adecuada y del apoyo emocional, Judith concluyó erróneamente que no debía sentir la tristeza que estaba sintiendo. En lugar de eso, Judith se avergonzaba de su dolor e intentaba enterrarlo lanzándose a un frenesí de actividad y obsesión por alcanzar metas. Aunque no parezca completamente lógico, los niños a menudo interiorizan un sentimiento de vergüenza por sus sentimientos no reconocidos.

En terapia, Judith comenzó a recordar y revivir el trauma de la muerte prematura de su madre. Este trabajo tardío de duelo le permitió separar el dolor de su niñez de su actual tristeza y enfado por el final de su relación. Judith y yo trabajamos juntas tanto en el presente como en el pasado, enfocándonos en cómo ella podría mantener su tristeza con mayor compasión. Comenzó a aprender cómo no rechazar su propia experiencia, sin importar lo dolorosa que fuera.

Para facilitar la expresión del dolor de la infancia de Judith, ideamos un «ritual tardío de duelo» en el que ella se reservó un mes completo para centrarse intensamente en la muerte de su madre. Durante este mes, Judith dedicó tiempo cada día a escribir en un diario sobre los recuerdos que tenía de su madre y sus sentimientos en el momento de la muerte de su madre. También pasaba tiempo cada día meditando junto a un altar que había erigido en el que colocó algunas fotos antiguas de su madre y de ella misma cuando era una niña junto a una vela encendida.

Al final del mes, Judith invitó a un grupo de amigos cercanos a una ceremonia de clausura para marcar el final de su período de luto. En esta ceremonia, Judith leyó la poesía y la prosa que había escrito y compartió recuerdos sobre su madre. También recitó el *Kadish*, una antigua oración aramea recitada por los dolientes. Al tener a sus amigos presentes como testigos de su proceso, Judith se sintió validada públicamente por un dolor que se había sentido obligada a ocultar en la infancia. La vergüenza que ella había interiorizado como resultado de ocultar este dolor aún tendría que resolverse en la terapia, pero el ritual le dio a Judith una «salida» largamente esperada.

La recuperación de Judith de la depresión coincidió con su profunda conciencia y aceptación de lo herida que estaba realmente. Paradójicamente, se sentía más completa siguiendo la depresión de lo que nunca antes se había sentido, ya que finalmente pudo hacer que los viejos fantasmas del pasado descansaran y reclamaran una parte esencial de su identidad.

Hacer frente a la oscuridad

Abrazar los tiempos oscuros, como la depresión o la enfermedad, como un rostro de lo divino es la expresión judía de la fe por excelencia. Quizás por esta razón, la tradición oral judía comienza con instrucciones para orientarse espiritualmente por la noche. El Mishné, que es el compendio autoritario de la ley judía, comienza con una exposición sobre el momento apropiado para recitar el Shemá en la noche. «¿A qué hora?», pregunta, «¿se puede recitar el Shemá por la noche? Desde el momento en que los sacerdotes entran (a sus casas) para comer su ofrenda ritual, hasta el final de la primera vigilia. Éstas son las palabras del rabino Eliezer. Los Sabios dicen: "Hasta la medianoche". El rabino Gamliel dice: "Hasta que amanezca"».[154]

Incrustada en esta exposición legalista sobre el tiempo de oración de la tarde, se encuentra una enseñanza espiritual oculta: comenzamos el viaje espiritual enfrentando la noche o la oscuridad, afirmando nuestra fe en la unicidad de Dios. El Shemá es una oración que nos enseña a ver toda la vida –tanto la oscuridad como la luz– como parte de un todo. La proclamación del Shemá: «Escucha, Israel, yhvh [el Infinito] es Eloheinu [nuestro Dios], yhvh es uno», enseña que las diferentes manifestaciones de lo divino –yhvh y Elohim– son en realidad una y la misma. yhvh, tradicionalmente asociado con la naturaleza amorosa y compasiva de Dios, y Elohim, el establecimiento de límites y la calidad judicial de Dios, son en última instancia parte de una unidad perfecta. La práctica espiritual judía comienza con la recitación del Shemá por la noche, en otras palabras, con saber que todo lo que experimentamos emana de la misma fuente divina. En última instancia, solamente hay Dios.

¿Qué pasa si dejamos de descomponer la realidad en mitades opuestas: bueno y malo, blanco y negro, liberal y conservador, nosotros y ellos? ¿Qué pasaría si, en cambio, viéramos todo: nosotros mismos, nuestras relaciones con amigos y familiares, la vida en la tierra, como si fuera un recipiente roto, astillado en muchos pedazos, y nuestro trabajo consistiera en unir las piezas de la totalidad de nuevo, liberando las chispas de luz y verdad de cada parte? Esto es, en gran parte, el mensaje de sanación de la cábala.

La enfermedad como algo revelador: la zarza ardiente

Uno de los símbolos de curación más potentes de la Torá aparece en la historia sobre el primer encuentro de Moisés con yhvh en el sitio de la zarza ardiente. La historia tiene lugar mientras Moisés cuida las ovejas de Jetro en el desierto del Sinaí. De acuerdo con la narración bíblica

---

154. Talmud de Babilonia, Berachot 2a.

en Éxodo 3:2-4, Moisés es llevado a la montaña de Dios conocida como Horeb. Allí, «un ángel de yhvh se le apareció como una llama en el centro de la zarza. Y miró, y he aquí que la zarza que estaba ardiendo, sin embargo, no fue consumida [por la llama]». En lugar de alejarse de esta asombrosa y misteriosa visión, Moisés decide acercarse para ver qué se le está revelando. Cuando Dios ve que Moisés ha salido de su camino para mirar, la Torá revela que «Elohim lo llamó desde el centro de la zarza y dijo: "Moisés, Moisés". Y él respondió: "Aquí estoy"».

Se han ofrecido muchas interpretaciones hermosas y creativas para explicar el simbolismo inusual de esta visión. Una explicación sugiere que todo, incluso el más común de los arbustos, está en llamas con el espíritu de lo divino. Normalmente no vemos este nivel subyacente de la realidad (a menos que estemos tomando drogas que alteren la mente) porque caminamos por el contenido y nos aseguramos de nuestra separación. Sin embargo, a medida que nos alejamos de nuestras formas habituales de ver la vida y damos testimonio de lo extraordinario dentro de lo ordinario, el campo de fuerza divino que anima toda la vida se nos revela. Solamente cuando nos detenemos para profundizar en la verdadera naturaleza de la realidad —concretamente, que todos somos parte de una unidad mayor que subyace a la asombrosa multiplicidad de la creación— somos iniciados en el reino místico. A partir de esta comprensión es cuando comenzamos a sanarnos de nuestro propio sentido fragmentado y solitario de nosotros mismos y de nuestros corazones, como el de Moisés, abierto al sufrimiento de todos los seres.

¿Qué le permitió a Moisés recibir esta visión? El midrash nos dice que Moisés se topó con el sitio de la zarza ardiente mientras buscaba a un corderito que se había alejado del rebaño en busca de agua. Cuando Moisés encontró al cordero bebiendo de un arroyo cerca del monte Horeb, se alegró y abrazó a la criatura vulnerable. Fue en ese mismo momento en el que Moisés mostró su propio cuidado y compasión por una criatura que estaba bajo su cuidado, cuando escuchó su llamamiento divino como profeta y líder. Al ser un pastor fiel del rebaño de Jetro, Moisés es preparado para convertirse en el pastor del pueblo de Dios, el que los guiaría de la esclavitud a la libertad.

En la zarza ardiente, Dios le ordena a Moisés que se quite los *na'alaim* o zapatos. Esta palabra hebrea proviene de la misma raíz que la palabra para bloquear, *na'al*. Entonces, en su iniciación profética, Moisés se entera de que debe eliminar lo que lo encierra y lo encarcela. Debe quitarse la prenda de su materialidad, lo que lo separa de los demás y de la base de todo ser. Cuando, al quitarse los zapatos, se pone en contacto con la «tierra sagrada» sobre la que se encuentra, se le otorga el don de la visión: poder ver la vida a través de los ojos de Dios, los ojos de la compasión divina.

En su visión de la zarza ardiente, Moisés se entera de la participación íntima de Dios en el sufrimiento humano. Dios le habla a Moisés desde un humilde arbusto de espinas para transmitir simbólicamente que mientras Israel sufría bajo las cargas de la esclavitud y el exilio, la Shejiná, o presencia divina, sufría con ellos. El midrash pregunta: «¿Por qué [habla Dios] desde el arbusto de espinas y no desde un gran roble o palmera datilera? El Santo de la Bendición dijo: lo escribí en las Escrituras (Salmos 91:15): "Yo estaré con él en el sufrimiento", ya que [Israel] está esclavizado, también estoy en un lugar estrecho en un matorral lleno de espinas».[155]

El nombre divino «Ehyeh» –o «Yo estaré»–, que se revela a Moisés en la zarza ardiente, implica, según un midrash, una promesa de que la Shejiná, o presencia divina, estará con Israel en todo momento. Sus pruebas del exilio actual y de todos los exiliados futuros. Una noción similar aparece en otro midrash, que describe a Dios como gemelo de Israel que experimenta empáticamente todo lo que el otro gemelo experimenta. Este midrash ofrece una «ligera» interpretación del Cantar de los Cantares 6:9 («Mi fiel paloma, la perfecta mía [*tamati*]»).

Este midrash nos aconseja: «No leas *tamati* "la perfecta mía", sino *teumati*, "mi gemelo", como les ocurre a los gemelos, que si uno de los dos tiene dolor de cabeza, su gemelo también experimenta el dolor; además, por así decirlo, el Santo de la Bendición dice: "Estoy con él [Israel] en la angustia"».[156]

Que la Shejiná esté especialmente presente y disponible para nosotros cuando estamos sufriendo es una enseñanza clásica del Talmud. El Talmud también enseña que la Shejiná se cierne sobre la cabeza de al-

---

155. Midrash Tanchuma, Éxodo 14, traducción de la propia autora.
156. Shir Hashirim Raba 5:2, traducción de la propia autora.

guien que está enfermo.[157] De hecho, aquellos que realizan la mitzvá de *bikkur cholim*, o que visitan y atienden a los enfermos, están obligados a sentarse en el suelo como reverencia a la presencia divina. Cuando realizamos la mitzvá del bikkur cholim, encontramos la presencia de la Shejiná, porque la presencia divina está ahí tanto para la persona enferma como para quienes atienden sus necesidades.

La enfermedad, en este sentido, puede verse como un eje sagrado o lugar de reunión donde se revela la presencia de Dios. Quizás la visita de la Shejiná ocurra cuando estamos enfermos porque estamos más abiertos a experimentar la intimidad con lo divino cuando estamos enfermos. A medida que la enfermedad frustra nuestra voluntad, potencialmente nos volvemos más receptivos a la voluntad de Dios. Mientras las cosas nos van bien, pensamos erróneamente que *tenemos* el control, y esto interfiere con nuestra capacidad de ser receptivos a la gracia divina. Cuando estamos enfermos, de repente sabemos que no tenemos el control. Para muchas personas, este humilde darse cuenta puede ser uno de los resultados más positivos de la enfermedad.

Paradójicamente, entonces, podemos encontrarnos sanando espiritualmente en esos momentos en que, según la medicina occidental, estamos más enfermos. Ya que nuestros egos se debilitan por la pérdida de control que experimentamos durante la enfermedad, somos más libres de experimentar la vida desde la perspectiva más humilde y unificada del alma. Sin embargo, no todos los que sufren una enfermedad merecen este tipo de gracia. Aceptar nuestro dolor e impotencia como algo revelador requiere que desarrollemos una cierta medida de humildad y ecuanimidad. Para saber qué ofrece la enfermedad, tenemos que aprender a no alejar el dolor. La siguiente meditación puede usarse para hacer más profunda nuestra ecuanimidad frente a la adversidad.

Meditación y ecuanimidad

Los místicos judíos de antaño idearon numerosas meditaciones para desarrollar una conciencia de la presencia de Dios en todas las cosas.

---

157. Talmud de Babilonia, Shabbat 12b.

Una de las prácticas tradicionales consiste en meditar sobre la frase del octavo verso del Salmo 16 «*Shiviti* yhvh *le'negdi tamid*», que significa «lo coloco por igual ante mí en todo momento». Algunos de los antiguos místicos recitaban esta frase como un mantra continuo para estar siempre atentos a la presencia amorosa de Dios en sus vidas. Cuando tomamos conciencia de la presencia de yhvh en todas las cosas, dejamos de juzgar y categorizar las cosas como buenas o malas. Podemos estar totalmente presentes con lo que sea que el universo nos presente en un momento dado, porque Dios puede encontrarse en todos los lugares y en todas las situaciones. Cuando practicamos la ecuanimidad, aprendemos a aceptar el universo en sus términos, en lugar de dictarle a Dios cómo deberían ser las cosas. Con ecuanimidad comenzamos el trabajo espiritual de rendición.

Para practicar esta meditación, puede que te resulte útil mirar las letras del nombre yhvh usando un Shiviti tradicional como el que aparece impreso en la página siguiente. O también puedes simplemente meditar sobre la esencia de yhvh, viéndote a ti mismo y a toda la vida como parte de una unidad perfecta.

Comienza la meditación prestando atención a tu respiración. Pasa los siguientes cinco a diez minutos relajándote en un patrón constante de inhalación y exhalación, de modo que todas las respiraciones sean iguales, que la inhalación coincida con la exhalación. Podrías visualizar que con cada inhalación respiras en la exhalación de Dios y con cada exhalación respiras en Dios. Continúa con esta respiración de ida y vuelta hasta que el sujeto y el objeto se fusionen en uno y que solamente haya una respiración de vida que respira a través de ti.

Ahora, piensa en lo que sea más difícil en tu vida en este momento, recuérdalo y respira diciéndote a ti mismo: «Shiviti yhvh le'negdi tamid» (pronuncia yhvh como "A-do-nai"), y permitiéndote darte cuenta de que yhvh, el Infinito, se te está revelando en este momento a través de esta situación tan difícil. Ahora haz lo mismo con algo alegre en tu vida. Ve de un lado a otro entre lo difícil y lo alegre, respirando por igual en ambos, sin juzgar ni lo bueno ni lo malo, sino simplemente experimentando que toda la vida existe dentro de Dios.

Shiviti tradicional escrito a mano

Los judíos religiosos han usado tradicionalmente el Shiviti para concentrarse en la presencia de Dios durante la meditación y la contemplación espiritual.

Este Shiviti fue escrito a mano por el escriba israelí Ehud Avraham en el año 2000. Esta pieza es parte de la colección personal de la autora.

12

LOS CUATRO MUNDOS

Integrar y unificar el Yo

Recordar es la fuente de la redención. El exilio persiste mientras uno se olvida.

—BAAL SHEM TOV

Una vez, el rabino Dov Baer, el hijo del rabino Shneur Zalman de Liadí, estaba estudiando la cábala a altas horas de la noche. Tan absorto estaba en los grandes misterios que no pudo escuchar los gritos del bebé en la planta baja. Cuando su padre, Shneur Zalman, que estaba estudiando la Torá un piso más arriba que él, escuchó al bebé llorar, inmediatamente bajó las escaleras para ver qué pasaba. Cuando notó la luz encendida en la habitación de Dov Baer, se sorprendió al encontrarlo despierto. ¿Cómo pudo no haber oído el llanto del bebé? Después de consolar al bebé que lloraba, Shneur Zalman subió las escaleras y advirtió a su hijo que nunca estudiara tan profundamente que no escuchase el llanto de un bebé.

En otra ocasión, Shneur Zalman meditaba junto con Avraham, el santo hijo del Maguid de Mezeritch. Apodado el Ángel debido a su rostro angelical e imponente, Avraham pasó la mayor parte de su vida como un recluso espiritual, absorto en los grandes misterios. En muchos sentidos, Avraham el Ángel se sentía más cómodo en los mundos superiores que en este mundo material. Y así, cuando Avraham y Shneur Zalman ascendieron a los diferentes mundos en su meditación hasta el nivel más alto –el mundo de *atzilut*–, Avraham estaba en riesgo de no regresar a su cuerpo. Cuando Shneur Zalman se dio cuenta de esto, corrió rápidamente y encontró un panecillo, que procedió a poner en la boca de Avraham para ayudarlo a recomponerse. Cuando el Maguid más tarde agradeció a Shneur Zalman por actuar tan rápido en nombre de su hijo, agregó con un toque de humor: «Entonces, ¿dónde encontró el panecillo de atzilut?».[158]

Escuchar el llanto de un bebé y encontrar el «panecillo de atzilut» son metáforas de la capacidad de mantener los pies firmemente plantados en la tierra mientras se atraviesan los reinos superiores. Ambas historias subrayan la necesidad de vivir simultáneamente en múltiples mundos para mantener un sentido de equilibrio y completitud. La cábala entendió que siempre vivimos en múltiples mundos. Así como se dice que la Torá tiene cuatro niveles básicos de significado, conocidos como pardes, así también toda la realidad comprende cuatro reinos (algunos dicen cinco reinos) del ser.[159] Estos cuatro reinos, o mundos como se llaman en la cábala, existen simultáneamente dentro de todas las cosas y dentro de cada uno de nosotros. Conocidos como *atzilut* (cercanía o emanación), *beriah* (creación), *yetzirah* (formación) y *assiyah* (acción o actualización), los cuatro mundos pueden verse como correspondientes aproximadamente a las dimensiones espirituales, intelectuales, emocionales y físicas de nuestro ser. Si bien la mayoría de las escuelas contemporáneas de psicología y medicina se enfocan en diferentes grados en uno u otro de estos diferentes niveles del ser, la cábala afirma que debemos ser capaces de equilibrar y encarnar los *cuatro* niveles para estar completos. En este capítulo examinaremos el simbolismo y la mitología asociados con los cuatro mundos y explora-

---

158. Escuché esta versión del cuento de mi maestro, el rabino Zalman Schachter-Shalomi.

159. Ciertas fuentes cabalísticas consideran que la realidad se compone de cinco mundos, no de cuatro. Más allá del reino de atzilut, cuentan a Adam Kadmon, el hombre primordial, como un quinto reino, que está esencialmente más allá de la comprensión humana. Según esta visión, el quinto reino, que está asociado con el Ein Sof, el infinito, es la fuente de los otros cuatro reinos. La doctrina de los cuatro mundos se menciona en la Mishné Torá de Maimónides, Hilkhot Yesodey HaTorah 3-4. También se menciona en los textos cabalísticos Shaarey Kedushah III: 1-2; y Etz Chaim, Shaar Kitzur ABYA 10.

remos cómo aplicar esta visión multidimensional de la realidad al proceso de curación en nuestra completitud.

Los cuatro mundos, como las sefirot, describen la progresión o el proceso de desarrollo divino desde el ser infinito hasta la realidad finita.[160] Representan la creación como una cadena descendente de mundos espirituales, o *hishtalshelut*, que se extiende desde el reino más exaltado y oculto, conocido como atzilut , hasta el reino de assiyah, el plano físico en el que vivimos.[161] Sin embargo, dado que toda la creación está volviendo continuamente a la existencia, los cuatro mundos no son tanto fases sucesivas de la creación como aspectos de la realidad que existen simultáneamente.

---

160. La doctrina de los cuatro mundos se basa en la imagen de los cuatro ríos que fluían del paraíso, como se describe en Génesis 1:10-14, «Y un río sale del Edén para regar el jardín. Y a partir de ahí se divide en cuatro cabezas. El nombre del primero es Pishon… y el nombre del segundo río es Gichon… y el nombre del tercer río es el Chidekel… y el cuarto río es el Perat». Los antiguos místicos entendieron esta imagen bíblica de las aguas del paraíso que dan vida y siempre fluyen como un símbolo de la divinidad, ya que cuando el infinito se manifiesta en el mundo finito, se ramifica fuera en cuatro dimensiones distintas.

161. El rabino Levi Itzjak de Berditchev describe los cuatro mundos como etapas del proceso creativo de Dios, comparándolo con el de un artista. La creación, sugiere, se origina con el deseo o la voluntad de amar de Dios: «Sin embargo, en relación con el Creador, no hay atributos ni medidas, porque Él es infinito. No obstante, surgió en Su simple voluntad crear junto a Él el atributo del amor, para compartir el amor… Y así, Él trajo el concepto de amor como alguien que enciende una vela de otra vela. Y esto es lo que se entiende por «el mundo de la emanación» (atzilut). Entonces surgió en Su voluntad crear todos los mundos, para que Su Divinidad se revelara en este mundo. Esto se llama el mundo de la «creación» (beriah). Éste fue Su pensamiento original, concretamente, que su amor se revelara al mundo. Luego visualizó en sus pensamientos, por así decirlo, cómo podría construirse el mundo, como un artista que tiene la idea de hacer algo, pero su forma aún está oculta y almacenada en su pensamiento. Solamente después de que decide hacer la cosa, describe cómo se hará, dibujando imágenes que muestren qué colores y estilos usará para hacerlo. Así, también, el Bendito Creador, por así decirlo, decidió qué formas utilizar para crear el universo. Esto se llama el Universo de Formación (Yetzirah), que proviene de la palabra [hebrea] para forma (tzurah). Después de esto, llevó Su pensamiento de la potencialidad a la realidad, creando así Su universo. Esto se llama el Universo de Hacer (Assiyah), ya que está hecho con fronteras y límites». Véase Kedushat Ha'levi, Parashat Beshalach, pág. 155 (traducción de la propia autora).

Integrar los cuatro mundos

Como se indica en el diagrama adjunto, los cuatro mundos son paralelos al proceso de creación a través de las sefirot, estructurando las diez emanaciones divinas en una serie de etapas. Al igual que las sefirot, unen la extensión entre el cielo y la tierra, el uno y los muchos, el espíritu y la materia. Aunque hablamos de los cuatro mundos como si fueran reinos separados, en realidad están profundamente interconectados, operando de forma holográfica, ya que cada uno contiene en su interior todos los demás niveles de realidad.[162] Una acción en cualquiera de los mundos resuena en todos los demás mundos. Y cada uno de los cuatro mundos, al igual que los cuatro elementos básicos –tierra, aire, fuego, agua– existe dentro de cada aspecto de la creación en diferentes grados.

Según una comprensión del mito de Luria de los recipientes rotos, los recipientes originales de la creación, o sephirot, se rompieron porque estaban desconectados el uno del otro. Si bien cada uno de ellos recibió la refulgencia de la luz divina, no tenían medios para comunicarse y compartir esa luz entre sí. Debido a su aislamiento, no pudieron formar un todo que fuera lo suficientemente fuerte como para resistir la poderosa revelación de la luz del Ein Sof, el infinito. Fue este estado de desconexión intersefirótica lo que los hizo vulnerables a la ruptura. Así, también, la cábala ve la desunión de los diferentes mundos o niveles del ser como la fuente de la desarmonía individual y cósmica. La curación, o tikkun, desde una perspectiva cabalística implica la reintegración y la reunificación de estos diferentes mundos o aspectos del ser. En la cábala, este proceso se conoce como *hitkalelut,* que se logra a través de la conexión y la interinclusión; reconocer cómo todo está incluido en todo, o cómo *todo* está en cada parte.

---

162. Cada una de las sefirot existe en cada uno de los mundos, aunque en cada mundo se considera dominante una de las sefirot.

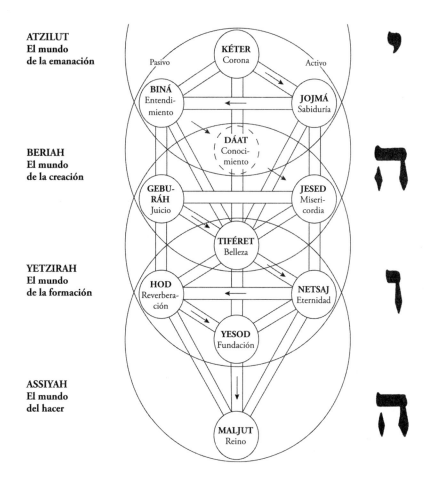

ATZILUT
El mundo
de la emanación

Pasivo   KÉTER   Activo
                Corona

BINÁ   JOJMÁ
Entendi-   Sabiduría
miento

BERIAH
El mundo
de la creación

DÁAT
Conoci-
miento

GEBU-   JESED
RÁH   Miseri-
Juicio   cordia

TIFÉRET
Belleza

YETZIRAH
El mundo
de la formación

HOD   NETSAJ
Reverbera-   Eternidad
ción

YESOD
Fundación

ASSIYAH
El mundo
del hacer

MALJUT
Reino

Las sefirot y los cuatro mundos

Este diagrama muestra la relación entre las diez sefirot y los cuatro mundos.
También indica la correspondencia entre el nombre de Dios de cuatro letras –yhvh–
y los cuatro mundos.

Adaptado de *Kabbalah and Exodus*, de Z'ev ben Shimon Halevi (York Beach, Maine:
Samuel Weiser, 1988).
Diagrama de la pág. 22 reproducido con permiso de Red Wheel/Weiser.

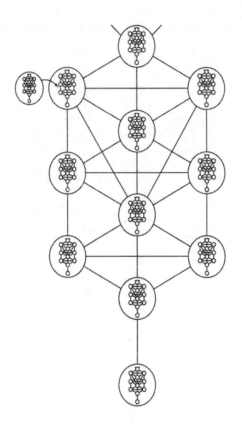

La estructura holográfica de las sefirot

Este diagrama muestra cómo cada una de las sefirot contiene las diez séfiras dentro de sí mismas.

De *Kabbalah and Consciousness*, de Allen Afterman (Nueva York: The Sheep Meadow Press, 1992). Reproducido con permiso.

El proceso de integración sefirótica refleja el trabajo de autointegración que cada uno de nosotros debe lograr para volverse completo. Esto implica incorporar e integrar plenamente las diferentes dimensiones de nuestro ser para que existan en un equilibrio armonioso entre sí.[163] Si nos hacemos excesivamente dependientes de cualquier dimen-

---

163. En Likutey Moharan II 67 y Likutey Moharan I 56:8 y 14:13, el rabino Najman asocia las cuatro letras del nombre de Dios y los cuatro mundos con los cuatro elementos fun-

sión de nuestro ser con exclusión de los demás, o si los diferentes aspectos de nuestro ser se desconectan unos de otros, caemos en un estado de desequilibrio, del cual puede surgir el estrés y la enfermedad. En última instancia, estos síntomas de angustia sirven para llamar nuestra atención sobre la falta de equilibrio, de modo que podamos hacer lo que sea necesario para restablecer un sentido de armonía interior. En otras palabras, nuestros cuerpos (assiyah) y nuestras almas (atzilut) deben interconectarse con nuestros pensamientos (beriah) y emociones (yetzirah), de forma que nuestro ser físico, emocional, intelectual y espiritual se apoyen y equilibren entre sí. Cuando estos cuatro aspectos de nuestro ser están en equilibrio armonioso, nos convertimos en recipientes completos, capaces de contener la inmensa luz de nuestro ser pleno. Si no estamos lo suficientemente integrados, los estados místicos pueden representar un peligro para nuestra integridad psíquica, como lo ilustra la siguiente historia del Talmud:

EL CUENTO DE LOS CUATRO SABIOS

> Nuestros rabinos enseñaron: hubo cuatro personas que entraron en pardes (el Jardín místico del significado), concretamente: Ben Azzai, Ben Zoma, Acher y el rabino Akiva… Ben Azzai miró a la Shejiná y murió. Acerca de su (destino) las escrituras dicen: «Difícil a los ojos de Dios es la muerte de Sus seres queridos» (Salmos 116:15). Ben Zoma miró a la Shejiná y se volvió loco. Sobre él, las escrituras dicen: «Cuando encuentres miel, come lo que sea suficiente para ti, para que no te sientas saciado y vomites» (Proverbios 25:16). Acher «destruyó las plantas» (se

---

damentales, o yesodot, que conforman toda la creación. Los cuatro elementos a los que se refiere el rabino Najman no son los mismos que los cuatro elementos físicos (tierra, aire, fuego, agua); más bien, representan principios dinámicos que gobiernan la estructura de la materia misma. Se puede encontrar una noción similar en la exposición del rabino Najman sobre las principales causas de la enfermedad. Básicamente, sugiere que la enfermedad es causada por la falta de armonía y equilibrio entre los cuatro elementos básicos dentro del cuerpo, mientras que «la curación se produce esencialmente al poner armonía/equilibrio entre los elementos» (Likutey Moharan II 5:1). El rabino Najman también escribe que la depresión, o la falta de alegría, es otro factor clave que contribuye a la enfermedad.

convirtió en un apóstata). El rabino Akiva entró entero (b'sha-lom) y salió entero (b'shalom).[164]

Este cuento, que tradicionalmente se entiende como una adverten-cia para aquellos que pudieran participar en la contemplación mística sin la preparación suficiente, también es un relato sobre las consecuen-cias de estar desequilibrado y no integrado. Aparte del rabino Akiva, a quien el relato describe como si hubiera entrado y salido entero (b'sha-lom) del reino pardes, o místico, cada uno de los otros tres sabios resul-tó perjudicado por su experiencia debido a la falta de conocimiento básico de ciertos niveles de su ser.

En este relato, se hace referencia al reino místico por el acrónimo hebreo pardes, una referencia codificada de los cuatro niveles de signi-ficado por los cuales se interpreta habitualmente la Torá. Estos cuatro niveles de significado, que abarcan el rango de significados desde los más literales hasta los más sublimes y ocultos, también son un reflejo de los cuatro mundos, como se indica en la tabla adjunta. (Es intere-sante observar que el término *pardes* también significa vergel. Su uso en esta leyenda también alude al vergel del paraíso, donde los dos árboles frutales originales, el árbol del conocimiento y el árbol de la vida, cre-cían el uno al lado del otro).

Peh-Pshat (significado literal) – Mundo de assiyah – Acción/Actua-lización – Reino físico

Resh-Remez (pista) – Mundo de yetzirah – Formación – Reino emocional

Dálet-Drash (análisis más profundo de las palabras) – Mundo de beriah – Creación – Reino del pensamiento

Sámej-Sod (secreto, significado místico) – Mundo de atzilut – Ema-nación – Reino del espíritu

Como se indica en la lista anterior, la *peh* (*p*) de pardes representa al *pshat* o significado literal de un texto. Corresponde al mundo de assi-yah, la dimensión física del ser. La *resh* (*r*) representa al *remez* o signifi-

---

164. Talmud de Babilonia, Chagigah 14b (traducción de la propia autora).

cado simbólico que se insinúa. Este nivel corresponde al mundo de yetzirah, o la dimensión emocional-expresiva. *Dálet* (*d*) representa a los *drash*, o significados que pueden extraerse a través de un análisis más profundo del lenguaje y las asociaciones de palabras o mediante el proceso imaginativo del inconsciente. Corresponde al mundo de beriah, la dimensión cognitivo-contemplativa. Y la *sámej* (*s*) representa el *sod*, el secreto, la comprensión mística del texto. Corresponde al mundo de atzilut, que es la dimensión espiritual más alta.

Si bien cada uno de los cuatro sabios en el cuento de los pardes era un erudito y místico experimentado, el rabino Akiva era el único conocedor de los cuatro niveles de su ser. Como lo sugiere el estudioso místico rabino Gershon Winkler, tenía *ambos* pies en los cuatro mundos y podía moverse libremente entre las diferentes dimensiones de su ser. Akiva, maestro de la danza de *ratzo va'shov* o de correr y volver, pudo bailar con gracia entre el paraíso y la paradoja. Sabía cómo ascender y descender la escalera de los mundos sin quedarse atascado en un nivel, porque experimentaba toda la vida como un todo integrado. Curiosamente, Akiva fue el único entre los cuatro sabios que estuvo felizmente casado y arraigado a su existencia mortal. Sabía que su ascenso a los reinos superiores era para regresar y traer más luz e inspiración a su vida terrenal.

El cuento de los pardes contiene otra advertencia para los que se dedican a la contemplación mística. Advierte del peligro de quedarse atascado en *cualquiera* de los cuatro niveles de la realidad. Según el Zohar, esto es lo que le sucedió a cada uno de los otros tres sabios. Cada uno de ellos tenía algún desequilibrio en su carácter que lo llevó a fijarse en un nivel particular y descuidar los otros niveles. Aunque el Zohar no especifica quién se quedó dónde, hay algunas especulaciones interesantes sobre el tema.

Ben Azzai, al parecer, estaba tan completamente absorto en el reino espiritual, o dimensión sod, que descuidó todos los demás aspectos de su ser. Como una polilla volando hacia la llama, se consumió mientras miraba directamente a la Shejiná; su alma simplemente dejó su cuerpo para regresar a su fuente. Ben Azzai estaba tan desconectado del mundo físico que, en su noche de bodas, según cuenta el Talmud abandonó a su esposa para estudiar los misterios de la Torá. A diferencia del rabino Akiva, que pudo permanecer apegado a su existencia terrenal mientras ascendía al cielo, el anhelo de Ben Azzai de unirse con lo divino superó su apego a la vida y la existencia mortal. No entendía cómo podría profundizar su conexión con el Espíritu luchando con los desafíos cotidianos y mundanos de las relaciones íntimas.

El error de Ben Zoma fue que aspiraba a alcanzar un nivel de auto-transcendencia para el cual no estaba preparado emocionalmente; su ego era simplemente demasiado frágil. Sin un sentido sólido del yo al que pudiera regresar, el encuentro místico lo volvió loco,[165] o como lo sugiere el rabino Winkler, se quedó atascado en los niveles de la realidad de drash y remez, donde todo es simplemente un signo o una metáfora de otra cosa. En esta red de significados enredados, perdió contacto con el plano literal de la realidad: el simple pshat. De acuerdo con el Talmud, se excedió en su anhelo espiritual, como una persona que come demasiada miel y se enferma.

Elisha ben Abuyah, al que en este cuento se hace referencia como Acher (Otro), se convirtió en un apóstata. Su pérdida de fe, aprendemos de otro relato talmúdico, se produjo como resultado de su excesiva confianza en el pensamiento. De hecho, había sido una de las mentes más grandes de su generación, pero al poner demasiado énfasis en lo racional, se atascó en el nivel de realidad de pshat y no pudo ver más allá del significado literal de las cosas. Como vimos en el relato sobre su apostasía, Acher perdió su fe después de ver morir a una persona mientras realizaba las dos mitzvot que la Torá dice específicamente que alargarán los días de un hombre. Al percibir la aparente falta de justicia divina en el mundo, Acher llegó a la conclusión de que «no hay justicia ni juez».

---

165. El extremismo espiritual de Ben Zoma también se insinúa en otro texto, el midrash Sifra Kedoshim 45, que describe un debate que tuvo con el rabino Akiva sobre el significado místico del pasaje «y amarás a tu prójimo como a ti mismo». Mientras que el rabino Akiva consideraba el pasaje como el principio más central del judaísmo (zeh klal gadol ba'Torah), Ben Zoma sostuvo que otro pasaje, «Éste es el libro de las generaciones de Adán», fue una enseñanza aún mayor, porque Ben Zoma entendía que este pasaje significa que todas las personas son como una sola persona, un solo ser con un solo cuerpo. En otras palabras, sintió que la esencia de la Torá era experimentar a los demás como si fueran parte de nuestro propio cuerpo y ser. Amar al prójimo «como a uno mismo» es un acto sagrado, pero implica que uno todavía se siente como un ser separado que puede amar a los demás.

Curiosamente, la apostasía de Acher se describe como una destrucción, o más literalmente un corte, de las plantas, lo que implica que separó las plantas de sus raíces. Tomar la vida de forma demasiado literal es separar las cosas de su origen en el misterio más profundo. Al tomar el significado literal y obvio (pshat) apartado de la fuente de la raíz oculta (sod), Acher cortó la conexión entre la creación y el creador; en efecto, dividió a Dios en dos. Su propio apodo, Acher, u Otro, sugiere que al atribuir cualquier tipo de dualismo u «otredad» a Dios, él también se convirtió en «otro».

En contraste con la historia del apóstata Acher, varias historias sobre el rabino Akiva demuestran su fe inquebrantable en momentos de enorme sufrimiento personal y colectivo. Por ejemplo, cuando se encontró con un zorro que abandonaba el lugar del sanctasanctórum (el santuario más recóndito) después de que los romanos hubieran destruido el templo de Jerusalén, se dice que se rio mientras sus compañeros lloraban. Cuando se le preguntó cómo podía reírse en un momento tan trágico, respondió que al presenciar el cumplimiento de la terrible profecía de Jeremías de que Sión sería destruido, se sintió seguro de que se cumplirían las palabras, tanto las esperanzadoras como las sombrías, de *todos* los profetas. Así, al igual que el templo fue destruido, también se aseguraba la redención futura profetizada. La respuesta del rabino Akiva revela su profunda fe en la naturaleza no dual de lo divino, su fe en que todas las cosas, tanto las buenas como las malas, existen dentro de Dios. Al ser un maestro en atravesar los diferentes reinos, fue capaz de recordar los misterios ocultos más profundos, o la dimensión de la realidad, mientras experimentaba las dimensiones trágicas de la vida. La fe del rabino Akiva era tan profunda que incluso mientras los romanos lo torturaban hasta matarlo raspándole la piel con peines de acero, tenía los medios para recitar el Shemá, afirmando la esencial unicidad de Dios.

El cuento de los cuatro sabios nos enseña que para ser shaleim, o todo, debemos poder atravesar cómodamente los diferentes niveles de la realidad, desde los más concretos y literales hasta los más escondidos y sublimes, sin quedarnos atrapados en ningún nivel. También debemos poder percibir los múltiples niveles de significado que coexisten en todas las cosas y equilibrar los aspectos espirituales, intelectuales, emocionales, relacionales y físicos de nuestro ser. El verdadero peligro, de acuerdo con el Zohar, no es el acto de entrar en los pardes místicos *per se*, sino el quedarse atrapado en cualquier nivel de la realidad, excluyendo a todos los demás. Curiosamente, si a la palabra hebrea *pardes* le quitamos la última letra, *sámej*, que significa el nivel del secreto, o sod, nos queda la palabra *pered* (*peh-resh-dálet*), que implica separación. La Torá sin el sod, o misterio, puede llevar a uno a un sentido de separación y dualismo en lugar de al terreno fértil de todo ser, los pardes, donde, unida a sus raíces, toda la vida crece.

En la dinámica interpersonal puede ser útil tener en mente el modelo de pardes, ya que a veces el nivel pshat o literal de lo que comunican nuestros socios y amigos no es realmente el nivel más profundo de lo que están tratando de decir. Por ejemplo, si mi esposo me dice algo con un tono irritable o crítico y respondo al nivel pshat de lo que está diciendo, generalmente respondo a la defensiva. Sin embargo, si tengo los recursos para considerar que sus palabras también ocultan dentro de ellas los niveles de significado de remez, drash y sod, podría considerar responder de manera diferente. Tal vez él se sienta desatendido por mí y quisiera recibir atención (remez). Tal vez mi propio comportamiento haya presionado algunos botones inconscientes dentro de él (drash).

O tal vez en el nivel más profundo (sod), él está pidiendo amor, aunque de una manera poco hábil. Por experiencia, he aprendido que si respondo a uno de estos niveles más profundos en lugar de al nivel pshat, es más probable que facilite una conexión amorosa y empática entre nosotros.

También es útil tener en cuenta que el alma de cada persona está profundamente arraigada en uno u otro de los cuatro mundos. Conocer el nivel del alma de las personas puede ayudarnos a comprender mejor su tipo de personalidad y su estilo único de comunicación. Esto es particularmente útil cuando su nivel de alma o tipo de personalidad es diferente al nuestro. Al igual que necesitamos volver a dar formato a un documento que fue escrito en un programa de ordenador diferente al que usamos habitualmente antes de poder trabajar en él, también necesitamos traducir las palabras/acciones de aquellos cuyos sistemas operativos son diferentes de los nuestros.

Jung *versus* Luzzato: los cuatro tipos de personalidad/alma

La noción de que hay cuatro tipos distintos de personalidad es un concepto importante en la psicología junguiana, donde el número cuatro, en general, se ve como un símbolo de completitud. Jung delineó cuatro funciones básicas que todos usamos para procesar la realidad: concretamente la intuición, los pensamientos, los sentimientos y la percepción sensorial.

Aunque todos tenemos acceso a todas estas cuatro capacidades en diferentes medidas, Jung creía que cada uno de nosotros tiene una función principal, o «superior» (así como una función auxiliar secundaria) de la cual dependemos más para procesar la información y dirigir nuestro camino a través de la vida. Nuestro tipo de personalidad, según Jung, está determinado por nuestra función más desarrollada. Además, cada uno de nosotros posee lo que Jung llamó una función «inferior», una capacidad que permanece más inconsciente y no desarrollada en nosotros. Parte de la labor de autorrealización, según Jung, implica desarrollar una mayor conciencia y habilidad para usar las cuatro funciones, incluida la menos desarrollada.

La cábala también delineó cuatro tipos distintos de almas, basados en los cuatro mundos. Esta noción aparece en los escritos del rabino Moshé Jaim Luzzato, famoso cabalista italiano del siglo XVIII, que identificó las almas de acuerdo con el mundo en el que están más arraigadas. A aquellas almas cuyas raíces provienen del mundo de assiyah, las llamó *nafshot*; de yetzirah, *ruchot*; de beriah, *neshamot*; y de atzilut, *neshamot la'neshamot* (almas de almas). Los cuatro tipos de alma de Luzzato se corresponden estrechamente con los cuatro tipos de personalidad de Jung. Las nafshot, esas almas arraigadas en el mundo de assiyah (reino físico), pueden ser vistas como tipos sensatos; las ruchot, esas almas del mundo de yetzirah (reino de los sentimientos), pueden ser vistas como tipos de sentimientos; las neshamot, esas almas del mundo de beriah (reino cognitivo-contemplativo), pueden ser vistas como tipos de pensamiento; mientras que las neshamot la'neshamot, esas almas del mundo de atzilut (reino espiritual), son probablemente tipos intuitivos.

El simbolismo del número cuatro

Además de enumerar cuatro tipos básicos de personalidad, Jung también estaba fascinado por el simbolismo espiritual del número cuatro. Señaló que la figura de un cuadrado, que tiene cuatro lados, es un símbolo de completitud. Cuando aparece un cuadrado en un sueño, dice Jung, significa que el soñador está activamente involucrado en el proceso de autorrealización, o como él lo llamó, individuación. El cuadrado a menudo aparece junto a un círculo o mandala en los sueños, como lo hace en el simbolismo religioso. Jung sugirió que cuando el círculo, un símbolo del yo infinito, se une con el cuadrado (el símbolo de la completitud encarnada), indica que la completitud natural del yo se está realizando en la conciencia humana finita. Por esta razón, los mandalas que combinan el círculo y el cuadrado se usan a menudo en los rituales de curación y en la meditación para restablecer un sentido de completitud, armonía interna y equilibrio.

El número cuatro también es un símbolo de completitud y plenitud en la astrología psicológica, donde los cuatro elementos son vistos como los componentes básicos de todas las estructuras materiales y conjuntos orgánicos, siendo cada elemento una forma básica de energía o conciencia. Aunque se dice que los cuatro elementos existen en cada uno de nosotros, cada persona está conscientemente más en sintonía con algún tipo de energía que con los otros. En la astrología psicológica, los tipos de personalidad se describen en términos del elemento más dominante de una persona (tierra, aire, fuego, agua) y la curación se aborda mediante la rectificación de los excesos y las deficiencias de los diferentes elementos.

El número cuatro también es prominente en el pensamiento de los nativos americanos, que corresponde a las cuatro direcciones y los cuatro vientos, los cuatro elementos, los cuatro reinos (invisible, animal, vegetal, mineral) y las cuatro estaciones (primavera, verano, otoño, invierno). Y en la numerología pitagórica, el número cuatro se consideraba una encarnación del orden natural y el equilibrio, mientras que la cruz quadrata, o cruz griega precristiana, simbolizaba la unión de los opuestos.

El número cuatro es también un importante símbolo de completitud en el pensamiento judío, particularmente en el Séder de Pésaj, en el que el viaje de sanación ancestral de la esclavitud a la libertad se representa a través de la narración y el ritual. Al contar el relato del Éxodo, la Hagadá se ve puntualizada por la bendición ritual y el consumo de *cuatro* copas de vino, las *cuatro* preguntas y el relato de los *cuatro* hijos. Las cuatro dimensiones de la noche del Séder, dicen los rabinos, alude a los cuatro mundos y al nombre de cuatro letras de Dios (yhvh) que se reveló a través del Éxodo. También alude a las cuatro etapas de la redención, que se reflejan en el uso de cuatro expresiones distintas en las Escrituras para el tipo de ayuda que Dios dará a los israelitas. En Éxodo 6:6-7, Dios le dice a Moisés: «Diles a los hijos de Israel: Yo soy yhvh, y *os sacaré* [*ve'hotzeiti*] de debajo de las cargas de los egipcios, y *os libraré* [*ve'hitzalti*] de su esclavitud y *os redimiré* [*ve'gaalti*] con un brazo estirado y con grandes juicios. Y *os tomaré* [*ve'lakachti*] como un pueblo y seré un Dios para vosotros y sabréis que yo soy yhvh, el Infinito, el que os sacará de debajo de las cargas de Egipto». Claramente, entonces, el antiguo ritual del Pésaj gira en torno al número cuatro, un hecho que sugiere que en el Pésaj comenzamos nuestro propio viaje sagrado de sanación hacia la completitud y la libertad.

Las cuatro expresiones de redención, los cuatro niveles de pardes, el nombre de cuatro letras de Dios y los cuatro mundos reflejan la noción básica de que para alcanzar la completitud debemos poder atravesar, encarnar e integrar cómodamente los diferentes aspectos de nuestro ser.

Modalidades curativas en cada uno de los mundos

Los cuatro mundos proporcionan un modelo útil para acercarse a la curación desde una perspectiva multidimensional. En las siguientes descripciones de los cuatro mundos, he incluido una breve reseña de cómo se podría abordar la sanación en cada nivel.

El mundo de atzilut o emanación

Atzilut, el mundo de la emanación, representa el reino del ser infinito puro. En atzilut todo lo que sería convocado, deseado, creado, formado y hecho se mantiene como algo potencial. La palabra *atzilut* comparte la misma raíz que la palabra hebrea *etzel*, que implica cercanía. Corresponde a ese lugar dentro de cada uno de nosotros que siempre está íntimamente conectado con Dios y con todo ser. Nuestra alma está arraigada en atzilut. No importa lo desconectados espiritualmente que nos sintamos, en el nivel central de nuestro ser, siempre estamos conectados a nuestra fuente. Como decimos en las oraciones de la mañana: «Mi Fuente, el alma que has puesto en mí es pura».

Nos abrimos al reino de atzilut en estados profundos de meditación u oración, cuando dejamos de lado nuestro sentido separado del yo y nos relajamos en la base de nuestro ser. En atzilut, los límites del tiempo y el espacio y del sujeto y el objeto se disuelven, y experimentamos la dicha del desarrollo, o la unión con Dios. A través del sentido expandido de conciencia que experimentamos cuando tocamos el reino de atzilut, obtenemos un mejor sentido de perspectiva de la vida. Comenzamos a ver las cosas desde la perspectiva del alma. En lugar de quedar atrapados en nuestros problemas y frustraciones diarias, comenzamos a ver el panorama general. En este estado más expansivo, nos volvemos cada vez más intuitivos, y somos capaces de percibir la totalidad en lugar de las partes fragmentadas de la realidad.

Se puede considerar que atzilut corresponde a la función intuitiva en la tipología de Jung. Aquellos cuyas almas están profundamente arraigadas en atzilut son por lo general muy intuitivos. Al funcionar de manera similar a la profecía, la intuición nos permite saber cosas sin poder precisar exactamente cómo obtuvimos nuestro conocimiento. Las personas intuitivas tienden a percibir la totalidad, o la gestalt, en lugar de las partes individuales. Aunque todos tenemos intuición, la mayoría de nosotros no hemos aprendido a prestar atención y honrar a esta facultad. A menudo tenemos claras intuiciones sobre acontecimientos importantes en nuestras vidas, pero las ignoramos porque no hemos aprendido a confiar en nuestra intuición. De hecho, la mayoría de nosotros hemos aprendido a desconfiar de nuestro conocimiento intuitivo y, en cambio, confiamos en nuestro intelecto o en los datos sensoriales que se pueden cuantificar y verificar. Sin embargo, como muchos de nosotros hemos aprendido de la manera difícil, cuando ignoramos nuestras intuiciones, normalmente terminamos pagando un alto precio. El trabajo de curación en atzilut nos permite desarrollar y honrar nuestra intuición.

En la medida en que los diferentes niveles de nuestro ser estén integrados, podemos beneficiarnos de las prácticas de sanación espiritual que nos abren directamente a atzilut. Alguien cuyo ser está fragmentado, sin embargo, puede ser incapaz de beneficiarse de estas prácticas. De hecho, ciertas personas vulnerables pueden incluso verse perjudicadas por tales prácticas, como presencié durante los años que viví en Jerusalén, donde encontré a muchas personas que intentaron subir la escalera del ascenso espiritual a atzilut pero se derrumbaron porque no estaban lo suficientemente integradas para asimilar la poderosa energía o los conocimientos que experimentaron.

El mundo de beriah o creación

La segunda dimensión, el mundo de beriah, o creación, se refiere a la etapa del despliegue divino cuando el primer «algo» emergió de la nada primordial. Marca el comienzo del proceso creativo cuando la voluntad divina de crear se manifestó por primera vez. En la dimensión humana, beriah se refiere al reino cognitivo o del pensamiento, donde las ideas forman y comienzan su función creativa, ya que toda creatividad comienza en el pensamiento puro.

La curación en el reino del beriah implica reclamar nuestra inteligencia innata y aprovechar el poder de nuestros pensamientos. En el nivel más alto, implica alinear nuestras mentes con la mente divina, la mayor inteligencia que es inherente a toda la vida. Curarse en Beriah también implica dejar de lado los patrones de pensamiento negativos, como el exceso de autocrítica y el pesimismo, que inhiben nuestro crecimiento y creatividad y minimizan el disfrute de la vida.

Dado que gran parte de nuestro sufrimiento surge de las historias que nos contamos acerca de la realidad, la curación en el reino de Beriah exige que abandonemos nuestros mitos personales obsoletos y nuestros estrechos sistemas de creencias. Nuestros pensamientos y creencias tienen un efecto profundo en nuestras vidas, ya que tendemos a interpretar la realidad a través de la lente de nuestros pensamientos y creencias preexistentes. También tendemos a contribuir a la creación de situaciones en nuestras vidas que apoyan nuestras creencias. Si, por ejemplo, mantenemos la creencia de que no somos dignos de amor, podemos tratar de demostrar este punto buscando continuamente compañeros que nos traicionen o abandonen. Si vamos por la vida creyendo que no se puede confiar en las personas, podemos mantenernos alejados de personas confiables y, en cambio, descubrir que nos involucramos una y otra vez con personas que nos decepcionan. Si bien muchas de nuestras creencias son conscientes, algunas son bastante inconscientes. Para desafiarlas y revisarlas, primero debemos traerlas a nuestra conciencia consciente.

Sanarse en el reino de Beriah también significa conocer las cosas como son verdaderamente, no como imaginamos o deseamos que sean. Para ver la vida con claridad, debemos dejar de lado nuestros testarudos apegos, que pueden nublar nuestras percepciones, ya que cuando estamos apegados a nuestros propios deseos y fines, tendemos a ver lo que queremos ver en lugar de lo que realmente es.

También debemos dejar de lado las ideas fijas sobre las cosas para experimentar cada momento de nuestras vidas con frescura y claridad. Nuestras nociones fijas sobre las personas en nuestras vidas, por ejemplo, generalmente nublan nuestra percepción de lo que nos dicen o hacen. Recuerdo que recientemente recibí una nota de correo electrónico de alguien con quien tuve un asunto emocional inacabado. Cuando leí su nota, me encontré herida y enfadada, porque interpreté sus palabras como si me rechazara. Cuando superé mi dolor inicial y mi ira, me senté para responder a su correo electrónico. Decidí que en mi respuesta expresaría mi verdadero deseo, que era que nos acercáramos más la una a la otra. Sugerí que nos reuniéramos para hablar y enfriar el ánimo entre nosotras. Después de redactar mi nota, releí su correo electrónico y descubrí que realmente no me rechazaba, sino que en realidad había sido su mejor intento de comunicarse conmigo. La idea fija que yo tenía sobre ella, que se basaba en interacciones pasadas, había distorsionado mi comprensión de sus palabras en el momento presente.

Para algunas personas, la sanación en beriah implica salir de sus cabezas –superar su confianza excesiva en el pensamiento–, mientras que para otras, obtener un mayor acceso a los procesos cognitivos les permite regular mejor sus vidas emocionales.

El mundo de yetzirah o formación

El mundo del yetzirah, o formación, describe la etapa de la creación donde todas las cosas se forman de manera sucesiva, una a partir de la otra. En el yetzirah, las materias primas de la creación dan origen a la multitud de formas encarnadas. En el nivel humano, el yetzirah está asociado con los sentimientos y con el poder del habla. Los dos están unidos entre sí, ya que es a través del habla como podemos expresar y articular completamente nuestros sentimientos.

La curación en este ámbito generalmente implica trabajar con inhibiciones personales que bloquean el flujo y la expresión de nuestros verdaderos sentimientos. Si bien algunos de nosotros podemos ser demasiado emocionales, a la mayoría nos resulta difícil acceder a nuestras emociones. De niños aprendimos a ignorar nuestros sentimientos, especialmente aquellos que percibimos que eran amenazadores o inaceptables para nuestros cuidadores. Es posible que hayamos aprendido a reemplazar nuestros sentimientos indeseables por otros que se consideran más aceptables. Podemos usar la ira para enmascarar nuestra tristeza o la tristeza para encubrir nuestra ira. Incluso nuestra alegría y emoción pueden silenciarse cuando crecemos sintiendo que no es seguro expresar la plenitud de nuestro ser. Cuando no somos capaces de sentir y expresar nuestras emociones verdaderas, perdemos contacto con nuestra vitalidad y esencia interior, y nuestra fuerza vital se bloquea. Cuando esto sucede, podemos enfermar o desarrollar síntomas dolorosos que nos expresan nuestros sentimientos rechazados.

En el otro extremo del espectro, hay personas que están demasiado enamoradas de sus sentimientos y que no pueden regular la intensidad o lo apropiado de sus respuestas emocionales. Se sienten fácilmente abrumadas por sus sentimientos, y su expresión desenfrenada de las emociones puede hacer un gran daño a sus relaciones. Estas personas pueden beneficiarse enormemente del trabajo interno en los otros reinos de su ser, en particular las dimensiones cognitivas y espirituales, que pueden ayudarles a lograr un mayor dominio y perspectiva con respecto a sus sentimientos.

Como exploraremos en las siguientes páginas, aprender a identificar y expresar nuestros sentimientos con precisión y de manera adecuada nos libera del control inconsciente que tienen sobre nosotros los sentimientos no identificados.

Y cuando nos ponemos en contacto con nuestros verdaderos sentimientos, nos volvemos más capaces de dirigir nuestras vidas con integridad y crear vidas que expresan nuestro verdadero ser.

El mundo de assiyah
HACER Y ACTUALIZACIÓN

El mundo de assiyah está asociado con el reino físico, con el hacer y la actualización. En assiyah es donde nuestra esencia espiritual más profunda (atzilut), nuestros pensamientos (beriah) y nuestros sentimientos (yetzirah) encuentran su expresión en forma encarnada y en acción. Dado que la encarnación y la autorrealización son claves en este ámbito, la curación en el mundo de Assiyah implica superar los obstáculos internos y externos que bloquean nuestra capacidad de actualizar y encarnar nuestros sueños y aspiraciones.

La curación en assiyah también implica nutrir nuestra existencia física. Esto incluye fortalecer, equilibrar y purificar el cuerpo y prestar atención a nuestras necesidades nutricionales y de acondicionamiento físico. También implica cuidar el medioambiente y todos los ecosistemas vivos, y vivir en armonía con nuestro entorno.

Conectar los cuatro mundos

Además del trabajo de sanación que podemos hacer dentro de cada uno de los cuatro reinos, también necesitamos conectar los diferentes niveles de nuestro ser para experimentar la vida de una manera totalmente encarnada y holística.

Nuestros cuerpos (assiyah) y nuestras almas (atzilut) deben interconectarse con nuestros pensamientos (beriah) y emociones (yetzirah), de modo que nuestro ser espiritual, intelectual, emocional y físico se apoyen y equilibren entre sí.

Conectar los reinos físico (assiyah) y emocional (yetzirah)

Hay una serie de herramientas que pueden ayudarnos a entrelazar conductos de conexión entre estas diferentes dimensiones de nuestro ser. Por ejemplo, podemos unir las dimensiones física (assiyah) y emocional (yetzirah) de nuestro ser al conectar conscientemente nuestros sentimientos en el cuerpo. Con demasiada frecuencia, hemos sido entrenados para ignorar nuestros sentimientos, por lo que no estamos atentos a la forma en que nuestros sentimientos se expresan en el cuerpo a través de nuestra postura, tensiones musculares y otras expresiones somáticas de las emociones. De hecho, muchos de nosotros hemos aprendido a «disociarnos» o abandonar nuestros cuerpos como medio para evitar nuestros sentimientos. Y así, cuando intentamos ser conscientes de cómo encarnamos nuestros sentimientos, lo que notamos puede no ser un sentimiento en sí mismo, sino la forma en que nuestro cuerpo se resiste a ese sentimiento. A medida que identificamos la resistencia, podemos relajarnos y permitir que nuestros verdaderos sentimientos emerjan y se expresen. Mi cliente George es un buen ejemplo. Antes de ponerse en contacto con su ira, primero notó cómo evitó la emoción. Describió sentirse como si un peso pesado estuviera aplastando su pecho, restringiendo su respiración. Y, de hecho, la respiración de George era con frecuencia muy restringida y poco profunda. Al darse cuenta de su respiración restringida y al describir su sensación corporal de una presión aplastante alrededor de su pecho, George pudo descubrir su ira enterrada.

Este tipo de atención a la sensación corporal de una emoción particular emplea el método terapéutico conocido como *focusing*, que fue desarrollado por el psicoterapeuta y autor Eugene Gendlin. El focusing es una herramienta útil para tejer conexiones entre los niveles físico, emocional y cognitivo de nuestro ser. Nos permite descubrir los sentimientos que se ocultan justo debajo de la superficie de nuestras mentes conscientes. A través del focusing en la sensación corporal de una emoción, permitimos que ésta surja y se exprese por completo.

Como terapeuta, me sorprende la frecuencia con la que las personas abandonan sus cuerpos para evitar las emociones. La forma más común de hacerlo es inhibiendo la respiración. Simplemente dejamos de respirar o respiramos superficialmente para evitar nuestros sentimientos. Cuando trabajo con clientes que están ahogando sus sentimientos de esta manera, habitualmente me doy cuenta de que hay un aumento visible en el flujo de sangre a sus cuellos. Puede parecer que tienen una erupción alrededor de toda la región del cuello. Esta erupción aparente es el resultado de la sangre que se acumula alrededor del cuello, en el mismo lugar donde intentan cortar sus sentimientos. Curiosamente, la palabra hebrea para el cuello, *oref*, deletreada *ayin-resh-peh*, comparte la misma raíz de tres letras que la palabra para el faraón, *peh-resh-ayin*, sólo que al revés. Nuestro faraón interno a menudo nos oprime asfixiando el flujo de energía entre nuestras cabezas y nuestros corazones. El cuello, que es la parte más estrecha del cuerpo, puede convertirse en nuestro mitzrayim personal cuando nos ahogamos en nuestros sentimientos y restringimos nuestra autoexpresión.

Cuando observo que mis clientes están en este estado de constricción, por lo general les pido que tomen conciencia de su cuerpo y de su respiración, y especialmente que noten si sienten alguna tensión alrededor de su cabeza y cuello. Al emplear este tipo de conciencia corporal y mental suave, las personas pueden aprender a liberar los patrones físicos de retención que utilizan para evitar los sentimientos. Cuando se permiten respirar, normalmente pueden relajar sus sentimientos. Sin embargo, cuando los patrones de retención física se vuelven habituales, las personas desarrollan muchas veces contracciones musculares crónicas y otros síntomas de estrés, como dolores de estómago, dolor de espalda o cuello y dolores de cabeza. En estos casos, se puede requerir trabajo corporal terapéutico para liberar la tensión crónica que mantiene los sentimientos bajo control.

Al igual que con el cuello, muchos de nosotros instintivamente apretamos el abdomen para evitar los sentimientos. Cuando tenemos sentimientos tiernos y vulnerables, podemos ponernos duros como si fuéramos a ser golpeados en el estómago y nos dejaran sin aliento. Al aprender a ablandar nuestros vientres, respirar y estar físicamente cómodos dentro de nuestros cuerpos, podemos permitir que el flujo y reflujo de los sentimientos nos inunden como las olas que van y vienen a la orilla. Entonces podemos expresar nuestros sentimientos sin resistencia innecesaria.

Conectando los reinos espiritual (atzilut) y físico (assiyah)

Mientras que la mayoría de los cabalistas medievales buscaban la iluminación espiritual a través de prácticas altamente ascéticas que devaluaban el reino físico y el cuerpo, muchos de los maestros jasídicos honraban la necesidad de encarnar el espíritu. El rabino Najman de Breslav, por ejemplo, destacó la importancia del cuerpo en el desarrollo espiritual. En contraste con aquellos místicos que exaltaban la virtud de *hitpashtut has'gashmiut*, la desinversión de lo físico, como el nivel más alto de logro espiritual, el rabino Najman consideraba al cuerpo como un socio pleno en el logro de la iluminación espiritual. Enseñaba que el alma debe compartir su más elevada visión espiritual con el cuerpo, ya que el cuerpo también es capaz del mismo grado de iluminación del que el alma es capaz. Esto es posible, dijo, cuando el cuerpo está en un estado de puridad. Por lo tanto, decía, es un acto de gran compasión atender con amor y misericordia a las necesidades del cuerpo, ya que cuando purificamos y cuidamos el cuerpo, somos más capaces de aferrarnos a nuestros logros espirituales, pues el hecho de que el cuerpo recuerde un estado espiritual puede ayudar a restaurar el alma a su nivel anterior de logro. Para apoyar esta noción, el rabino Najman cita un pasaje del Libro de Job y le da una nueva interpretación creativa: «Y esto es lo que significa (el pasaje) "de mi carne contemplaré a Dios" (Job 19:26)… A través de la carne misma del cuerpo, uno puede contemplar a Dios… (porque) el humano ve y percibe el espíritu a través del cuerpo».[166]

La espiritualidad encarnada del rabino Najman marca un alejamiento radical de la espiritualidad de otro mundo, trascendente, que encontramos entre muchos otros místicos judíos y no judíos. La espiritualidad, según el rabino Najman, debe estar anclada en el reino físico, ya que en última instancia, es a través de nuestro recipiente terrenal —el cuerpo— como llegamos a contemplar a Dios. Si el alma no comparte su iluminación con el cuerpo, no podremos aferrarnos a nuestras ideas espirituales.

Además de anclar la percepción espiritual en el cuerpo, el rabino Najman también instó a sus seguidores a llevar todas las ideas intelec-

---

166. Likutey Moharan I 22:5-7 (traducción de la propia autora).

tuales del estudio de la Torá al espacio del corazón de la oración personal, donde podría llevar a la acción encarnada. En estas oraciones personales diseñadas para seguir el estudio de la Torá, enseñó a sus discípulos a pedirle a Dios que les ayudara a encarnar en acción lo que acababan de aprender con sus mentes.

Nombrar

Gran parte de lo que sucede en la terapia consiste en tejer conexiones entre nuestros pensamientos y sentimientos. Lo hacemos principalmente al «nombrar» nuestros sentimientos. Al identificar verbalmente nuestros diferentes estados de sentimientos, usamos las capacidades cognitivas-contemplativas de beriah para mantener y contener las energías emocionales más mercuriales de yetzirah. Si bien un sentimiento sin nombre puede producir una ansiedad abrumadora o hacer que actuemos de manera irracional, un sentimiento con nombre se vuelve manejable. Nombrar nos permite estar completamente presentes como testigos de nuestros sentimientos sin volvernos reactivos o defensivos.

El poder curativo de nombrar es algo que se remonta a nuestros orígenes humanos. En la sección del Libro de Génesis donde Dios crea a los animales, encontramos que Adán puede nombrar a cada uno de los animales cuando reconoce su esencia.

En el viaje de sanación del Éxodo, los israelitas deben aprender el nombre divino, yhvh, para recordar sus propios nombres y esencia verdaderos. Al aprender a nombrar nuestros sentimientos previamente no reconocidos en la terapia, reclamamos los aspectos exiliados e inconscientes de nuestro ser.

Nombrar también nos permite ser dueños de nuestros sentimientos sin que nos identifiquemos demasiado con ninguno de ellos. Al mantenernos centrados en verlos, podemos nombrar y mantener compasivamente todas nuestras emociones sin sentirnos abrumados por un solo estado. Por lo tanto, podemos experimentar una gama completa de emociones sin dejar que nadie nos defina o controle.

La historia de Josie

En mi trabajo con Josie, una superviviente del Holocausto que vino a mí en busca de ayuda por los debilitantes dolores de cabeza que le producía la migraña, nombrar los sentimientos se convirtió en un paso crucial en la curación. Josie había sufrido dolores de cabeza cuando era niña, pero había estado casi sin dolores de cabeza hasta aproximadamente un año antes de que acudiera a mí, cuando empezaron a ocurrir con la frecuencia de dos o tres veces por semana. Josie había visto a varios médicos y le habían dado medicamentos para controlar el dolor, pero parecía que los medicamentos se estaban convirtiendo en parte del problema; a pesar de que ayudaban a corto plazo, parecían estar provocando un efecto rebote clásico, que es cuando la retirada de la medicación provoca otro dolor de cabeza. En el momento en que Josie vino a verme, se sentía muy deprimida y desanimada con el manejo de su problema por parte de la medicina occidental. Por sugerencia de una amiga, me buscó como terapeuta con la esperanza de descubrir cualquier problema emocional subyacente que pudiera estar contribuyendo a sus síntomas. La psicoterapia, para ella, fue el último recurso.

En el transcurso de aproximadamente un año de terapia intensiva semanal, trabajé con Josie en dos frentes. Primero, le enseñé técnicas simples de meditación y relajación que podía usar diariamente para reducir el estrés y curarse. Estas prácticas parecían reducir la frecuencia de los dolores de cabeza. Al mismo tiempo, también comenzamos a buscar pistas sobre los factores de estrés emocional que podían haber contribuido a la aparición de sus síntomas. Al mirar hacia atrás, Josie se dio cuenta de que los dolores de cabeza habían comenzado en la época en que su único hijo se estaba preparando para irse de casa al entrar en la universidad. A medida que explorábamos sus sentimientos sobre esta importante transición en su vida, empezaron a surgir recuerdos de su propia infancia y adolescencia. Por primera vez en su vida, Josie comenzó a hablar sobre algunos de sus recuerdos traumáticos de la guerra, recuerdos de separaciones dolorosas y pérdidas que nunca había explorado con otra persona. De hecho, ella había intentado enterrar estos recuerdos dolorosos y dejarlos atrás, junto con los miembros de la familia que perdió en la guerra.

El trauma más significativo que Josie había soportado durante la guerra fue su separación de sus padres. A la edad de once años, la enviaron a Londres para vivir con una familia que la cuidó hasta que se reunió con sus padres al final de la guerra. A pesar de que la familia que la acogió era amorosa y afectuosa, Josie sufría de ansiedad por separación y depresión como resultado de haber sido apartada traumáticamente de su familia y amigos.

A lo largo de su vida, Josie se había mantenido sensible a los sentimientos de pérdida y abandono como resultado de este trauma. Todas las rupturas y separaciones provocaban potencialmente sentimientos de ansiedad y depresión en Josie, por lo que tenía sentido que la partida de su hijo tuviera un gran impacto emocional en ella. Josie y yo comenzamos a preguntarnos si sus dolores de cabeza eran una expresión somática del dolor que sentía por la partida de su hijo. Se dio cuenta de que estaba aferrándose a una gran cantidad de dolor no expresado.

De hecho, su dolor era doble. Sintió una inmediata sensación de pérdida por la ausencia de su hijo en su vida cotidiana, y al mismo tiempo, su salida de la casa había restablecido recuerdos vagos e inconscientes de pérdida y trauma. Cuando él se fue, ella estaba de hecho reexperimentando inconscientemente el trauma de su propia separación de sus padres. A través de sus dolores de cabeza, parecía que Josie estaba expresando el dolor insoportable que había sentido de niña cuando la enviaron sola a un país extraño a vivir entre extraños.

Cuando pudo nombrar el dolor psíquico amorfo enterrado profundamente en su interior, Josie también pudo sacar el «trauma» de su cuerpo, donde había estado buscando expresión, y sus dolores de cabeza se convirtieron en un problema menor. Los dolores de cabeza de Josie fueron, en cierto sentido, un intento de *re-membrar* su dolor olvidado. Cuando *re-membró* conscientemente su dolor, pudo separar su experiencia actual de la separación de su hijo, que era un proceso normal y saludable, de la separación traumática que había experimentado en su propia infancia. La terapia, entonces, le permitió no sólo resolver sus sentimientos acerca de la partida de su hijo, sino también lamentar con retraso algunas de las pérdidas que había sufrido en la infancia, pero que nunca había podido afrontar.

Si observo nuestro trabajo juntas a través de la lente de los cuatro mundos, Josie estaba experimentando síntomas en la dimensión física (assiyah) de su ser que se activaron como una señal de angustia para llamar la atención sobre la desconexión entre su pensamiento (beriah) y sentimiento (yetzirah). Al encontrar palabras para la tristeza inimaginable que llevaba profundamente en su interior, Josie pudo volver a conectar estas partes separadas de sí misma. Aprendí de mi trabajo con Josie que los síntomas físicos a menudo requieren trabajo a nivel emocional para liberar y desbloquear la energía que hay detrás de ellos.

Síntomas

Sus orígenes en los cuatro mundos

Los síntomas dolorosos, como los dolores de cabeza de Josie, a menudo surgen cuando los diferentes niveles de nuestro ser se desconectan uno del otro o cuando nos enfocamos demasiado en un nivel de nuestro ser, excluyendo a los demás. En última instancia, nuestros síntomas físicos o sentimientos de angustia cumplen una función de curación. Vienen a llamar nuestra atención sobre la falta de equilibrio en nuestras vidas y nos informan de que debemos prestar más atención a nuestro ser más íntimo. A veces, como dijo Jung una vez, los síntomas de una persona pueden ser su mejor intento de curación.

Cada vez que nos acercamos a la sanación, debemos mirar a la persona en su *totalidad* en los cuatro niveles de su ser para comprender realmente la fuente de su angustia. Y aunque una intervención dirigida a cualquiera de los cuatro niveles del ser inevitablemente tendrá un impacto en todos los demás niveles, para ser más útil es importante identificar el nivel apropiado de intervención. A veces es mejor abordar un problema o síntoma en el mismo nivel en el que surgió, mientras que otras veces puede ser más efectivo abordar un problema en un nivel diferente al que surgió. En el capítulo 2, por ejemplo, vimos cómo se disipó la depresión de Judith cuando pudo expresar plenamente los sentimientos de dolor de su infancia por la muerte prematura de su madre. (Un problema emocional, concretamente la depresión, se trató en el nivel emocional). Sin embargo, con otros clientes que estaban lidiando con un dolor atrasado, descubrí que era necesario combinar la terapia expresiva con el trabajo corporal terapéutico para liberar los viejos sentimientos que se habían quedado atrapados en el cuerpo. En este caso, un problema emocional tenía que ser abordado en el nivel físico antes de poder trabajar con eficacia en el tratamiento de la depresión.

A veces los problemas físicos y emocionales tienen su origen en el reino espiritual. Muchas adicciones, por ejemplo, como el alcoholismo, el abuso de drogas, comer en exceso y el juego, pueden enmascarar un hambre espiritual profunda o ser el resultado de una crisis de sentido. Al abordar estos grandes problemas de sentido, podemos estar mejor equipados para ayudar a las personas a superar sus dificultades.

Los cuatro mundos en la terapia

En mi trabajo con Sam, un hombre de cuarenta y dos años que vino a verme por su depresión crónica, soledad y sensación de muerte emocional, el modelo de curación de los cuatro mundos proporcionó un paradigma terapéutico particularmente eficaz. Cuando comenzó la terapia, daba la sensación de que Sam llevaba una camisa de fuerza emocional. Parecía vivir en su cabeza; hablaba en un tono completamente monótono y rara vez mostraba ninguna emoción. Sam también parecía estar visiblemente incómodo en su cuerpo, permaneciendo con frecuencia rígidamente inmóvil y casi sin respirar. Daba la impresión de estar contra una pared, como la persona que se utiliza en una actuación circense como objetivo para lanzar cuchillos: un movimiento equivocado y estaría muerto.

Cuando compartí esta imagen con él, Sam me confesó que en la terapia se sentía aterrorizado de tener que ser espontáneo o mostrar algún sentimiento. A menudo ensayaba lo que iba a decir antes de nuestras sesiones para sentirse preparado a responder. Cuando exploramos las raíces de su ansiedad, Sam descubrió recuerdos de su infancia de ser humillado repetidamente por sus padres cada vez que cometía un error. A menudo ridiculizaban sus sentimientos o le decían que realmente no estaba sintiendo lo que decía que estaba sintiendo. Para lidiar con la crueldad de sus padres y la falta de comprensión de su vida emocional, Sam había aprendido a aislarse de sus sentimientos. Cada vez que surgiera un sentimiento, él lo evitaría abandonando su cuerpo.

Después de varios meses de terapia, Sam había adquirido gran cantidad de información sobre su problema, pero todavía no podía dejar de controlarse y permitirse caer en sus emociones. Aún parecía muy fragmentado y rígido, así que decidí intentar usar el modelo de los cuatro mundos para ayudar a Sam a lograr una mayor autointegración.

Antes de que realmente pudiera sentir sus sentimientos, Sam necesitaba primero aprender a fundamentar su experiencia emocional en el cuerpo. Así, durante varios meses comenzamos cada sesión con un ejercicio enfocado en el cuerpo, en el que Sam aprendió a prestar atención e identificar diferentes sensaciones en su cuerpo, como tensión o tirantez en sus hombros o la sensación de calor o frío en su pecho. Cuando pudo relajarse e identificar las sensaciones en su cuerpo, le pedí a Sam que prestara atención a cualquier sentimiento o emoción que surgiera. Mientras hacía esto, comenzó a notar que cada vez que surgía un sentimiento, lo asaltaba una voz interna hostil que lo llamaba «débil» o «flojo» por tener ese sentimiento. Incluso cuando su sentimiento parecía completamente comprensible, se veía a sí mismo luchando contra esa voz que continuamente intentaba humillarlo simplemente por tener sentimientos. Le sugerí a Sam que visualizara esa voz vergonzosa como un personaje de dibujos animados, un hombrecito predecible e irrazonable que tenía buenas intenciones pero que en realidad no era de mucha ayuda. Al identificar y nombrar esta voz, Sam se sintió más capaz de ignorar sus burlas. En lugar de reaccionar a la voz, Sam podía simplemente reconocer su presencia y tratarla como un viejo canal de propaganda que emitía incesantemente un anuncio que no necesitaba escuchar más.

Al fundamentar repetidamente sus sentimientos en su experiencia corporal y luego nombrarlos, Sam pudo crear vínculos entre su pensamiento (beriah), sentimiento (yetzirah) y ser físico (assiyah). En el proceso comenzó a sentir un mayor sentido de autointegración. El proceso de nombrar le proporcionó a Sam una forma de manejar sus sentimientos sin sentirse abrumado por ellos, así como un medio para mantenerse conectado con su cuerpo.

A medida que Sam progresaba en este trabajo de autointegración, introduje la dimensión espiritual en nuestro trabajo. Durante cada sesión, después de que se asentara en su cuerpo y nombrara los sentimientos que habían surgido, conduje a Sam a un estado más profundo de meditación en el que se le indicaba que se viera desde el punto de vista del infinito, desde la perspectiva de Dios. Después de verse a sí mismo a través de los ojos de Dios por primera vez, Sam se echó a llorar. Más tarde explicó que sus lágrimas eran lágrimas de alivio y gratitud. Al imaginar cómo podría ser percibido por Dios, Sam sintió, por primera vez, una tremenda compasión por sí mismo, por la persona que había experimentado tanto dolor y soledad en su vida. Cuando se vio a sí mismo a través de los ojos de Dios, descubrió que no sólo era capaz de sentir más autoaceptación, sino que también tenía más perspectiva sobre sus problemas. La meditación le había recordado que él no era sólo sus problemas y sentimientos, sino también una chispa de luz, un hijo amado de lo divino.

Con el tiempo, observé que Sam se volvió más capaz de tolerar los estados de sentimientos contradictorios. Su yo vulnerable podía coexistir con su yo adulto, lo que le permitía ser débil y fuerte a la vez. Al mismo tiempo, Sam se dio cuenta de que no necesitaba definirse a sí mismo por ninguna de sus partes, ya que su verdadera esencia estaba conectada a un todo mayor e integrado. En última instancia, esto es lo que cada uno de nosotros tratamos de conseguir a través del trabajo de autointegración, concretamente el poder experimentar todo nuestro ser en todas sus dimensiones de múltiples capas.

Ejercicio

La sanación en los cuatro mundos

El siguiente ejercicio se puede usar para facilitar la curación en las cuatro dimensiones del ser.

Tómate unos momentos para relajarte, centrarte y ser consciente de tu cuerpo y tu respiración. Presta atención a las diferentes partes de tu respiración: la inhalación, la exhalación y la pausa entre las respiraciones. A medida que te relajes cada vez más, permite que tu respiración se vuelva más lenta y profunda para que tu neshima (respiración) pueda conectar con tu neshama (alma). Siéntete cada vez más presente a medida que tu cuerpo se estimula a través de tu respiración. Tómate un momento para escanear tu cuerpo desde el dedo del pie hasta la cabeza, notando cualquier tensión o molestia que exista. Intenta liberar las tensiones corporales utilizando tu respiración para enviar ondas de relajación al lugar que necesita liberarse. A lo largo de este ejercicio, usa tu respiración como un ancla para tu conciencia. Si ves que tu mente divaga, simplemente devuelve tu atención a la respiración.

Conectar el ser somático (assiyah) y el ser emocional (yetzirah)

Ahora elige un sentimiento o problema con el que desees trabajar, tal vez uno con el que estés preocupado con frecuencia, o elige una situación a la que desees aportar una mayor perspectiva o resolución. Trata de localizar la sensación o situación problemática en tu cuerpo. ¿Dónde lo sientes? ¿Qué cambios observas en tu cuerpo cuando te enfocas en esta situación problemática? Intenta fundamentar tus experiencias emocionales en la experiencia corporal que sientes de ellas. Puede ser útil preguntarte: «¿Qué edad tiene el *yo* que siente este sentimiento?». Al darle al sentimiento una «edad», puedes aprender más sobre su origen. A medida que «nombras» el sentimiento, intenta observarlo y experimentarlo sin juzgarlo.

Reestructuración cognitiva
SANACIÓN EN BERIAH

Ahora toma conciencia de los patrones de pensamiento, como el autojuicio, que surgen en relación con el sentimiento que estás explorando. ¿Cuál es la postura habitual que tomas hacia ti en torno a éste y otros sentimientos similares? ¿Cuáles son tus propios juicios sobre el sentimiento o la situación? ¿De qué otra manera podrías empezar a pensar acerca del sentimiento del problema? Piensa si puedes desarrollar cierta flexibilidad en tu forma de pensar al respecto. ¿Puedes permitirte estar con el estado de sentimiento puro, libre de juicios y culpas? Observa si puedes dejar de lado los viejos mitos que tienes sobre ti y permite que surjan nuevos pensamientos y sentidos. Dejar de lado estos viejos patrones de pensamiento te libera del dolor innecesario que crean las creencias defectuosas. Por ejemplo, en lugar de sentir una emoción dolorosa más el doloroso sentimiento de vergüenza por tener la emoción, piensa si puedes estar en el estado de sentimiento puro sin ningún autojuicio. Simplemente sé sincero contigo mismo.

Ganar la última perspectiva

ASCENDIENDO A ATZILUT

Ahora, deja que todos tus pensamientos y sentimientos se disuelvan concentrándote en la luz blanca pura. Imagina un río de luz blanca que fluye desde los cielos a través de tu cráneo y que llena todo tu ser. Mientras te concentras en la luz, observa si puedes abrirte para experimentar la luz del infinito, el Or Ein Sof, permitiéndote disolverte en el gran océano del ser puro. Pasa todo el tiempo que desees en este estado, concediéndote simplemente disfrutar del amor infinito y la luz radiante de Dios.

Antes de que comiences a volver a tu ser normal, trata de verte a ti mismo, por un momento, como Dios te ve, desde la perspectiva del infinito. Mírate a ti mismo a través de los ojos que aman incondicionalmente y déjate llenar con profunda compasión por el «tú» que está lidiando con el sentimiento problemático que surgió antes en la meditación.

Volver a la realidad

Usar cualquier imagen es útil para regresar lentamente a la conciencia ordinaria, como descender una escalera o viajar de regreso a la Tierra a través del espacio. Regresa lentamente a tu cuerpo y al espacio físico donde te encuentras. Respira hondo, abre los ojos y comienza a notar tu entorno.

Cuando abres los ojos y vuelves a la conciencia ordinaria, puedes notar que ya has empezado a pensar y sentir de manera diferente el problema sobre el que elegiste trabajar. Mira si puedes experimentar una mayor amplitud en relación con el problema o una mayor tolerancia a la contradicción o la paradoja.

Unificación divina

El papel del mitzvot

Con demasiada frecuencia, a medida que avanzamos en nuestras vidas y rutinas diarias, caemos en un estado de inconsciencia. Actuamos sin pensar y hablamos sin reflexionar sobre los sentimientos que nos han llevado a hablar. Es como si nuestros corazones y mentes estuvieran desconectados de nuestros cuerpos y estuviésemos a un millón de kilómetros de nuestro centro emocional y espiritual. Desde una perspectiva cabalística, estos estados de fragmentación son el resultado de una falta de integración entre los diferentes niveles de nuestro ser.

Una de las prácticas que los místicos judíos diseñaron para aumentar la conciencia y unificar el corazón, la mente, el cuerpo y el espíritu es la recitación de *yijudim*, o unificaciones divinas. Si bien estas frases meditativas se centran tradicionalmente en la unificación divina –que reúne el aspecto trascendente e inminente de la divinidad– también sirven para unificar nuestro propio ser. Al recitar uno de estos ensalmos místicos antes de la oración o antes de realizar una mitzvá, o acto sagrado, nos enfocamos y centramos, de modo que actuamos y hablamos con mayor kavannah, conciencia y capacidad de intención. Nos permiten unir cuerpo, corazón, mente y espíritu en el acto sincero de realizar la mitzvá.

Los yijudim normalmente comienzan con la siguiente frase, que se enfoca en unificar los aspectos de Dios trascendentes e inminentes, o masculinos y femeninos: «Por el bien de la unificación del Santo Bendito y la Shejiná, con asombro y amor, uniendo el nombre de YH con VH…». Luego concluyen afirmando la mitzvá particular que uno pretende hacer y el efecto espiritual que se espera lograr a través de su desempeño. Por ejemplo, la intención sagrada recitada antes de ponerse un manto de oración, o talit, contiene el deseo de que cuando el cuerpo de uno está siendo envuelto en la prenda ritual, el alma también debe estar envuelta en la luz de Dios.

Juntar las cuatro letras del nombre de Dios simboliza la unión de los cuatro mundos, ya que cada una de las letras del nombre de Dios está asociada con uno de los cuatro mundos o niveles del ser. La primera letra, *yod*, corresponde a los reinos más ocultos y sublimes, conocido como atzilut, o el mundo de la emanación. La primera *hei* corresponde a beriah, el mundo de la creación. La *vav* corresponde a yetzirah, el mundo de la formación. Y la segunda *hei* corresponde a assiyah, el mundo del hacer y la actualización, que incluye el mundo manifiesto y físico en el que vivimos.

Las mitzvot también tienen la intención de unir los reinos dispares. Los maestros jasídicos señalan que la palabra *mitzvah* en sí misma, que normalmente se traduce como «mandamiento», también significa «unión», desde la raíz hebrea *tzavta*, o unidos. La implicación es que las mitzvot facilitan la unión de la parte al todo. Esto incluye la unión del hombre con el hombre y del hombre con Dios, así como la integración de la persona individual dentro de ella. Místicamente hablando, las mitzvot unen los mundos superior e inferior, trayendo el espíritu y la materia, la luz y el recipiente, al equilibrio armonioso. Si es una mitzvá, entonces incluso el acto físico más mundano se convierte en un conducto para el flujo de la energía divina.

Las mitzvot también nos ayudan a fundamentar nuestros ideales más elevados en acciones concretas, de modo que anclemos nuestras creencias en nuestras acciones. De lo contrario, es fácil vivir en nuestras cabezas, absortos en nuestras ideas sin manifestarlas nunca en el mundo real. Por ejemplo, muchas mitzvot prácticas, o *g'milut chassadim* (actos de bondad amorosa), como visitar a los enfermos y cuidar de los pobres, los ancianos y los miembros desfavorecidos de la comunidad, nos permiten fundamentar nuestra creencia en la unidad de Dios en nuestras acciones diarias. Al tratar a los demás con compasión actuando como si fueran parte de nosotros, expresamos nuestra creencia en la unidad de Dios en la acción encarnada.

La práctica espiritual de recitar yijudim antes de la ejecución de una mitzvá puede verse como una versión mística de lo que Freud y Jung intentaron lograr a través del análisis. En efecto, al unir las dos primeras letras del nombre de Dios con las dos últimas letras del nombre de Dios, reunimos las dimensiones ocultas (yh) y reveladas (vh) de la divinidad, porque Dios está al mismo tiempo oculto y revelado, *nigleh have'nistar*.

Lo mismo ocurre con la teoría psicoanalítica, donde se entiende que la causa de la neurosis es un sentido interno de división, y el camino hacia la curación implica la «re-membranza» y la reintegración de las emociones e impulsos reprimidos. Freud creía que cuando los impulsos sexuales o agresivos poderosos se reprimen demasiado o se separan de la conciencia, conducen a síntomas angustiantes. A través del análisis, uno aprende a cómo estar en sintonía con el inconsciente para que su contenido pueda ser asimilado continuamente por el ego; para mantener un estado de salud y completitud, los reinos consciente e inconsciente de nuestro ser deben estar continuamente unificados.

Al igual que Freud, el Baal Shem Tov también vio el recuerdo como un componente esencial de la curación. Cuando dijo que «recordar es la fuente de la redención», se refería a los dos significados de la palabra *recordar*, porque además del papel de la memoria en la curación, *recordar* también implica el reensamblaje de las partes desmembradas (olvidadas) y fragmentadas del yo.

La liturgia diaria

Un viaje a través de los cuatro mundos

En la práctica judía, la liturgia matutina diaria, o servicio de *Shacharit*, se estructura como un viaje meditativo a través de los cuatro mundos. Al recitar las oraciones de la mañana, se puede lograr un sentido de equilibrio e integración entre las cuatro dimensiones del ser.

El servicio en sí comienza con una serie de bendiciones y lecturas que centran la atención en el mundo de assiyah, llevando nuestra atención al cuerpo y la respiración. La siguiente sección del servicio de la mañana, caracterizada por sus oraciones de alabanza y agradecimiento que nos abren el corazón, nos lleva al reino de los sentimientos de yetzirah. Esta sección comienza con la oración de *baruch she'amar*, bendiciendo a «Aquel que habló el mundo para ser» y celebrando el poder creativo de la palabra. A continuación, entramos en el mundo de beriah, la parte contemplativa del servicio de la mañana, que comienza con el *barechu*, o llamada a la oración, que es seguida por una serie de oraciones meditativas centradas en la naturaleza continua de la creación, la luz y el amor divino. Esta parte contemplativa del servicio contiene el Shemá, la afirmación de la unicidad divina y una serie de oraciones que relatan el Éxodo y el cruce del mar Rojo. Estas oraciones conducen a la oración silenciosa, o *amidah*, que nos lleva al reino de atzilut, o espíritu puro. Como estamos ante la presencia de Dios, nos convertimos en los portavoces de Dios, por así decirlo, y permitimos que Dios ore a través de nosotros.[167] Cuando se recita con intencionalidad o kavannah, la liturgia tradicional puede ayudarnos a afianzarnos en las diferentes dimensiones de nuestro ser.

Meditación de los cuatro mundos

Para aquellos que encuentran la meditación más accesible que la oración, la siguiente meditación guiada a través de los cuatro mundos puede utilizarse para encarnar los cuatro reinos del ser. Esta meditación se enfoca en la experiencia de *kedusha* (santidad o transparencia espiritual) al usar la palabra hebrea *kadosh* (santo) como un mantra. La meditación está estructurada como la liturgia diaria de Shacharit como un viaje a través de los cuatro mundos, desde el assiyah hasta el atzilut y de regreso, enfocándose en llevar la santidad a cada mundo o nivel de nuestra experiencia.

Tómate un momento para relajarte, centrarte y sintonizarte con tu respiración. Permítete respirar sin esfuerzo, como si estuvieras siendo respirado por el aliento de toda la vida. Trae tu conciencia a tu cuerpo. Permítete experimentar la santidad de tu cuerpo.

---

167. En Meta-Siddur (libro de ejercicios no publicado), el rabino David Wolfe-Blank, describe cómo la liturgia diaria proporciona una escalera de ascenso y descenso a través de los cuatro mundos.

Ahora, mientras inspiras, susurra el sonido *ka* simplemente en voz baja al comenzar a decir la palabra *kadosh*. Después de inspirar *ka*, espira *dosh*. Haz esto tres veces, inspirando *ka* y espirando *dosh*. Tras hacer estas tres respiraciones, simplemente siéntate en silencio durante unos minutos y experimenta tu cuerpo como un recipiente de luz sagrado y brillante. Déjate experimentar la santidad de tu cuerpo.

Ahora dirige tu atención al centro de tu corazón y una vez más inspira *ka* y espira *dosh*. Haz esto tres veces como antes y luego siéntate en silencio y simplemente permítete sentir la santidad de un corazón abierto y la santidad de la vida misma.

Ahora dirige tu atención a tu mente y toma conciencia de tu capacidad para llenarla con pensamientos sagrados. Y una vez más, haz tres respiraciones, inspirando *ka* y espirando *dosh*. Al hacer esto, permite que tu mente se alinee con la mente divina. Mientras te sientas en silencio durante unos minutos, haz una afirmación para llenar tu mente hoy con pensamientos amorosos y santos. Siente el poder creativo que se libera en ti cuando alineas tu mente con la mente divina.

Ahora lleva tu atención al espacio que hay por encima de tu cabeza y que rodea tu cuerpo mientras te abres a la santidad de tu neshama o alma. Una vez más, respira profundamente tres veces, inspirando *ka* y espirando *dosh*. Cuando te sientes en silencio durante unos minutos, experimenta la transparencia espiritual mientras contemplas cómo podrías ser un instrumento de la voluntad divina. Experimenta cómo la luz del infinito te llena a ti y a toda la creación. Permítete descansar en el mundo de atzilut, donde todas las cosas son una y están conectadas con su fuente.

Cuando comiences a descender del mundo de atzilut de regreso a assiyah, imagina que puedes tomar una última bocanada de la fragancia de atzilut, como el dulce aroma de una flor del jardín del Edén, y traer esa dulzura de vuelta contigo mientras, una vez más, haces una pausa para alinear tu mente con la mente divina. Siente tu corazón abierto y lleno. Y mientras regresas a tu cuerpo, trata de fundamentar tu conciencia de la santidad que has percibido en los reinos superiores dentro de tu cuerpo, en este mundo de assiyah.

13

LA TORÁ MESIÁNICA

La vida como narración sagrada

El rabino Hanina, el hijo del rabino Issi, dijo: «A veces Dios le habla a una persona a través de los pelos de su cabeza».

—Midrash Bereishit Raba 4:4

La Torá es eterna y no existe en el tiempo. Entonces surge la pregunta: ¿cómo es posible contar una historia en una entidad que existe fuera del tiempo? La verdad es que la historia siempre existe, en todo momento. El hombre es también un microcosmos (de todo el universo); por lo tanto, cada historia (en la Torá) también existe en el hombre.

—El Maguid de Mezeritch

Cuando el rabino Shneur Zalman de Liadí se dirigía a Mezerich para estudiar con el rabino Dov Baer, el gran Maguid, se le preguntó por qué no iba a estudiar con el rabino Elijahu, el Gaón (genio) de Vilna, el más ilustre erudito de la Torá de la generación. Shneur Zalman respondió que uno va a Vilna para aprender *cómo aprender* la Torá; él, sin embargo, iba a Mezerich para aprender cómo *convertirse* en un *sefer Torá* (rollo de la Torá).

La respuesta del rabino Shneur Zalman capta una de las innovaciones únicas del jasidismo: concretamente la idea de que en el estudio de la Torá no se trata sólo de adquirir conocimiento, sino también de una transformación personal. Lo que uno sabe no es tan importante como la forma en que encarna ese conocimiento en la vida y en el propio ser. Para los maestros jasídicos, el objetivo no era sólo *conocer* la historia, sino *convertirse* en la historia, vivir la historia completa y profundamente en todos los pensamientos, sentimientos y acciones.

Y así, entre los jasídicos, el *ma'aseh* –el cuento que surgió de las historias de la vida real de santos y simples judíos piadosos– se convirtió en un foco de estudio tan importante como los antiguos textos sagrados. Los discípulos iban al rebe a menudo para aprender las cosas más mundanas y ordinarias. Cuando le preguntaron al rabino Leib Sures, un discípulo del Maguid de Mezeritch, qué esperaba aprender de su visita al rebe, respondió que tenía la intención de aprender cómo el Maguid ataba sus cordones. En otras palabras, quería aprender cómo el rebe encarnaba su conocimiento en los actos cotidianos más ordinarios.

El rabino Yehudah Aryeh Leib de Ger en las primeras líneas de su comentario sobre la Torá, el *Sefat Emet*, expresa la noción radical de que nuestras vidas y acciones pueden convertirse en encarnaciones vivas de la Torá: «Todas las secciones que hablan de los patriarcas están ahí para mostrar cómo la Torá fue el resultado de sus acciones… La tarea de los humanos es aclarar esto, mostrar cómo cada acción se lleva a cabo a través de la energía de Dios… porque el ser humano es un compañero en el acto de la Creación».[168]

La Torá, como señala el *Sefat Emet*, no se lanza directamente a las leyes reveladas en el Sinaí, sino que comienza con las historias de los patriarcas y las matriarcas. Comienza de esa manera a enseñarnos cómo, al alinearnos con la fuerza de la vida divina, podemos transformar nuestras vidas y acciones en palabras de la Torá para que nuestras vidas se conviertan en narraciones sagradas.

Volver a cavar los antiguos pozos de la Torá

De acuerdo con el pensamiento jasídico, la reciprocidad dinámica que existe entre la vida y la escritura sagrada fue captada en la metáfora bí-

---

168. Leib, The Language of Truth, pág. 4.

blica del pozo. Como sabemos, muchas historias en la Biblia tienen lugar en un pozo, o be'er.[169] Como pastoras y pastores, las matriarcas y los patriarcas estaban implicados en la excavación y el mantenimiento de pozos. El pozo era un lugar de reunión donde las personas se juntaban en la antigüedad para conversar, compartir noticias y realizar transacciones comerciales; también era el sitio donde muchos de los patriarcas y matriarcas conocieron a su *bashert*, o pareja deseada.

Pero cuando la Torá habla de pozos, no se refiere simplemente a los pozos de agua, sino también a las fuentes internas profundas de la sabiduría espiritual, la sabiduría del inconsciente que brota de la profundidad de nuestro ser. Esta sabiduría de las profundidades es lo que nos permite penetrar en los misterios de la Torá, así como en los propios misterios de la existencia. Curiosamente, la palabra hebrea para pozo, *be'er*, también se utiliza para implicar la aclaración del significado, el *be'ur*, aquello que buscamos cuando nos involucramos en el estudio de un texto sagrado. Al igual que las matriarcas y los patriarcas cavaron pozos que revelaron fuentes de aguas que dan vida, cada uno de nosotros debe profundizar para encontrar un significado en los relatos sagrados de nuestras vidas. La naturaleza misma del estudio de la Torá está ligada a este proceso de renovación en el que volvemos a cavar los pozos antiguos una y otra vez, encontrando cada vez una nueva vida y alimento para el alma a través de nuestros conocimientos.

Volver a cavar los pozos es una vieja tradición en la vida judía. Según el Génesis 26:18-19, Isaac «excavó los pozos de agua que se habían excavado en los días de Abraham, su padre, y que fueron cerrados por los filisteos después de la muerte de Abraham. Y él [Isaac] los llamó por los mismos nombres que su padre los había llamado. Y los trabajadores de Isaac cavaron en el lecho del río y encontraron allí un pozo de aguas vivas».

---

169. Abraham hace un pacto con Abimelej en los pozos de Beerseba (Génesis 21). Eliezer, el mensajero de Abraham, se encuentra con Rebeca, la futura esposa de Isaac, en el pozo (Génesis 24). Jacob se encuentra con Raquel, su amada, en el pozo (Génesis 29). Isaac lucha con los filisteos por el acceso a los pozos excavados por Abraham, su padre, pero finalmente puede hacer las paces con ellos (Génesis 26). Moisés conoce a Séfora en el pozo (Éxodo 2).

Abraham fue el primero en abrir los pozos de las aguas vivas. Sin embargo, su hijo Isaac tuvo que volver a excavar los mismos pozos que su padre había cavado en su momento. Y así es como cada generación debe reabrir las vías de acceso al pozo de las aguas vivas, la Torá. Aprendemos a acceder a estas dimensiones más profundas de la Torá (be'ur) cuando vivimos conforme al pozo (be'er).

¿Pero qué significa realmente vivir conforme al pozo? Vivir conforme al pozo de la Torá requiere que estemos atentos al flujo continuo del espíritu que perennemente emerge de las profundidades de nuestro ser. Significa estar en sintonía con la sabiduría del inconsciente y los misterios del alma. Mientras buscamos este tipo de relación viva con el espíritu, nuestro estudio de la Torá se extiende más allá de los límites del *beit midrash* (casa de estudio) y penetra en todas las áreas de nuestras vidas. Vivir conforme al pozo es permitir que se disuelvan los límites que separan nuestras vidas ordinarias de la dimensión sagrada, para que la fuerza de la vida divina, que se puede encontrar en todas partes y en todo, pueda ser revelada. Sólo tenemos que cavar debajo de la superficie, como señala el rabino Yehudah Aryeh Leib cuando escribe que, en la narración bíblica, «encontrar pozos y fuentes de agua subterráneas sugiere que la Torá, que se conoce como agua, se puede encontrar en cualquier lugar (situación), aunque está oculta. De acuerdo con nuestros esfuerzos, siempre podemos encontrar, en cada situación, la luz de la Torá y la fuerza interior de la Vida de toda la Vida (Dios)... Y todas [estas historias] enseñan que cada lugar tiene chispas de luz ocultas... El pozo simboliza el punto oculto de la divinidad. Debemos quitar la cubierta externa para revelar el punto más recóndito».[170]

El estudio de la Torá consiste esencialmente en descubrir la intersección entre nuestras vidas y la vida de Dios. Se trata de vivir conscientemente y despertar al profundo significado de toda existencia como un espejo de lo divino, de que Dios llegue a conocer a Dios a través de la forma encarnada. El pueblo judío ha estado involucrado en esta relación de amor íntima con Dios a través de la Torá durante los últimos tres milenios y medio. Al igual que con un amante terrenal, ambos nos hemos descubierto y trascendido a través de nuestra relación con los

---

170. Yehudah Aryeh Leib, Sefat Emet, Parashat Toldoth.

textos sagrados. La Torá ha sido el depósito de las proyecciones más profundas de nuestras almas, y como una mancha de tinta de Rorschach, también nos ha revelado los secretos más profundos de nuestras almas. Mientras se dice que Dios miró la Torá para aprender cómo crear el mundo, los judíos han usado la Torá para despertar y encontrar un camino de sanación para regresar a Dios.

La Torá es un cuerpo evolutivo de enseñanzas de sabiduría que el pueblo judío ha transmitido de generación en generación. A lo largo de los siglos ha evolucionado en su dimensionalidad. Lo que comenzó como la «celestial» palabra escrita revelada, o *Torah she'bichtav*, evolucionó hacia una tradición oral, *Torah she'al peh*, cuando los rabinos descubrieron que la revelación divina hablaba dentro de sus mentes y corazones mientras ellos se ocupaban del estudio de la Torá, y que *sus* propias palabras podrían convertirse en una fuente de Torá. Y en el jasidismo encontramos los comienzos de un nuevo proceso revelador en el que los límites de la Torá se expandieron más allá de las escrituras y los comentarios para incluir nuestras propias historias. El jasidismo defendió la noción radical de que cada una de nuestras vidas es una narración sagrada y que cada una de nuestras historias es parte de la Torá mesiánica, un rollo futuro que se revelará en la era mesiánica. Me gusta pensar en este nuevo paradigma espiritual como la *Torah she'be'al guf*, la Torá encarnada.

Ver la vida a través de la lente de la narración sagrada

Experimentar nuestras vidas como encarnaciones vivientes de la Torá es saber que nuestras vidas tienen un significado y un propósito. También es una llamada a vivir la vida con mayor conciencia y atención de la asombrosa santidad de cada momento. Imagínate, si tuviéramos que considerar cada encuentro que tuvimos en el transcurso de un día como *parasha* o capítulo de la Torá. ¿Cómo podría esa conciencia profundizar nuestra capacidad de estar plenamente presente en el momento?

Aunque no creo que Freud fuera consciente de este tipo de preguntas, en su descubrimiento del inconsciente reveló que todos somos muy parecidos a un rollo de la Torá. De hecho, muchas de las mismas herramientas interpretativas (asociaciones de palabras, juegos de palabras, asociación libre/yuxtaposición de ideas) que una vez capturaron la imaginación de los eruditos bíblicos fueron transferidas del dominio del texto sagrado al alma humana a través del psicoanálisis.[171] Y, al igual que se consideraba que la Torá tenía una dimensión «revelada» (*nigleh*) y una dimensión «oculta» (*nistar*) infinitamente vasta, el psicoanálisis dejó en claro que la mente inconsciente es mucho más vasta y compleja que la mente consciente. Al igual que las «setenta caras» o posibles significados que los rabinos dicen que coexisten dentro de cada palabra de la Torá,[172] el psicoanálisis reveló las múltiples, y a menudo contradictorias, voces, impulsos y sentimientos que pueden coexistir dentro de cada persona individual. No es de extrañar que tantos judíos se hayan sentido atraídos por el campo del psicoanálisis, ya que los judíos se han implicado en el psicoanálisis de las Escrituras durante eones.

Sé que cuando me siento con mis clientes y escucho sus historias, sintonizándome con todos los muchos matices de la comunicación (verbal y no verbal, simbólica y literal, directa e indirecta), a menudo siento que estoy estudiando un texto sagrado. Y me doy cuenta de que, sea lo que sea que esté recogiendo, es sólo la punta del divino iceberg. En última instancia, cada persona es un misterio asombroso, un sefer Torá (rollo de la Torá) completo en sí misma, con el potencial de un significado infinito.

Los rabinos dijeron una vez que una persona que estudia la Torá se convierte en una primavera en constante renovación. Todos podemos tener acceso a esta fuente inagotable de renovación, porque cada uno de nosotros, al igual que cada detalle de la creación, tiene en su interior una chispa de lo infinito. Esta presencia de lo infinito, que impregna

---

171. Para una exposición sobre las formas en que Freud pudo haber tomado inconscientemente diversos conceptos de la tradición mística judía en sus primeras formulaciones psicoanalíticas, véase David Bakan, Sigmund Freud and the Jewish Mystical Tradition (Princeton, Nueva Jersey: Van Nostrand, 1958).

172. Que hay «setenta caras», o posibles significados, para cualquier palabra de la Torá es un dicho rabínico popular que sugiere que las escrituras se pueden entender de muchas maneras diferentes. Ver Zohar 1:47 y Midrash Bamidbar Raba 13:46.

todas las cosas, está esperando ser revelada a través de cada uno de nosotros de una manera única.

En mi propia vida, la reciprocidad entre la vida y el texto sagrado ha influido e iluminado mi camino. Al proyectarme en las antiguas historias sagradas una y otra vez, he podido descubrir y dar voz a las dimensiones más profundas de mi ser. Y al vivir mi vida lo más plenamente que pueda en tantos niveles como sea posible, he comenzado a experimentar mi propia vida como una narración sagrada, una encarnación viva de la Torá. Algo siempre cambia en mi experiencia de vida cuando lo veo a través de la lente de la narración sagrada. En lugar de las historias inconexas y a menudo incompletas que conforman mi vida, un hilo de significado comienza a unir los capítulos, revelando sus conexiones ocultas. Mis luchas personales ya no son simplemente personales cuando se ven en un contexto donde lo personal refleja las dimensiones colectivas y divinas de la realidad.

En diferentes momentos de mi vida, distintos mitos judíos han guiado mi viaje. En mi juventud y en la edad adulta temprana, la historia milagrosa del Éxodo tuvo una profunda resonancia en mi experiencia vivida. Durante los primeros años de mi viaje espiritual, cuando vivía en Israel, la vida parecía increíblemente providencial, llena de magia y sincronicidad. A menudo sentí que, como los israelitas que vagaban por el desierto entre Egipto y la Tierra Prometida, comía maná del cielo y me guiaba la Divina Presencia.

Sin embargo, a medida que me he ido haciendo mayor, encuentro que los mitos del exilio del judaísmo –tanto divinos como humanos– reflejan más de cerca los desafíos que ahora enfrento en el viaje espiritual. El Libro de Ester, que leímos en la festividad de Purim, es una de las historias del exilio que me han servido de guía. Fue con la lectura y relectura del Libro de Ester durante muchos años cuando comencé a ver mi propia vida a través de la lente de la narración sagrada.

La historia tiene lugar durante los años posteriores a la destrucción del primer templo de Jerusalén, cuando los judíos que vivían en el exilio en los antiguos reinos de Media y Persia afrontaron la amenaza del genocidio. Como resultado de una serie de acontecimientos aparentemente desconectados entre sí que tienen lugar durante un período de nueve años, los judíos no solamente se salvan, sino que también comienzan a reconstruir y renovar su identidad nacional. La creación de la festividad de Purim, que celebraba su liberación, marcó el comienzo de una nueva era judía en la que la Torá, o tradición oral, comenzó a florecer. La era de los milagros y profecías trascendentes estaba llegando a su fin; Dios estaba escondido, pero, al mismo tiempo, en esa noche oscura del exilio, el pueblo judío descubrió una nueva dimensión de la creatividad espiritual: su propio poder para generar la Torá.[173]

La historia de Ester, según la tradición religiosa, debe leerse de un rollo sagrado, o de una *megillah*, que se desenrolla lentamente a medida que se desarrolla la trama de Purim, que es bastante larga. La popular frase yidis, un *gantze megillah*, se refiere a historias, como la historia de Purim, que aparentemente van para largo. Así que sin entrar en un gantze megillah, aquí están algunos de los puntos destacados del cuento que pueden ayudarte a comprender mi obsesión con Purim.

La historia de Ester comienza en el tercer año del reinado del rey Ahashverosh, cuando tiene una pelea con la reina Vashti, que resulta finalmente expulsada. Ahashverosh después se propone encontrar una nueva reina. Se organiza un concurso de belleza y para participar en él traen al palacio a mujeres bellas de todo el reino. Ester, una huérfana judía cuyos padres fueron exiliados de la Tierra Santa por el rey Nabucodonosor, se encuentra entre las mujeres llevadas contra su voluntad al harén del rey. Cuando es elegida entre *todas* las mujeres de la tierra para ser la nueva reina, existe la sensación de que la providencia divina debe estar funcionando, aunque el significado y la importancia de su misterioso destino permanecerán sin aclarar durante nueve largos años. En todo ese tiempo, Ester, cuyo nombre implica ocultamiento (de la raíz hebrea *sester*), mantiene oculta su verdadera identidad hasta el momento crítico en que se hace evidente que puede salvar a su gente «declarándose» ante el rey como judía. Este momento crítico se produce en el duodécimo año del reinado del monarca, cuando su malvado asesor, Hamán, le advierte de que los judíos que viven dispersos por sus tierras representan una amenaza. En realidad, Hamán tiene una *vendetta* personal contra Mardoqueo, debido a su negativa a inclinarse ante

---

173. Estas ideas están basadas en los escritos sobre el Purim de Reb Tzaddok Ha'Cohen of Lublin en su libro Pri.

él. En su grandiosidad, Hamán decide vengarse no sólo contra Mardoqueo, ¡sino contra todo su pueblo! En un arrebato de borrachera, el rey firma apresuradamente el decreto de Hamán destinado a incitar a la gente de Persia y Media a matar y saquear a todos los judíos que viven en el reino. Este ataque iba a tener lugar el día elegido por la lotería de Hamán, o *purim*.

Al enterarse del decreto por su tío, la reina Ester finalmente revela su verdadera identidad al rey y le hace una súplica apasionada para contrarrestar el malvado decreto de Hamán permitiendo que los judíos se defiendan contra sus atacantes. En este punto la trama se invierte. El villano arquetípico, Hamán –símbolo del mal encarnado–, es colgado en la propia horca que construyó para su enemigo, Mardoqueo. Mardoqueo es reconocido y recompensado por el rey como un leal servidor, y en lugar de ser aniquilado, el pueblo judío se defiende con éxito contra sus atacantes. Luego, los judíos celebran su liberación creando un nuevo día festivo al que llaman Purim de acuerdo con el tema de los lotes de Hamán.

A diferencia de los milagros trascendentes encontrados en los relatos bíblicos anteriores, el milagro de Purim se considera un milagro «oculto», o *nes nistar*, como el nombre y la identidad de su heroína, Ester. No sólo no hay milagros evidentes en la megillah, el nombre de Dios ni siquiera aparece en ella, excepto como un acróstico oculto. Cuando Ester invita al rey y a Haman a un banquete diciendo *«Yavo Hamelech Vehaman Hayom»* (Que el Rey y Haman vengan hoy), ella inscribe el nombre divino yhvh en la invitación como para invitar a Dios, el rey de reyes, al banquete.

Sin embargo, todos los acontecimientos que ocurren en esta historia, cuando se unen como si fueran cuentas en una cadena, forman una serendipia sublime. El Dios *del* exilio es un Dios *en* el exilio, sujeto y restringido al curso ordinario de los acontecimientos, pero trabajando entre bambalinas y hablando entre líneas. En el megillah, el significado místico del exilio se transmite a través del ocultamiento y el encubrimiento de lo divino en el curso ordinario de los acontecimientos. La megillah nos enseña a leer la historia secular como un mandato sagrado, como el desarrollo lento pero significativo de la voluntad de Dios.

Me encanta el Libro de Ester precisamente porque se parece mucho a nuestras vidas, lleno de misterios y giros ocultos de la trama. Ester, cuyo nombre implica ocultamiento, nos enseña los misteriosos caminos de Dios en nuestras vidas. En la historia de Purim, lo que comienza como mala suerte, al final se invierte en buena fortuna; lo que inicialmente parecen ser acontecimientos casuales en la trama resultan ser providenciales. Mientras que el lanzamiento de lotes sugiere cierta aleatoriedad, el desarrollo de los acontecimientos en la Megillah revela que nada sucede sólo por casualidad. Incluso aquellos acontecimientos que parecen arbitrarios o desafortunados −como parte de la lotería cósmica− al final resultan ser profundamente significativos.

Durante años, Ester probablemente luchó por comprender por qué ella, una judía, había sido elegida para ser la reina de Persia y Media. Llevada contra su voluntad para formar parte del harén del rey, Ester espera nueve largos años antes de que los misteriosos acontecimientos de su vida revelen su sentido y significado. Solamente cuando Esther se encuentra en una posición única para salvar a su gente,[174] la naturaleza providencial de su extraño destino se vuelve clara, como aprendemos de las palabras apasionadas de Mardoqueo hacia ella: «Quién sabe si sólo por el bien de este momento en el tiempo fuiste elegida como reina» (Ester 4:14). El destino personal de Esther, un completo enigma hasta entonces, repentinamente adquiere un sentido de apremio y significado histórico. De repente, queda claro que debe arriesgar su vida para salvar a su gente.

En esta etapa de mi propio viaje espiritual, como Ester, me encuentro luchando por descubrir la mano oculta de lo divino en los muchos aspectos oscuros e inexplicables de mi vida. Debo, a través de mis propios esfuerzos, tejer los hilos de significado que conectan mi vida con el todo. En particular, he luchado por comprender los acontecimientos que me llevaron a regresar a la diáspora después de haber hecho aliyá a Israel en mi juventud. Aunque tenía la intención de pasar mi vida en Israel, el destino me trajo de regreso a California, donde mi destino se ha desarrollado de una manera que nunca podría haber imaginado.

---

174. Que Ester fuera elegida reina en contra de su voluntad se desprende de Ester 2:8, donde se describe que fue tomada por la fuerza: «Y Esther fue llevada a la casa del rey».

Aunque a veces lucho con mis propias dudas preguntándome si he tomado las decisiones correctas, cuando veo mi vida como si fuera una narración sagrada, inscrita en un megillah (rollo), las piezas dispersas del rompecabezas comienzan a juntarse y surge una historia coherente. Esta historia revela cómo todas las elecciones conscientes e inconscientes que he tomado, así como los acontecimientos fortuitos y aleatorios que han dado forma a mi ser, se unen de manera significativa para revelar mi esencia única: lo que el académico y filósofo contemporáneo de la Torá, el rabino Marc Gafni llama la huella del alma.[175]

Por extraño que parezca, uno de mis primeros recuerdos de la infancia es haber ganado un concurso del mejor disfraz de la reina Ester, junto con mi hermano, que iba vestido como Mardoqueo, en el carnaval de Purim de la escuela dominical. Durante toda nuestra infancia tuvimos colgada en la pared del pasillo una foto de mi hermano y yo vestidos con los trajes de Purim hechos a mano (gracias a que mi madre era costurera). Cuando veo mi vida como una narración sagrada, parece que esa foto era una señal auspiciosa que apuntaba hacia un momento en mi futuro en el que recurriría a esta historia, cuya heroína comparte mi nombre hebreo, para darle sentido a mi vida. Es como si las semillas de mi ser esencial, en quien me he convertido, ya estuvieran presentes en esa instantánea de la primera infancia. En estos momentos tengo la sensación de que mi vida se ha desarrollado exactamente como debía, con sus errores y con todo.

Conciencia Purim y postmesiánica

La historia de Ester se lee cada año en la festividad de Purim de principios de primavera. Aunque a menudo se la considera una fiesta de disfraces para los niños, la celebración ritual de Purim es rica en sabiduría mística. En la tradición rabínica se le otorgó un estatus postmesiánico especial y se consideraba tan sagrada como (algunos dicen que más sagrada incluso) el Yom Kipur. «En el futuro», dice el Talmud, «cuando todas las festividades se vuelvan obsoletas, sólo se conmemo-

---

175. Marc Gafni, *Soul Prints: Your Path to Fulfillment* (Nueva York: Pocket Books, 2001).

rará Purim (y algunos dicen Yom Kipur)».[176] ¿Por qué tanto jaleo con el Purim? ¿Y cuál es el significado de su estatus «postmessiano»?

En Purim, dicen los místicos, alcanzamos el nivel más alto de conciencia no dual, donde el bien y el mal, lo sagrado y lo profano, se unen para formar una unidad perfecta. El nombre de Dios puede estar ausente de la Megillah, pero esta aparente ausencia simplemente refleja la realidad de lo oculto de Dios en este mundo. La expresión hebrea *Megillat Esther* (literalmente, el Rollo de Esther) es, de hecho, un juego con las palabras *megale hester*, que significa «revelar lo que está oculto».[177] La Megillah de Esther es esencialmente una metáfora de cómo la mano oculta de lo divino y los aspectos ocultos de nuestras propias almas nos son revelados. La presencia de Dios está oculta en este mundo, como lo está en cada una de nuestras vidas. Sin embargo, es a través de su propio ocultamiento dentro de todas las cosas –bueno y malo, luz y oscuridad– como la presencia divina se revela paradójicamente, porque todo en este mundo se revela a través de su opuesto: la unidad de Dios se revela a través de la multiplicidad y aparente dualidad de la creación; el bien es posible por la existencia del mal; la oscuridad ofrece a la luz su luminosidad; y el exilio hace posible la redención.[178]

Ésta es la sabiduría loca y paradójica de Purim. Lo que comienza como una historia sobre la batalla arquetípica entre las fuerzas del bien y el mal, la luz y la oscuridad, se transforma por la conmemoración ritual de Purim en una celebración de lo no dual, ya que, como decían los rabinos, «uno debe intoxicarse en Purim hasta el punto de "no saber" la diferencia entre lo maldito que es Hamán y lo bendito que es Mardoqueo».[179] Para un pueblo que practica la moderación extrema de los impulsos durante el resto del año, éste es un mandato bastante extraño. Aunque algunas personas se toman esta orden literalmente y se emborrachan en Purim, el Sefat Emet sugiere una comprensión mística de la

---

176. Talmud de Jerusalén, Ta'anit 2b.

177. A medida que se despliega el rollo (deletreado en hebreo guímel-lámed-lámed), se revela la historia (guímel-lámed-hei).

178. Curiosamente, la palabra hebrea para exilio, galut, también se relaciona con la raíz guímel-lámed-hei, que significa «revelar» (véase nota 10, arriba). Aunque la luz de Dios está oculta en el exilio, esta ocultación crea la oportunidad para la revelación.

179. Talmud de Babilonia, Megillah 7b.

frase «hasta el punto de no saber». Intoxicarse hasta el punto en que uno ya no pueda distinguir entre el héroe y el villano o el bien y el mal, dice el Sefas Emes, es trascender a todo dualismo. La intoxicación hasta el punto de no saber –*ad d'lo yada*– también sugiere que en Purim debemos ir más allá del *conocimiento* con nuestras mentes, porque en Purim trascendemos el árbol del *conocimiento* del bien y el mal y, en cambio, buscamos el árbol de la vida o conciencia unitiva. Purim, entonces, es una celebración de ese tiempo futuro cuando «Dios será Uno y el nombre de Dios Uno» (Zacarías 14:9). Y al celebrar este día festivo, traemos esa conciencia futura al aquí y ahora de nuestras vidas ordinarias.

Ser una persona de fe en nuestros días exige que trascendamos el árbol del conocimiento. Significa que tenemos que dejar de dividir el mundo en buenos y malos y superar todos los dualismos y las divisiones. Solamente cuando comencemos a abrazar la visión mesiánica de una unidad que nace de la multiplicidad, el recipiente reconfigurado de la creación, formado por todas las piezas rotas, podrá sostener la luz del Infinito.

La Torá mesiánica

Comenzamos nuestro viaje hacia la sanación espiritual judía explorando varios mitos judíos sobre la ruptura y la completitud. Pero una discusión sobre la curación espiritual judía no está completa sin examinar otro tema que capturó la imaginación de los rabinos: el tema del entusiasmo. Este tema aparece más claramente en un midrash asociado con el Libro de Rut.

El midrash comienza describiendo un debate entre varios rabinos que estaban estudiando las escrituras juntos. Fascinados por la relación entre la vida y la narración sagrada, comienzan a preguntarse cómo las vidas de los personajes bíblicos se transformaron en palabras de la Torá o escritura sagrada. Su discusión se enfoca en las vidas de tres figuras bíblicas a las que critican por la falta de entusiasmo. Estas tres figuras son Rubén (el hermano de José), Aarón (el hermano de Moisés) y Booz (el benefactor de Rut y su futuro esposo). Cada uno de estos personajes, según los rabinos, actuó con aparente generosidad, pero en algún nivel sutil se contuvieron y no se dieron a sí mismos de todo corazón.[180]

Rubén, por ejemplo, se enfrenta ostensiblemente a sus hermanos cuando estos traman matar a José. Intenta salvar a su hermano proponiendo que lo echen a un hoyo en lugar de matarlo, y planea secretamente regresar y rescatar a José cuando los hermanos no estén mirando. Las intenciones de Rubén son buenas, pero al no actuar de manera más audaz y firme en su impulso amoroso, pierde la oportunidad de salvar a su hermano e influir en la historia para toda la eternidad. Como se registra en Génesis 37:29-30, más tarde «regresó al hoyo y he aquí que José ya no estaba en el hoyo; y rasgó sus vestiduras dolorido. Y volvió junto a sus hermanos y dijo: "El muchacho no está allí, y yo ¿adónde iré?"». Al no actuar con total sinceridad, Rubén tendrá que vivir el resto de su vida sabiendo que había fracasado al no haber defendido por completo a su hermano.

Al saludar Aarón a su hermano Moisés cuando éste regresó de Midian después de no haberlo visto durante cuarenta años, la Torá dice que «fue a su encuentro en la montaña de Dios y lo besó» (Éxodo 4:27). A pesar de que Aarón saluda a su hermano con «alegría en su corazón», el midrash se pregunta por qué, después de pasar décadas separados, Aarón no muestra más afecto ni emoción. Al notar que la alegría de Aarón parece silenciada, el midrash sugiere que se estaba conteniendo. Quizás se regocija en su corazón, pero no puede mostrar su alegría con palabras y hechos. No está claro por el midrash por qué esto sería así. Tal vez la personalidad de Aarón es simplemente contenida. O quizás esté plagado de emociones mezcladas, feliz de ver a su hermano pero inconscientemente celoso de que su hermano fuera elegido para ser el redentor y no él. Cualquiera que sea su razón para contenerse, el midrash le culpa por falta de entusiasmo.

Rut es indigente cuando llega a trabajar a los campos de Booz. Booz es amable con ella y le da unos cereales de más, sin embargo, el midrash afirma que podría haber sido mucho más generoso. Él da, pero su entrega es medida. De alguna manera, el midrash parece sugerir que Booz

---

180. Yalkut Shimoni, Rut 2:604.

teme mostrar la profundidad del amor y la generosidad que siente en su corazón. Él se contiene.

¿Por qué estos personajes se quedan atrás? ¿Por qué algunos nos contenemos? ¿Estamos simplemente demasiado avergonzados para mostrar la plenitud de nuestro amor y verdadero ser? ¿Es porque, cuando éramos niños, nuestros padres no recibieron todos nuestros regalos de amor y entusiasmo? ¿Nos contenemos para no arriesgarnos a sentir nuevamente el dolor de la vieja infancia por el no reconocimiento? Sea cual sea la causa, los rabinos que escribieron este midrash están tratando de enseñarnos que sólo encontramos nuestra eternidad entregándonos de todo corazón a la vida, y sin contenernos.

Al reprimirse de esta manera, las tres figuras bíblicas perdieron la oportunidad de influir en toda la eternidad a través de sus acciones. Simplemente con que hubieran sabido que sus acciones estaban siendo escritas en las escrituras, se lamenta el midrash, habrían actuado con más entusiasmo. Según el midrash:

> Reb Yitzhak dijo: «Aprendemos de la historia de Rut y Booz que cuando una persona realiza una mitzvá, debe hacerlo de todo corazón. Porque si Rubén hubiera sabido que sus acciones estaban siendo escritas en las escrituras para todos los tiempos, como dice la Torá: "Rubén lo escuchó y lo salvó (a José) de sus manos" [Génesis 37:22], ¡habría llevado a su hermano José en su propio hombro directo a su padre! Si Aarón hubiera sabido que sus acciones estaban siendo escritas en las escrituras, habría saludado a su hermano Moisés con tambores y danzas. Si Booz hubiera sabido que sus acciones se escribirían en el texto como "él le dio un poco de maíz", él la habría alimentado [a Ruth] con ternera rellena».[181]

El midrash luego nos desafía a cada uno de nosotros a vivir nuestras vidas con mayor atención y entusiasmo, a vivir cada momento como si nuestras obras estuvieran registradas en un rollo sagrado, la Torá del Mesías. Según el midrash, «el rebe Kohen y el rebe Yehoshua de Sach-

181. Ibíd.

nin en nombre del rebe Yehoshua ben Levi dijeron: "En el pasado, un hombre realizó una mitzvá y el profeta la escribió. Ahora, cuando una persona realiza una mitzvá, ¿quién la escribe? Elías y el Mesías. Y Dios lo sella"».[182]

La Torá mesiánica a la que se alude en este midrash es el trabajo espiritual acumulativo de todas las generaciones. Está compuesto de las historias de cada una de nuestras vidas, ya que vivimos de manera consciente y sincera desde la profundidad de nuestro ser. Ver nuestras vidas como encarnaciones vivientes de la Torá es una invitación a vivir la vida con una mayor conciencia de la santidad de cada momento. Cada uno de nosotros, como los tres personajes mencionados en el midrash, tiene el poder de influir en la vida para mejorar a través de nuestros actos. Esta influencia llega a la eternidad. En última instancia, cada persona es un misterio asombroso, una sefer Torá completa en sí misma, como sugiere el reb Tzaddok Ha'Cohen de Lublin: «Desde la perspectiva de Dios... las almas de Israel son el fruto deseado de la creación y contienen dentro de ellas la Torá completa, sólo que es inaccesible [*satum*] y la Torá [escrita] es su interpretación... La Torá [escrita] viene a revelar las profundidades que están ocultas en cada alma de Israel».[183] Esencialmente, entonces, *nosotros* somos la verdadera revelación del ser infinito de Dios, «el fruto deseado de la creación». Contenemos dentro de nosotros toda la Torá, mientras que las escrituras sirven «para revelar las profundidades que están ocultas en cada alma».

¿Por dónde empezar?

En este libro he intentado compartir algunas de las formas en que las enseñanzas místicas y la mitología judías han inspirado mi vida y mi trabajo como sanadora. Una de mis esperanzas al escribir este libro era inspirarte a ti, lector, a buscar tu propia relación personal con la tradición.

---

182. Ibíd.
183. Reb Tzaddok Ha'Cohen of Lublin, Tzidkat Ha'Tzaddik 196, traducción de la propia autora.

Comenzar a desarrollar una práctica espiritual judía puede resultar bastante abrumador al principio. El judaísmo es inmenso, con tantas palabras, ideas, costumbres y prácticas. ¿Por dónde empezar? El Baal Shem Tov ofrece consejos para comenzar el camino. Una vez dijo que si cumples incluso una simple mitzvá o práctica espiritual con amor y alegría, es como si hubieras guardado toda la Torá. Porque, como señaló, «cada vez que nos aferramos a alguna parte de la unidad [de Dios], nos aferramos a ella en su totalidad. Esto es cierto incluso cuando una persona se mantiene en su "borde" exterior. La Torá y las mitzvot emanan del ser esencial de Dios, que es la verdadera unidad, de modo que cuando observas incluso una sola mitzvá con amor y devoción adecuada, captas parte de la [divina] unidad a través de esta [única] mitzvá».[184] A veces, encontrar sólo una práctica espiritual que hacemos con entusiasmo puede tener un efecto profundo en nuestras vidas. Esto puede ser lo que el rabino Shlomo Carlebach tenía en mente cuando dijo que a veces basta con conocer una sola palabra santa o incluso una sola letra santa para abrir todas las puertas del cielo. En el espíritu de esa carta sagrada, me gustaría compartir una breve historia que una vez escuché de un maestro sufí. Como no puedo recordar los nombres y el escenario de la historia, la he reformulado como una leyenda judía.

Una vez hubo un pobre judío analfabeto llamado José que vivía en Bagdad. Su familia siempre fue tan pobre que nunca pudo ir a la escuela, por lo que no aprendió a leer. Un día, José fue a la ciudad a ver al *melamed*, el profesor de hebreo, y le rogó que le enseñara el alef-bet (alfabeto hebreo). El melamed era un hombre compasivo con corazón, y por eso accedió a enseñarle las letras santas a José. Usando una especie de tiza, el melamed procedió a escribir la primera letra, la *alef*, en el muro de prácticas que usaba con sus alumnos. Cuando terminó de demostrar la *alef*, el melamed le dijo a José que esta letra, que es esencialmente una letra muda, era igual a uno. (Las letras hebreas también sirven como números). José tomó un trozo de tiza y copió la letra una y otra vez hasta que la perfeccionó. El melamed estaba listo para pasar a la letra *bet* (el equivalente numérico a dos), pero antes de que pudiera

---

184. Keter Shem Tov, Volumen 2, 250.

decir una palabra, José salió corriendo entusiasmado, cantando las alabanzas de *alef*.

El melamed no supo nada de José durante dos semanas. Entonces, un día, José regresó con una gran sonrisa y anunció que estaba listo para aprender la *bet*. El melamed estaba un poco consternado de que a José le hubiera llevado tanto tiempo dominar una sola letra, y comenzó a pensar para sí mismo: «Si le llevó dos semanas a este simplón dominar una sola letra, ¿te imaginas cuánto tiempo tardará en aprender todo el alef-bet?». Pero ocultando su consternación, le dijo a José: «Está bien, déjame verte escribir la *alef*». Mientras José procedía a escribir la *alef* en el muro de práctica, el muro de cemento de repente comenzó a agrietarse y luego se hizo añicos. Extrañado y sorprendido por la profunda sabiduría y el poder espiritual de este hombre simple e ignorante, el melamed se inclinó en reverencia.

Aprender el secreto de la letra muda *alef* es experimentar la unicidad de todo ser. Esto es todo lo que realmente necesitamos saber. Con la sabiduría del silencio de la *alef*, tenemos el poder de romper todos los muros y eliminar todos los velos que nos separan a unos de otros y de Dios. Al igual que los recipientes de la creación deben romperse para dejar espacio a la luz del infinito, las paredes que nos dividen deben ser derribadas inevitablemente para que la luz y el amor del Amado puedan ser revelados en todas sus caras y formas.

Ejercicio

Tu propia narración sagrada

Mira hacia atrás en tu vida y elige un segmento de tu historia de vida, un capítulo que tenga un cierto grado de misterio o uno que haya permanecido sin resolver en tu mente, una parte de tu historia personal con cuyo significado hayas luchado. Imagina que este capítulo de la historia de tu vida se vuelve a contar con la voz de un escriba que narra y registra tu vida como un texto sagrado. ¿Qué sucede con tu perspectiva cuando comienzas a ver esta parte de tu vida como un parasha (capítulo) de la Torá?

Bibliografía

ARIEL, D. S.: *The Mystic Quest: An Introduction to Jewish Mysticism.* Schocken Books, Nueva York, 1988.

BAKAN, D.: *Sigmund Freud and the Jewish Mystical Tradition.* Van Nostrand, Princeton, Nueva Jersey, 1958.

BOKSER, B. Z.: *Abraham Isaac Kook: The Lights of Penitence, Lights of Holiness, The Moral Principles, Essays, Letters, and Poems.* Paulist Press, Mahwah, Nueva Jersey, 1978.

BONDER, N.: *The Kabbalah of Envy: Transforming Hatred, Anger, and Other Negative Emotions.* Shambhala Publications, Boston, 1997. *La Kabbalah de la envidia.* Escuelas de Misterios, 2007.

BUBER, M.: *Tales of the Hasidim.* Vol. 1, *The Early Masters.* Trad. Olga Marx. Schocken Books, Nueva York, 1947.

—: *Tales of the Hasidim.* Vol. 2, *The Later Masters.* Schocken Books, Nueva York, 1947. *Cuentos jasídicos: los maestros continuadores.* Paidós, 1983.

—: *The Way of Man: According to the Teaching of Hasidism.* The Citadel Press, Nueva York, 1966. *El camino del hombre: conforme a las enseñanzas del jasidismo.* José J. de Olañeta, 2014.

CHAVIV, I.: *Ein Yaacov: The Ethical and Inspirational Teachings of the Talmud.* Trad. A. Y. Finkel. Jason Aronson, Northvale, Nueva Jersey, 1999.

DOSSEY, L.: *Healing Words: The Power of Prayer and The Practice of Medicine.* HarperCollins, Nueva York, 1997. *La oración es una buena medicina: cómo beneficiarse de los efectos sanadores de la oración.* Obelisco, 1999.

—: *Reinventing Medicine: Beyond Mind-Body to a New Era of Healing*. HarperSanFrancisco, San Francisco, 1999.

—: *Space, Time, and Medicine*. Shambhala Publications, Boulder, 1982.

DRESNER, S. H.: *The World of a Hasidic Master: Levi Yitzhak of Berditchev*. Shapolsky Publishers, Nueva York, 1986.

ETZIONI, A.: *Civic Repentance*. Rowman & Littlefield Publishers, Nueva York, 1999.

FRANKEL, E.: «Creative Ritual: Adapting Rites of Passage to Psychotherapy for Times of Major Life Transition» (tesis del máster, California State University, 1982).

GAFNI, M.: *Soul Prints: Your Path to Fulfillment*. Pocket Books, Nueva York, 2001.

GENDLIN, E.: *Focusing-Oriented Psychotherapy*. Guilford Press, Nueva York, 1996. *El focusing en psicoterapia: manual del método experimental*. Paidós Ibérica, 1999.

GLATZER, N. N.: *Hammer on the Rock: A Midrash Reader*. Schocken Books, Nueva York, 1948.

GOODMAN, P.: *The Rosh Hashanah Anthology*. The Jewish Publication Society of America, Filadelfia, 1971.

GREEN, A. y BARRY W. H., trad.: *Your Word Is Fire: The Hasidic Masters on Contemplative Prayer*. Schocken Books, Nueva York, 1987.

GROF, S.: *Realms of the Human Unconscious*. E. P. Dutton, Nueva York, 1976.

HARVEY, A.: *Hidden Journey: A Spiritual Awakening*. Penguin Books, Nueva York, 1991.

KAPLAN, A.: *The Bahir Illumination*. Samuel Weiser, York Beach, Maine, 1979.

—: *Chasidic Masters: History, Biography, and Thought*. Maznaim Publishing, Nueva York, 1984.

—: *The Light Beyond: Adventures in Hasidic Thought*. Maznaim Publishing, Nueva York, 1981.

—: *Waters of Eden:* The Mystery of the Mikveh. Union of the Orthodox Jewish Congregations of America, Nueva York, 1993. *Las aguas del edén: el misterio de la «Mikvah»*. Desclée de Brouwer, 1988.

LEIB ALTER, Y.: *The Language of Truth: The Torah Commentary of the Sefat Emet.* Trad. Arthur Green. The Jewish Publication Society, Filadelfia, 1998.

LERNER, M.: *Jewish Renewal: A Path to Healing and Transformation.* Putnam, Nueva York, 1994.

MATT, D.: *The Essential Kabbalah: The Heart of Jewish Mysticism.* HarperCollins, San Francisco, 1995. *La cábala esencial.* Robin Book, 1997.

METZGER, D.: «On Prayer». En *Worlds of Jewish Prayer: A Festschrift in Honor of Rabbi Zalman M. Schachter-Shalomi,* editado por S. H. Weiner y J. Omer-Man. Jason Aronson, Northvale, Nueva Jersey, 1993.

MITCHELL, S., trad.: *Tao Te Ching: A New English Version.* HarperCollins, Nueva York, 1988.

PATAI, R.: *The Hebrew Goddess.* Avon Books, Nueva York, 1967.

PELI, P. H.: *Soloveitchik on Repentance: The Thought and Oral Discourses of Rabbi Joseph B. Soloveitchik.* Paulist Press, Mahwah, Nueva Jersey, 1984.

RAZ, H.: *The Prairie Schooner Anthology of Contemporary Jewish American Writing.* University of Nebraska Press, Lincoln, 1998.

RAZ, S.: *The Sayings of Menahem Mendel of Kotsk.* Jason Aronson, Northvale, Nueva Jersey, 1995.

SCHACHTER-SHALOMI, Z. M.: *Gate to the Heart: An Evolving Process.* Aleph: Alliance for Jewish Renewal, Filadelfia, 1993.

—: *Spiritual Intimacy: A Study of Counseling in Hasidism.* Jason Aronson, Northvale, Nueva Jersey, 1996.

SCHWARTZ, H.: *The Captive Soul of the Messiah.* Schocken Books, Nueva York, 1983.

—: *Gathering the Sparks.* Singing Wind Press, St. Louis, 1979.

SHABAD, P.: «Repetition and Incomplete Mourning: The Intergenerational Transmission of Traumatic Themes». En *Psychoanalytic Psychology* 10, n.º 1 (1993): 61-75.

SHORE, E.: «Solomon's Request». En *Parabola* (otoño 2002): 56-59.

SOLOVEITCHIK, J.: *The Halachik Mind: An Essay on Jewish Modern Thought.* Seth Press, Nueva York, 1986.

STEINSALTZ, A. y EISENBERG J.: *The Seven Lights: On the Major Jewish Festivals*. Jason Aronson, Northvale, Nueva Jersey, 2000.

SUZUKI, S.: *Zen Mind, Beginner's Mind*. Weatherhill, Nueva York, 1973. *Mente Zen, mente de principiante: charlas informales sobre la meditación y la práctica del Zen*. Gaia, 2012.

WIESEL, E.: *Souls on Fire*. Random House, Nueva York, 1972.

WELWOOD, J.: *Toward a Psychology of Awakening: Buddhism, Psychotherapy, and the Path of Personal and Spiritual Transformation*. Shambhala Publications, Boston, 2002.

ZALMAN, S.: *Likutey Amarim Tania*, bilingual edition. Kehot Publication Society, Nueva York, 1984.

ZION, N. y DISHON D.: *A Different Night: The Family Participation Haggadah*. Shalom Hartman Institute, Jerusalén, 1997.

Zohar. Soncino Press, Londres, 1973.

ZORNBERG, A. G.: *Genesis: The Beginning of Desire*. The Jewish Publication Society, Filadelfia, 1995.

Textos originales hebreos

DI VIDAS, ELIAHU: *Reishit Chochmah: Shaar Ha'ahavah*.

HA'COHEN, TZADDOK: *Tzidkat Ha'Tzaddik*.

HA'COHEN, TZADDIK: *Pri Tzaddik*.

HORKONOS, ELIEZER: *Pirkay D'Rebbe Eliezer*.

Keter Shem Tov.

LEIB, YEHUDAH ARYEH: *Sefat Emet*.

MORDECAI OF YOSEF: *Beis Ya'acov*.

LEVI YITZHAK OF BERDITCHEV: *Imray Tzaddikim, Or Ha'Emet*.

—: *Kedushat Ha'Levi, Bereishit* (Génesis).

LUTZATTO, MOSHE CHAIM: *Yalkut Yediot Ha'Emet, Ma'amar Ha'chochmah*.

LUTZKER, SHLOMO: *Maggid Devarav Le Ya'acov*.

MAIMÓNIDES, MOSES: *Mishneh Torah*.

Midrash Mechilta, en *Otzar Ha'peirushim of the Malbim*.

Midrash Otiot d'Rebbe Akiva Ha'Shalem. Traducción inédita del rabino Gershon Winkler.

Midrash Yalkut Shimoni, Rut y Jonás.

Midrash Raba, Génesis, Éxodo, Eicah.

NATHAN OF NEMEROV: *Likutey Moharan.*

NAHMÁNIDES: *Commentary on the Book of Genesis.*

RASHI: *Commentary on the Books of Genesis and Exodus.*

VITAL, CHAYIM: *Shaarey Kedushah and Etz Chaim, Shaar Kitzur.*

Unidades de educación continua

Estelle Frankel, docente certificada de educación continua para MFT y LCSW, ofrece unidades de educación continua basadas en este libro. Para recibir doce horas de crédito de educación continua, como lo requiere la Junta de Ciencias del Comportamiento de California, se debe completar una prueba posterior que destaque las aplicaciones clínicas de las ideas principales de este libro.

Para obtener más información, visita www.sacredtherapy.com o envía un correo electrónico a la autora: estellefrankel@sacredtherapy.com

Créditos

«Gathering the Sparks» extraído de *Gathering the Sparks*, de Howard Schwartz, publicado por Singing Wing Press in 1979. Copyright 1979 de Howard Schwartz. Reproducido con permiso del autor.

«The Unbroken» reproducido con permiso de Rashani, Earthsong Sanctuary, Na'alehu, Hawái. Copyright 1991 de Rashani. Para contactar con Rashani o descubrir su centro de retiro para el arte, la poesía y la sanación en la Isla Grande, visita: www.rashani.com

«Again and Again» reproducido con permiso de Rashani, Earthsong Sanctuary, Na'alehu, Hawái. Copyright 2002 de Rashani. Para contactar con Rashani o descubrir su centro de retiro para el arte, la poesía y la sanación en la Isla Grande, visita: www.rashani.com

«The Broken Tablets» de Rodger Kamenetz está reproducido con permiso de *The Prairie Schooner Anthology of Contemporary Jewish Ame-*

Índice analítico

Índice